中国智能城市建设与推进战略研究丛书
Strategic Research on Construction and
Promotion of China's iCity

国家出版基金项目
NATIONAL PUBLICATION FOUNDATION

中国智能城市
信息网络
发展战略研究

中国智能城市建设与推进战略研究项目组 编

ZHEJIANG UNIVERSITY PRESS
浙江大学出版社

图书在版编目（CIP）数据

中国智能城市信息网络发展战略研究 ／ 中国智能城市建设与推进战略研究项目组编. — 杭州：浙江大学出版社，2016.4

（中国智能城市建设与推进战略研究丛书）

ISBN 978-7-308-15802-2

Ⅰ. ①中… Ⅱ. ①中… Ⅲ. ①现代化城市—信息网络—城市建设—研究—中国 Ⅳ. ①F299.2-39

中国版本图书馆CIP数据核字（2016）第089963号

中国智能城市信息网络发展战略研究

中国智能城市建设与推进战略研究项目组 编

出 品 人	鲁东明	
策 划	徐有智 许佳颖	
责任编辑	许佳颖 金佩雯	
责任校对	董 唯	
装帧设计	俞亚彤	
出版发行	浙江大学出版社	
	（杭州市天目山路148号 邮政编码 310007）	
	（网址：http://www.zjupress.com）	
排 版	杭州林智广告有限公司	
印 刷	浙江印刷集团有限公司	
开 本	710mm×1000mm 1/16	
印 张	16	
字 数	237千	
版 印 次	2016年4月第1版 2016年4月第1次印刷	
书 号	ISBN 978-7-308-15802-2	
定 价	88.00元	

"中国智能城市信息网络发展战略研究"课题组成员

刘韵洁	中国工程院	院 士
朱高峰	中国工程院	院 士
陈俊亮	中国科学院、中国工程院	院 士
姜正新	中国联合网络通信集团有限公司	副总经理
李正茂	中国移动通信集团公司	副总裁
张继平	中国电信集团公司	副总经理
丁文华	中国工程院	院 士
田文科	中国联合网络通信集团有限公司	集团客户事业部总经理
曹淑敏	工业和信息化部电信研究院	院 长
黄 韬	北京邮电大学	副教授
姚海鹏	北京邮电大学	讲 师
谢高岗	中国科学院计算技术研究所	网络技术研究中心主任
方 超	北京工业大学	博士后
陈清霞	北京邮电大学	博 士
陈 锐	北京邮电大学	硕 士
霍 如	北京邮电大学	博 士
张 楠	北京邮电大学	硕 士

序

　　"中国智能城市建设与推进战略研究丛书"， 是由 47 位院士和 180 多名专家经过两年多的深入调研、研究与分析，在中国工程院重大咨询研究项目"中国智能城市建设与推进战略研究"的基础上，将研究成果汇总整理后出版的。这套系列丛书共分 14 册，其中综合卷 1 册，分卷 13 册，由浙江大学出版社陆续出版。综合卷主要围绕我国未来城市智能化发展中，如何开展具有中国特色的智能城市建设与推进，进行了比较系统的论述；分卷主要从城市经济、科技、文化、教育与管理，城市空间组织模式、智能交通与物流，智能电网与能源网，智能制造与设计，知识中心与信息处理，智能信息网络，智能建筑与家居，智能医疗卫生，城市安全，城市环境，智能商务与金融，智能城市时空信息基础设施，智能城市评价指标体系等方面，对智能城市建设与推进工作进行了论述。

　　作为"中国智能城市建设与推进战略研究"项目组的顾问，我参加过多次项目组的研究会议，也提出一些"管见"。总体来看，我认为在项目组组长潘云鹤院士的领导下，"中国智能城市建设与推进战略研究"取得了重大的进展，其具体成果主要有以下几个方面。

　　20 世纪 90 年代，世界信息化时代开启，城市也逐渐从传统的二元空间向三元空间发展。这里所说的第一元空间是指物理空间（P），由城市所处物理环境和城市物质组成；第二元空间指人类社会空间（H），即人类决策与社会交往空间；第三元空间指赛博空间（C），即计算机和互联网组成的"网络信息"空间。城市智能化是世界各国城市发展的大势所趋，只是各国城市发展阶段不同、内容不同而已。目前国内外提出的"智慧城市"建设，主要集中于第三元空间的营造，而我国城市智能化应该是"三元空间"彼此协调，

使规划与产业、生活与社交、社会公共服务三者彼此交融、相互促进，应该是超越现有电子政务、数字城市、网络城市和智慧城市建设的理念。

新技术革命将促进城市智能化时代的到来。关于新技术革命，当今世界有"第二经济""第三次工业革命""工业4.0""第五次产业革命"等论述。而落实到城市，新技术革命的特征是：使新一代传感器技术、互联网技术、大数据技术和工程技术知识融入城市的各系统，形成城市建设、城市经济、城市管理和公共服务的升级发展，由此迎来城市智能化发展的新时代。如果将中国的城镇化（城市化）与新技术革命有机联系在一起，不仅可以促进中国城市智能化进程的良性健康发展，还能促使更多新技术的诞生。中国无疑应积极参与这一进程，并对世界经济和科技的发展作出更巨大的贡献。

用"智能城市"（Intelligent City，iCity）来替代"智慧城市"（Smart City）的表述，是经过项目组反复推敲和考虑的。其原因是：首先，西方发达国家已完成城镇化、工业化和农业现代化，他们所指的智慧城市的主要任务局限于政府管理与服务的智能化，而且其城市管理者的行政职能与我国市长的相比要狭窄得多；其次，我国正处于工业化、信息化、城镇化和农业现代化"四化"同步发展阶段，遇到的困惑与问题在质和量上都有其独特性，所以中国城市智能化发展路径必然与欧美有所不同，仅从发达国家的角度解读智慧城市，将这一概念搬到中国，难以解决中国城市面临的诸多发展问题。因而，项目组提出了"智能城市"（iCity）的表述，希冀能更符合中国的国情。

智能城市建设与推进对我国当今经济社会发展具有深远意义。智能城市建设与推进恰好处于"四化"交汇体上，其意义主要有以下几个方面。一是可作为"四化"同步发展的基本平台，成为我国经济社会发展的重要抓手，避免"中等收入陷阱"，走出一条具有中国特色的新型城镇化（城市化）发展之路。二是把智能城市作为重要基础（点），可促进"一带一路"（线）和新型区域（面）的发展，构成"点、线、面"的合理发展布局。三是有利于推动制造业及其服务业的结构升级与变革，实现城市产业向集约型转变，使物质增速减慢，价值增速加快，附加值提高；有利于各种电子商务、大数据、云计算、物联网技术的运用与集成，实现信息与网络技术"宽带、泛在、移动、融合、安全、绿色"发展，促进城市产业效率的提高，形成新的生产要素与新的业态，为创业、就业创造新条件。四是从有限信息的简单、线性决策发展到城市综合系统信息的网络化、优化决策，从而帮助政府提高城市管理服务水平，促进深化城市行政体制改革与发展。五是运用新技术使城市建筑、道路、交通、能源、资源、环境等规划得到优化及改善，提高要素使用效率；使城市历史、地貌、本土文化等得到进一步保护、传承、发展与升华；实现市民健康管理从理念走向现实等。六是可以发现和培养一批适应新技术革命趋势的城市规划师、管理专家、高层次科学家、数据科学与安全专家、工程技术专家等；吸取过去的经验与教训，重视智能城市运营、维护中的再创新（Renovation），可以集中力量培养一批基数庞大、既懂理论又懂实践的城市各种功能运营维护工程师和技术人员，从依靠人口红利，逐渐转向依靠知识与人才红利，支撑我国城市智能化健康、可持续发展。

综上所述，"中国智能城市建设与推进战略研究丛书"的内容丰富、观点鲜明，所提出的发展目标、途径、策略与建议合理且具可操作性。我认为，这套丛书是具有较高参考价值的城市管理创新与发展研究的文献，对我国新型城镇化的发展具有重要的理论意义和应用实践价值。相信社会各界读者在阅读后，会有很多新的启发与收获。希望本丛书能激发大家参与智能城市建设的热情，从而提出更多的思考与独到的见解。

我国是一个历史悠久、农业人口众多的发展中国家，正致力于经济社会又好又快又省的发展和新型城镇化建设。我深信，"中国智能城市建设与推进战略研究丛书"的出版，将对此起到积极的、具有正能量的推动作用。让我们为实现伟大的"中国梦"而共同努力奋斗！

是以为序！

徐匡迪

2015 年 1 月 12 日

前　言

2008 年，IBM 提出了"智慧地球"的概念，其中"Smart City"即"智慧城市"是其组成部分之一，主要指 3I，即度量（Instrumented）、联通（Interconnected）、智能（Intelligent），目标是落实到公司的"解决方案"，如智慧的交通、医疗、政府服务、监控、电网、水务等项目。

2009 年年初，美国总统奥巴马公开肯定 IBM 的"智慧地球"理念。2012 年 12 月，美国国家情报委员会（National Intelligence Council）发布的《全球趋势 2030》指出，对全球经济发展最具影响力的四类技术是信息技术、自动化和制造技术、资源技术以及健康技术，其中"智慧城市"是信息技术内容之一。《2030 年展望：美国应对未来技术革命战略》报告指出，世界正处在下一场重大技术变革的风口浪尖上，以制造技术、新能源、智慧城市为代表的"第三次工业革命"将在塑造未来政治、经济和社会发展趋势方面产生重要影响。

在实施《"i2010"战略》后，2011 年 5 月，欧盟 Net!Works 论坛出台了 *Smart Cities Applications and Requirements* 白皮书，强调低碳、环保、绿色发展。之后，欧盟表示将"Smart City"作为第八期科研架构计划（Eighth Framework Programme，FP8）重点发展内容。

2009 年 8 月，IBM 发布了《智慧地球赢在中国》计划书，为中国打造六大智慧解决方案：智慧电力、智慧医疗、智慧城市、智慧交通、智慧供应链和智慧银行。2009 年，"智慧城市"陆续在我国各层面展开，截至 2013 年 9 月，我国总计有 311 个城市在建或欲建智慧城市。

中国工程院曾在 2010 年对"智慧城市"建设开展过研究，认为当前我国城市发展已经到了一个关键的转型期，但由于国情不同，"智慧城市"建设在我国还存在一定问题。为此，中国工程院于 2012 年 2 月启动了重大咨询研究项目"中国智能城市建设与推进战略研究"。自项目开展以来，很多城市领导和学者都表现出浓厚的兴趣，希望投身到智能城市建设的研究与实践中来。在各界人士的大力支持以及中国工程院"中国智能城市建设与推进战略研究"项目组院士和专家们的努力下，我们融合了三方面的研究力量：国家有关部委（如国家发改委、工信部、住房和城乡建设部等）专家，典型城市（如北京、武汉、西安、上海、宁波等）专家，中国工程院信息与电子工程学部、能源与矿业工程学部、环境与轻纺工程学部、工程管理学部以及土木、水利与建筑工程学部等学部的 47 位院士及 180 多位专家。研究项目分设了 13 个课题组，涉及城市基础建设、信息、产业、管理等方面。另外，项目还设 1 个综合组，主要任务是在 13 个课题组的研究成果基础上，综合凝练形成"中国智能城市建设与推进战略研究丛书"综合卷。

两年多来，研究团队经过深入现场考察与调研、与国内外专家学者开展论坛和交流、与国家主管部门和地方主管部门相关负责同志座谈以及团队自身研究与分析等，已形成了一些研究成果和研究综合报告。研究中，我们提出了在我国开展智能城市（Intelligent City，iCity）建设与推进会更加适合中国国情。智能城市建设将成为我国深化体制改革与发展的促进剂，成为我国经济社会发展和实现"中国梦"的有力抓手。

目　录
CONTENTS

第3章 智能城市信息网络建设整体规划

第8章　智能城市信息网络安全建设

第1章

iCity   智能城市信息网络的
背景与需求

信息技术的高速发展带来了全球信息化浪潮，未来越来越需要信息技术来推动智能城市的发展，世界各国都不约而同地提出了依靠互联网和信息技术来改变城市未来发展的计划。

一、智能城市发展现状

2006 年，欧盟成立了欧洲 Living Lab 组织。该组织采用最新的工具和方法、先进的信息和通信技术来调动各方面的"集体智慧和创造力"，为解决社会问题提供机会，并发起了欧洲智慧城市网络建设。2008 年 11 月，IBM 提出了"智慧地球"这一理念，引发了智慧城市建设的热潮。2009 年以来，美国、欧盟、日本和韩国等纷纷推出与物联网、云计算相关的发展战略。欧盟委员会制定的《欧洲 2020 战略》把"智慧型增长"作为欧盟国家发展的三项重点任务之一。

（一）IBM

2009 年 8 月，IBM 发布了《智慧地球赢在中国》计划书，正式揭开了 IBM "智慧地球"中国战略的序幕。IBM 公司推出的这一新的发展战略，很快成为中国乃至全球关注的焦点。在该计划书中，IBM 为中国量身打造了六大智慧解决方案：智慧电力、智慧医疗、智慧城市、智慧交通、智慧供应链和智慧银行。随着我国物联网、云计算热潮的不断升温，IBM 在智能计算、智能数据中心等方面也投入了更多的研发力量，并积极与国内相关机构寻求合作。2009 年以来，IBM 已通过这些智慧解决方案陆续与我国各个城市展开合作。

IBM 经过研究发现，城市由关系到城市主要功能的六个核心系统组成：组织（人）、业务 / 政务、交通、通信、水和能源。这些系统不是零散的，而是以一种协作的方式相互衔接的。而

3

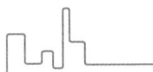

城市本身，则是由这些系统所组成的宏观系统。IBM 给出"智慧城市"的定义为：运用信息和通信技术手段感测、分析、整合城市运行核心系统的各项关键信息，从而对包括民生、环保、公共安全、城市服务、工商业活动在内的各种需求做出智慧响应。其实质是用先进的信息技术，实现城市智慧式管理和运行，进而为城市中的人创造更美好的生活，促进城市的和谐、可持续发展。

（二）欧　盟

2011 年 5 月，欧盟 Net!Works 论坛出台了 *Smart Cities Applications and Requirements* 白皮书，强调低碳、环保、绿色发展。欧盟表示将把"Smart City"作为第八期科研架构计划（Eighth Framework Programme，FP8）重点发展内容。

（三）美　国

2012 年 12 月，美国国家情报委员会发布的《全球趋势 2030》指出，对全球经济发展最具影响力的四类技术是信息技术、自动化和制造技术、资源技术以及健康技术，其中"智慧城市"是信息技术内容之一。

《全球趋势 2030》给出的"智慧城市"的定义为：利用先进的信息技术，以最小的资源耗费和环境退化为代价，实现最大化的城市经济效率和最美好的生活品质而建立的城市环境。该定义高度概括了在信息技术、产业经济、体制机制等不同背景下对智慧城市的共性认识。

（四）新加坡

2014 年，新加坡政府公布了"智慧国家 2025"的十年计划。这份计划是之前"智慧国家 2015"计划的升级版。这是全球第一个智慧国家蓝图，新加坡有望建成世界首个"智慧国"。"智慧国"理念的核心可以用三个 C 来概括：连接（connect）、收集（collect）和理解（comprehend）。"连接"的目标是提供一个安全、高速、经济且具有扩展性的全国通信基础设施。"收集"

则是指通过遍布全国的传感器网络获取更理想的实时数据，并对重要的传感器数据进行匿名化保护与管理以及部分分享。"理解"的含义是，通过收集来的数据尤其是实时数据，建立面向公众的有效共享机制，通过分析数据，更好地预测民众的需求，提供更好的服务。为把新加坡打造成为"智慧国"，政府将构建智慧国平台，建设覆盖全岛数据收集、连接和分析的基础设施与操作系统，根据所获数据预测公民需求，以提供更好的公共服务。例如，预先根据交通情况预测塞车路段，利用电眼来观察环境的清洁，使用无人驾驶车辆提供短程载送服务，等等。

（五）中　国

自 2009 年"智慧城市"理念引爆之后，我国也积极加入了对这个"智慧愿景"的探索。近年来，在政府主导模式的大力推动下，我国在智能城市的发展道路上也取得了很多进展。

2013 年 10 月，科学技术部（简称科技部）和国家标准化管理委员会（简称国家标准委）联合下发了《科技部办公厅、国家标准委办公室关于开展智慧城市试点示范工作的通知》，同时启动了全国首批"智慧城市"试点示范城市。

2014 年 3 月，中共中央、国务院印发了《国家新型城镇化规划（2014—2020 年）》，明确提出推进智慧城市建设，需要强化信息网络、数据中心等信息基础设施建设，也需要增强城市要害信息系统和关键信息资源的安全保障能力。信息基础设施的完善是推进智慧城市的先决条件，上述规划指出，应促进跨部门、跨行业、跨地区的政务信息共享和业务协同，强化信息资源社会化开发利用，推广智慧化信息应用和新型信息服务，促进城市规划管理信息化、基础设施智能化、公共服务便捷化、产业发展现代化、社会治理精细化。

2014 年 10 月，《智慧城市系列标准》正式发布，为全国首部该领域的标准，从 2015 年 1 月 1 日开始试行，在全国选择 6 个试点城市、园区等项目进行先行先试。该标准旨在解决智慧城市建设面临的信息孤岛和重复建设等问题。

2015 年 3 月 5 日，在第十二届全国人民代表大会第三次会议上，李克强总理在政府工作报告中首次提出"互联网 +"行动计划，并强调要发展"智慧城市"，保护和传承历史、地域文化，加强城市供水供气供电、公交和防洪防涝设施等建设，坚决治理污染、拥堵等城市病，让出行更方便、环境更宜居。

二、智能城市的内涵

我国工业和信息化部（简称工信部）电信研究院通信标准研究所给出"智慧城市"的定义为：将现有资源进行整合，包括数据的智慧整合、应用整合、感知网络整合。数据的整合打破信息孤岛，实现城市级的信息共享，加强数据的统一管理，实现数据的准确性和及时性，建立从数据转化为价值的体系，实现数据从部门级到城市级的提升；应用整合通过基础能力、服务与流程的全面集成，统一整合城市运营和产业，实现城市一体化运营，基于应用，聚合门户，提供统一的智慧应用服务，实现整个智慧城市运营产业链的高效协同；感知网络整合视频监控、传感器、射频识别（radio frequency identification，RFID）等多种感知网络，实现对城市感知网络的统一监控和管理，并在此基础上进行城市运营感知数据的统一分析与优化，从而实现对城市运营的智能管理，提供更有效的城市服务。

中国城市科学研究会数字城市专业委员会认为，"智慧城市"是指架构在城市实景模型上，以城市建（构）筑物为承载主体，以城市中的人、企业、城市设施为基本要素，融合城市资源、环境、社会、经济、信息，采用物联网等技术获取动态城市运行数据，在城市公共信息平台上集成各种行业应用。

总之，智慧城市已经成为全球城市发展关注的热点，随着物联网、新一代移动宽带网络、下一代互联网、云计算等新一轮信息技术的迅速发展和深入应用，城市信息化发展向更高阶段的智慧化发展已成为必然趋势。全球各个国家都在积极推进智慧城市建设，在多个领域积极探索智慧城市建设实践，推动信息技术的创新应用，提升城市经济社会发展水平。

　　尽管我国众多地方已加入智慧城市建设行列，但各方对智慧城市的理解存在较大差别，特别是决策者与工程技术人员。从在建的智慧城市来看，现有的智慧城市方案侧重技术实现，目标是"落实"到公司的"解决方案"，具有明显的商业性。这些智慧城市方案强调单个项目而忽略了建设的主体对象是城市，忽略了城市这个巨系统的复杂性，缺乏宏观角度的统筹规划与设计，造成国家对城市智能化的期望与 IT 公司建设方案目标存在较大差异。从我国现实情况来看，发达国家城市发展处于后工业化时期，即信息化时期，而我国正处在工业化、信息化、城镇化和农业现代化"四化"同步发展阶段，遇到的困惑与问题不尽相同，需要避免走入各种"陷阱"，走一条"集约、智能、绿色、低碳"发展的中国特色道路。城市智能化应着重优化城市发展的新模式和新形态，而不是单一的几个技术解决方案。决策与技术的碰撞，使得我国在城市智能化建设方面的理念正从信息技术驱动论的观点向人的智慧与物的智能相结合的观点转变。

　　在研究智能城市的过程中，不少专家提出：区别于"Smart City"（智慧城市），"Intelligent City"（即"智能城市"，英文简称为 iCity）更符合我国国情。"智能城市"更多的是从城市的整体出发，通过对各种数据的集成，在充分运用数字化、网络化和智能化等技术的基础上，通过对知识技术、信息技术的高度集成与深度整合，根据城市经济社会发展与市民的需要进行有效服务，使得城市在发现问题、解决问题等方面具有更强的创新动力，使城市更具生命力和可持续发展能力。智能城市是以智能技术、智能产业、智能人文、智能服务、智能管理、智能生活、智能医疗等重要内容为新形态、新模式的城市。这样不仅可以从经济、社会和服务方面给予市民直接的利益，更能让他们实时感受到触手可及的便捷、实时协同的高效、和谐健康的绿色和可感可视的安全。智能城市的社会价值主要体现在可以有效解决城市病，拓展产业发展领域，使居民在创业、就业、生活等方面满意；智能城市的经济价值主要体现在它是城市经济增长的倍增器。

　　"中国智能城市建设与推进战略研究"项目组对智能城市（iCity）的定义是：科学运筹城市三元空间，巧妙汇聚城市市民、企业和政府智慧，深度

调度城市综合资源，优化发展城市经济、建设和管理，持续提高城市发展与市民生活水平，更好地服务市民的当前与未来。简而言之，运筹好城市三元空间，提高城市发展与市民生活水平。

纵观中国智能城市发展历史，从无线城市到光网城市再到如今的智能城市，可以看出，智能城市的发展路线是以信息网络的发展为依托的。智能城市的发展很大程度上取决于信息网络的发展水平，是由新一代信息网络技术支撑的。智能、开发共享、异构融合、无缝移动、安全可信的信息网络是推进智能城市进步的重要条件。由于智能城市是推动城镇化发展、解决超大城市病及城市群合理建设的新型城市形态，因此智能城市信息网络正是解决资源分配不合理、重新构造城市机构、推动公共服务均等化等问题的利器。譬如在推动教育、医疗等公共服务均等化方面，基于信息网络技术，搭建开放、互动、参与、融合的公共新型服务平台，通过互联网与教育、医疗、交通等领域的融合，推动传统行业的升级与转型，从而实现资源的统一协调与共享。从另外一个角度来说，智能城市也正为互联网与行业产业的融合发展提供应用土壤，一方面推动了传统行业升级转型，在遭遇资源瓶颈的形势下，为传统产业、行业通过互联网思维及技术突破推进产业转型、优化产业结构提供了新的空间；另一方面能够进一步推动以移动互联网、云计算、大数据、物联网等新一代信息技术为核心的信息产业的发展，为以互联网为代表的新一代信息技术与产业的结合与发展带来了机遇和挑战，并催生了跨领域、融合性的新兴产业形态。

智能城市是城市发展的新阶段，其主要目标是利用新的信息及网络技术，解决城市建设与管理、产业升级和社会民生等问题和挑战，使得城市发展可持续、经济社会运行更高效、百姓生活更美好。智能城市的核心内涵是利用信息通信技术，使得城市的基础设施、有限的资源能够得到更加有效合理的利用，使得城市管理能够上升到一个跨区域、跨行业的整体城市视角的高度，从而提高城市的民生水平，创造更健康的经济产业结构，实现可持续发展。信息网络技术为智能城市的建设提供了重要的支撑，同时智能城市也为信息网络技术的研发与应用营造了有利于创新涌现的发展环境。

三、智能城市信息网络概述

智能城市的发展，意味着需要将现有的数据、应用和感知网络进行整合，打破信息孤岛，建立信息网络。如今随着物联网、移动互联网、下一代互联网和云计算等信息技术的发展，智能城市信息网络的发展将成为建立智能城市极其重要和关键的部分。

（一）智能城市信息网络特征

当前，以宽带网络、移动互联网、物联网、云计算、未来网络等为代表的信息网络技术正呈现出诸多新的发展趋势。我国要以智能城市建设为契机，从核心技术、市场推广、产业链建设等多方面加快新一代信息网络发展，为智能城市建设提供有力支撑。我国的智能城市信息网络建设，要紧密围绕智能交通、智能医疗、智能电网等应用领域需求，打造具有泛在融合、智能、开放共享、安全可信、绿色节能等特征的水平化城市信息网络基础设施。

1. 泛在融合

基于环境感知、内容感知的能力，智能城市信息网络可以为个人和社会提供泛在的、无所不含的信息应用和服务。手机支付、车联网、医疗监控等一批移动通信新应用的不断涌现，也促进了智能城市信息网络的发展。城市信息网络的泛在智能化也为用户提供了更好的应用和服务体验。

"更全面的互联互通"是智能城市的基本特征与要求，也就是说，智能城市信息网络应将遍布整个城市的各类"感知"设备所收集和存储的分散的信息及数据异构融合起来，实现交互和多方共享。作为多元异构网络，智能城市信息网络可以有效地整合有线和无线信息网络资源，通过统一接口，有机融合光接入、xDSL、3G、WiMAX 等诸多接入和感知技术。

2. 智　能

智能城市信息网络不仅可以快速、经济、方便、有效地生成和提供智能业务，还可以向用户提供业务特性强、功能全面、灵活多变的移动新业务。

智能城市信息网络的网络智能配置，在全网若干业务控制点中的计算机上都有分布，由软件实现网络智能的控制，以提供更为方便的智能控制功能。

3. 开放共享

智能城市的发展，对数据信息的开放与共享具有强烈的需求。智能城市信息网络可以在一些公共服务领域实现从供给方主导向供给方与需求方双向互动的转变，实现从非连续、碎片化的数据信息向连续性、一体化的方向转变。在协同与共享方面，智能城市信息网络使城市摆脱了信息孤岛的现状，通过公共信息平台，实现信息资源互联互通，保障部门间高效协同。

4. 安全可信

智能城市信息网络可以实现用户网络安全资源的有效整合、管理与监管，实现用户网络的可信扩展以及完善的信息安全保护。智能城市信息网络不仅解决了用户的现实需求，还达到了有效提升用户网络安全防御能力的目的。所以说，智能城市信息网络是一个全方位的网络安全架构体系化解决方案，是发展智能城市的保障。

5. 绿色节能

智能城市信息网络可以优化资源的分配和使用，方便地调动各方主体的利益，实现智能城市的绿色、低碳、可持续发展。借助智能城市信息网络，可以完善对城市交通、供排水、电力等的智能控制与管理，提高对城市资源的监控与可持续利用水平，从而降低管理成本，提高效率，使城市服务体系更高效、更优质。

（二）智能城市信息网络系统架构

泛在融合、智能、开放共享、安全可信、绿色节能的智能城市信息网络基础设施将覆盖所有城市要素，有效支撑城市管理、产业发展、民生保障。物联网、互联网、移动通信网、云计算等技术的发展正在构建无所不在、人与物共享的关键智能信息基础设施，无所不在的传感器网络将成为智能城市最基本的感知中枢系统，使物理实体具备感知、计算、存储和执行能力，不断推动城市运行的智能化、可视化和精准化。

　　具体来讲，智能城市信息网络体系架构自下而上分为感知层、网络层、平台层、应用层（见图 1.1）。如果把智能城市信息网络看成人体，那么感知层就是人体的五官和四肢，网络层就是人体的神经系统，平台层就是人体的大脑，应用层就如同人体的行为能力（见图 1.2）。四个层次相互衔接，共同构成一个有机的整体。

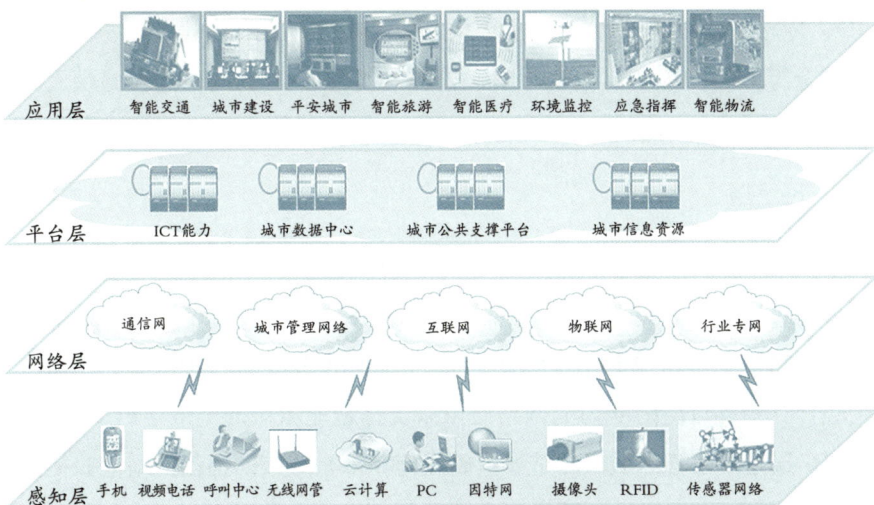

| 应用层 | 智能交通　城市建设　平安城市　智能旅游　智能医疗　环境监控　应急指挥　智能物流 |

| 平台层 | ICT能力　　城市数据中心　　城市公共支撑平台　　城市信息资源 |

| 网络层 | 通信网　　城市管理网络　　互联网　　物联网　　行业专网 |

| 感知层 | 手机　视频电话　呼叫中心　无线网管　云计算　PC　因特网　摄像头　RFID　传感器网络 |

图 1.1　智能城市信息网络体系架构

行为能力

大脑

神经系统

五官和四肢

图 1.2　智能城市信息网络的四个层次

1. 感知层

位于最底层的是感知层，它如同人体的五官与四肢，主要由遍布城市各个角落的终端设备组成（包括传感器、摄像头、信号灯等），用于收集城市的各类信息。"泛感知"是城市向智能化升级的重要特征，感知设备在种类、数量、精度上的提升，以及采集的数据格式的多样化，将极大地提高城市运营所需信息的及时性和准确性。

感知层具有超强的环境感知能力和智能性，以物联网技术为核心，通过RFID、传感器、传感网等物联网技术实现对城市范围内基础设施、环境、建筑、安全等方面的识别、信息采集、监测和控制，为个人和社会提供无处不在的、无所不能的信息服务和应用。

2. 网络层

感知层之上是网络层，网络层如同人体的神经系统，主要由城市的基础网络——互联网、物联网、通信网组成。网络层的作用是为城市信息传递和储存提供路径。基于 Wi-Fi、LTE、5G 等技术的大带宽、高容量、异构、一体化融合、具备自组织能力的网络层可以支撑智能城市的高效运行。

网络层是未来智能城市的重要基础设施。未来城市的通信网络应该是由大容量、高带宽、高可靠的光网络和全城覆盖的无线宽带网络所组成的，为实现城市的智能化奠定良好的基础。同时，让市民"随时、随地、随需"都可以进行宽带上网，而且可以享受网络电视、高清电视、高清视频通话等宽带业务。

从发展的角度来看，智能城市网络层面应该具有先进性，需要基于未来网络技术构建新型的智能城市信息网络，应采用软件定义网络、信息中心网络、云网络等新兴的未来网络架构，弥补传统网络在智能城市信息网络建设中不可避免的缺陷，从而构建先进的基于未来网络的智能城市信息网络。

3. 平台层

平台层就如同人体的大脑，它负责对收集起来的与城市运营相关的海量信息进行分析与处理。平台层是智能城市建设的核心内容，实现城市级信息资源的聚合、共享、共用，并为各类智能应用提供支撑。数据和信息已被认为是城市除了物质、智力之外的第三类重要的战略性资源，数据融合和信息共享是支撑城市更加"智能"的关键。面向服务的体系结构（service-oriented architecture，SOA）、云计算、大数据等技术的应用在本层当中起到了关键的技术支撑作用。

平台层的主要目的是通过数据关联、数据挖掘、数据活化等技术解决数据割裂、无法共享等问题。信息平面包含各行业、各部门、各企业的数据中心以及为实现数据共享、数据活化等建立的市一级的动态数据中心、数据仓库等。

4. 应用层

最顶层的应用层如同人体的行为能力，对应着各类城市级的应用系统，是智能城市所必须实现的城市功能保障。在智能城市信息网络架构中，应用层主要是指在物联感知层、网络通信层、数据和服务融合层基础上建立的各种智能应用。智能应用端是根据具体领域的业务需求，对及时掌握的各类感知信息进行综合加工（如智能分析，辅助统计、分析、预测、仿真等）所构建的智能应用体。

应用层的建设可以促进各行业的信息化和智能化的发展，比如智能政务、智能交通、智能教育、智能医疗、智能家居、智能园区等，为社会公众、企业用户、城市管理决策用户等提供整体的信息化应用和服务，促进城市实现智能化运行、高效的社会管理和普适的公共服务，同时带动城市的现代化产业体系发展。

四、智能城市信息网络建设需求

智能城市涉及人类生活的各个领域，包括交通、电网、医疗、工业、农业、旅游、物流、环保、建筑等。每个业务领域对信息网络既有共性的需求，也有针对特定行业的特定需求。考虑到信息网络在智能城市建设中的支撑性作用，其建设在满足城市智能化共性需求的同时，要深入结合每个行业的特性需求，以实现与行业的深度融合和有效支撑（见图 1.3）。

图1.3　智能城市信息网络应用需求

　　信息网络与智能城市产业相结合，利用新技术对传统行业进行改造和提升，可以颠覆性地改变企业的经营管理方式、盈利模式和人们的工作方式、生活方式。

（一）城市管理需求

　　随着信息通信技术的不断发展和普及，越来越多的城市正在大力推广电子政务，城市中已经建设了诸多信息化系统。因此，政府部门迫切需要建设智能城市信息网络来改善各部门系统独立建设、行业壁垒严重、多种信息系统形成信息孤岛、信息资源综合利用率低等问题，满足城市管理协同运作的需求，提升城市运行管理效率和公共服务水平。围绕城市中的环境污染、交通拥堵、应急防灾等焦点问题，政府部门也需要建设智能城市信息网络，实现环境监测、信息发布、快速救援、紧急抢险等功能，满足应急联动的需求。

　　1. 智能政务

　　政府机构应用现代信息和通信技术，将管理和服务进行集成，在互联网和无线网络上实现政府组织结构和工作流程的优化重组，超越时间、空间与部门分隔的限制，全方位向社会提供优质、规范、透明、符合国际水准的管理和服务。

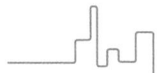

　　智能政务的发展，将有助于政府为全社会提供更加高效的管理与服务，在平安城市、应急联动、灾害响应、交通调度、移动执法、市政管理、环境监控等诸多方面提供更加有力的保障，为社会稳定、有序发展奠定基础。智能政务需要更高可靠性、更高覆盖率的通信网络，以形成高效的智能政务体系。

　　2. 智能市政

　　智能市政需要用通信技术、物联网和云计算技术推进市政基础设施的规划与管理。市政基础设施主要包括城市道路桥梁、供水排水、市政工程、燃气、供热、市容环境、停车设施、城管监察、户外广告、夜景照明等。从市政管理的角度出发，建设一个公共设施监控平台具有重要意义。

　　公共设施监控平台将市政管理物联网应用系统中的前端采集参数抽象成位置信息、开关量和模拟量三种数据类型，通过统一的模式实现对公共设施的信息采集和处理，实现一套平台对多个应用以及一个应用对多个客户；除了提供统一的应用、展现统一的界面之外，还提供定制化应用界面的配置；针对 110、城市应急等已有的政务管理系统，实现对应接口，共享前端采集数据，以供各个应用使用；在系统设计上，将数据分析模块组件化，从而能够根据需求的不断增加来调整数据的分析模型。在平台上可运行诸如路灯监控、井盖监控、饮用水、排水、燃气、热力等管道监控与管理，景观灯监控与管理，城市停车场智能管理等应用。

　　（二）产业发展需求

　　当前，产业智能化管理程度不高，造成资源不能得到有效利用，此外多行业间企业协作程度不高，单一企业投入信息化建设力量有限，造成多数企业生产管理营销难以实现大规模信息化的局面，严重影响了城市经济的发展。以物流行业为例，当前物流产业效率不高，一些地区产品高速流通存在障碍。因此，企业需要建设智能城市，提高企业生产效率和管理水平，改善城市经济发展质量，增强产业竞争能力。

1. 智能金融

金融机构这种支付、结算、交易、清算的业务性质对承载网络、数据安全等有着非常高的要求，希望实现数据云存储、容灾备份、跨域组网（国内及国际）等，要求网络具备专业性、高安全性、低时延、高稳定性且国际通信顺畅的特点，能够提供高速、可靠的金融专网接入和统一、安全的互联网访问。同时，移动金融服务（如移动支付、移动股票、移动证券等实时交易类业务）要求无线网络能够达到高安全性、高带宽、高并发的要求，保障终端可靠接入和数据高速安全传递。

智能金融对信息网络的需求主要有：①高可靠性的网络，确保业务可持续、不间断运行；②高出口的国际通信网络枢纽，降低跨国交易的时延；③高覆盖的通信网络；④高层次的服务，尤其是个性化的行业解决方案；⑤网络运维管理需要高效化、智能化、工具化；⑥多业务中心的协同需要统一承载不同业务的融合网络。

2. 智能物流

物流是对商品空间信息和属性信息的管理。物流领域是信息网络技术最早和最成熟的应用领域之一，信息网络技术提升了物流智能化、信息化和自动化的水平，推动了物流功能整合，对物流服务各环节运作产生积极影响。

智能物流可以利用电子编码系统（electronic coding system，EPC）、RFID、红外感应、激光扫描等技术，获取物品的属性信息，对物流的仓储、分拣、配送三个重要方面进行信息化管理和调度，建设库存监控、配送管理、安全追溯等现代流通应用系统，并建设跨区域、跨行业、跨部门的物流公共服务平台，实现电子商务与物流配送一体化管理。信息网络技术在物流领域的应用实现了智能调度和可视化跟踪管理，提高了运输效率、库存空间利用率和管理能力等，降低了作业成本，缩短了运输配送周期。

在网络需求方面，智能物流需要利用 RFID 等创新技术，实现对车辆、船只等物流运输的管理监控服务，这类应用需要物联终端专业化接入及管理（物联专网及运营平台）。同时智能物流可以提供智能仓储与配送、货物追溯

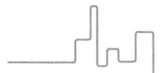

与管理、跨区域 / 跨上下游物流信息交互共享等应用，这些应用要求无线网络和有线网络具备广覆盖、高容量、大带宽等特点，能够满足低时延、高并发的需求。信息服务方面，需要建设大规模公共物流信息平台和国际化电子商务平台，而大平台需要大带宽、高并发、高交互的网络支撑。

3. 智能电网

传统的输电网络正在向综合配置能源的智能电网转变。我国已把智能电网纳入国家建设战略规划之中。2011 年，智能电网被正式纳入《国民经济和社会发展第十二个五年规划纲要》，其中明确提出，"推进智能电网建设，切实加强城乡电网建设与改造，增强电网优化配置电力能力和供电可靠性"。

信息网络技术融合了通信、传感、自动化等技术，协调统一处理电力的生产、输送、消费、管理等各个环节，通过不同的传感设备，搜索各种电力信息，利用通信设备传输至综合应用系统，实时监控、智能管理，达到电网运行自动化的目的。信息网络能够大大提升电力设施监测、配网自动化、城市智能用电与智能调度等能力。

通过信息网络技术，智能电网把虚拟电厂、智能移动设备、智能家庭等组织起来，不仅给消费者带来了切实的好处，更在资源的高效利用方面具有巨大的经济价值、社会价值和环保价值，符合我国资源可持续发展的战略思想。应结合信息网络技术建立智能电网，进一步发展以信息化、自动化、互动化为特征的标准体系，实现"电力流、信息流、业务流"一体化融合的"坚强智能电网"。

智能电网的本质是电力网络与信息网络的融合，这从发电、输变电、配电、调度等多个方面对信息网络提出了新需求。

（1）发电：需要大量的实时信息采集和及时的控制指令下发，对通信网络的可靠性、安全性、带宽方面提出更高要求。

（2）输变电：输电网具有覆盖面大、承载业务类型繁多、业务量巨大等特点，需要更大带宽、更安全、更可靠的智能通信网络来有力支撑电力新业务的开展。

（3）配电：配电自动化终端覆盖面广，场景复杂，对通信网络可靠性及时延要求高；需要实时监控配电网设备运行状态，并及时定位故障。

（4）调度：电力调度数据网承载生产调度业务，是电力信息化的核心网络之一，其面临的问题包括带宽不足、设备性能和接口不足、网络覆盖不足等。

（三）民生服务需求

随着城市化进程的开展，大量人口纷纷涌入城市，城市中的水、电及交通等关键系统已不堪重负。与此同时，人们对城市功能和服务的需求也不断提高，已经不再满足于传统城市单一的生活和就业的功能，而希望获得更加个性化的服务。信息网络是智能城市建设的基础平台，智能交通、智能医疗、智能家居等诸多行业都离不开新的信息网络技术。因此，我们迫切需要加快智能城市建设，特别是智能城市信息网络建设，使市民获得更高的生活质量。

1. 智能交通

近年来，我国大中城市交通拥堵情况日趋严重，给公众出行、城市运行带来了不少负面影响，因此城市亟须建立一个实时、准确、高效的智能交通系统，缓解交通拥堵压力、减少交通事故、管理交通运营。

信息网络可以将城市公交、出租车、高速公路、轨道交通、长途客运、航空运输、铁路运输等连接起来，让人、车、路、环境和交通系统融为一体。在交通运行监管和服务方面，交通状态感知与交换、交通诱导与智能化管控、车辆定位与调度、车辆远程监测与服务、车路协同控制等技术，可为出行者和交通监管部门提供多样性的服务；在路网规划建设方面，信息网络技术对交通路况进行监控和记录，通过对历史数据的综合分析，得出时间维度和空间维度的统计性规律，为路网规划建设和行业管理提供辅助决策。

在网络需求方面，智能交通对信息网络传输实时性等提出了更高要求。智能交通领域涌现出了大量对数据传输实时性要求很高的新型业务。比如，为了实现避碰、车辆变换车道控制、安全辅助驾驶等功能，一般的应用要求传输时延在 50ms 以下，有些应用要求传输时延在 10ms 以下，而传统网络通信技术无法克服这些问题；紧急呼叫等业务需要通信网络优先、实时处理，而现有网络很难满足高实时性要求（如短信业务）；车联网技术是智能交通的重要领域，是实现智能交通的重要手段，该技术对短距离通信技术提出了新的挑战。

2. 智能医疗

众所周知，医疗资源在全世界范围内仍属稀缺资源，再加上我国医疗长期存在"重医疗、轻预防，重城市、轻农村，重大型医院、轻社区卫生"的情况，医疗问题成为社会大众关注的焦点。同时，我国面临的人口老龄化等社会问题，也让我国老年医疗服务面临挑战，所以我国亟须依托智能城市信息网络建设一个智能、专业、高效、便捷的医疗系统，以缓解医疗压力。

结合无线网络、RFID、物联网、移动计算、数据融合等技术，进一步提升医疗诊疗流程的服务效率和服务质量，提升医院综合管理水平，实现监护工作无线化，全面解决现代化数字医疗模式、智能医疗及健康管理、医院信息系统中的问题和困难，并大幅度体现医疗资源高度共享，降低公众医疗成本。

在网络需求方面，需要使用高带宽、低时延的无线网络来满足有线网络中远程医疗系统复杂的组网需求，解决传输带宽不足的问题。充分发挥4G等先进的无线网络技术，提供医学数据采集、传输、分析等远程医疗服务。同时，基于4G网络，还可建立起多点医疗服务平台，实现由医院、社区医疗机构和老年人群参与的多位一体的分级诊疗模式。

3. 智能家居

随着我国经济的不断发展，人们对生活品质的需求不断提高，智能家居应运而生。智能家居无论是在节能、环保方面还是在高科技、便捷方面都拥有巨大优势。老百姓可以通过智能家居控水控电、智能检测室内空气质量等。由此可见，智能家居已经在快速普及，价格也更加亲民。智能家居作为智能城市建设的一部分，也将会成为未来人们生活方式的必然趋势。

智能家居是指以住宅为平台，利用综合布线、网络通信、安全防范、自动控制、音频和视频等技术将家居生活有关的设施集成，构建高效的住宅设施与家庭日常事务的管理系统，提升家居的安全性、便利性、舒适性、艺术性，构建环保节能的居住环境。

在网络需求方面，智能家居是以一个良好的网络环境为基础的。例如，家庭监控的智能化依托于网络技术与高清技术的发展，而网速慢是智能家庭安防发展的瓶颈，目前这个问题还没有得到很好的解决。所以，带宽不"宽"是中国目前网络的主要现状，也是限制智能家居实现更多智能化功能的瓶颈。网络上行和下行速度的提升会极大地促进智能家居中智能家电、家庭安防的数据传输。因此，智能家居的发展对大带宽、低时延、广覆盖的智能城市信息网络有着迫切的需求。

4. 智能校园

随着教育事业的高速发展，学校迫切需要摆脱传统的管理方法所带来的巨大压力，渴望采用现代化的管理系统。于是，智能校园应运而生。

智能校园是指以云计算、物联网等为技术支撑，以云服务为终端展现，以优质教育资源共建共享和应用、资源整合为中心，将校园综合信息平台融入教学、学习和管理等工作领域，最终实现教育公平，提高教育质量，推动教育教学改革的发展。智能校园建设将从学校环境（校内、校外、设备、教室等）、资源（人力、设备、图书、教案、课件等）到活动（教学、培训、管理、服务、办公等）全部运用信息化手段，实现学校教学、管理与服务功能的高效智能化，促进学校教学模式、管理模式与服务方式的根本转变。

在网络需求方面，智能校园对信息网络建设提出了更高的要求。智能校园的核心特征主要有三个方面：①为广大师生提供一个全面的智能感知环境和综合信息服务平台，提供基于角色的个性化定制服务；②将基于计算机网络的信息服务引入学校的各个应用与服务领域，实现互联、共享和协作；③通过智能感知环境和综合信息服务平台，为学校与外部世界提供一个相互交流和相互感知的接口。以上三方面均对智能城市的信息网络提出了很高的要求。

五、国内外智能城市信息网络战略背景

（一）国外智能城市信息网络战略背景

随着智能城市应用的推广，全球 IP 流量呈高速增长趋势。智能城市视

频监控、远程医疗等大数据量、高带宽应用的大规模兴起，对数据传输与处理提出新的挑战。根据思科（Cisco）的视觉网络指数（Visual Networking Index，VNI）报告，2014 年，每月全球 IP 总流量已达到 60 艾字节（exabyte，EB），预计到 2019 年，每月全球 IP 流量将达 168 艾字节。

目前，美国、欧盟、亚洲等地区都意识到信息网络在智能城市中的重要作用，纷纷大力开展智能城市信息网络建设，有力推动智能城市发展。

1. 美　国

2009 年 2 月 17 日，奥巴马总统签署生效的《2009 年美国复苏和再投资法案》（American Recovery and Reinvestment Act of 2009，ARRA）提出，要在宽带建设和无线互联网接入方面投资 72 亿美元，在智能电网方面投资 110 亿美元，在卫生医疗信息技术应用方面投资 190 亿美元，在教育信息技术方面投资 6.5 亿美元。这些投资建设与新一代信息网络技术相关，是奥巴马政府推动经济复苏和塑造其国家竞争力的重点，也是美国实现长期发展和繁荣的重要基础。此前，IBM 提出并开始向全球推广"智慧地球"的概念与设想，即把感应器嵌入和装备到电网、铁路、桥梁、隧道、公路、建筑、供水系统、大坝、油气管道之中，并且被普遍连接，形成所谓的"物联网"，然后将物联网与现有的互联网整合起来，实现人类社会与物理系统的整合。

美国政府于 2010 年 3 月 16 日正式发布"国家宽带计划"，提出了 10 年发展目标，将通过市场激励、资源保障、普遍服务和应用促进等几方面的努力助其实现。具体目标包括：①至少 1 亿美国家庭能使用平价宽带，实际下载速率达到至少 100Mbps，实际上传速率达到至少 50Mbps；②每个美国社区都能获得至少 1Gbps 的宽带服务。2011 年 10 月，美国联邦通信委员会（Federal Communications Commission，FCC）通过了之前宣布的针对普遍服务基金和运营商间补偿制度的改革计划，创立一个年度预算高达 45 亿美元的新的"连接美国基金"，将使超过 700 万居住在乡村地区的美国人享受到高速宽带接入。FCC 预测，在未来 6 年内，宽带计划将为美国带来 500 亿美元的经济增长，创造约 50 万个就业机会。目前，美国正在铺建全球网速最快的 800Mbps 带宽网络，这套网络建成之后，将进一步提升美国的智能城市水平。

2. 欧　盟

21 世纪初，欧盟发现其在信息通信技术领域明显落后于美国、日本和韩国，决心奋起直追。2005 年，欧盟正式推出建设欧盟信息社会的"i2010"战略。在国际金融危机爆发后，欧盟更加注重发展数字经济，希望借此寻求摆脱危机、振兴经济的有效方式。欧盟提出，在 2009 年和 2010 年的财政预算中增拨 60 亿欧元，其中 50 亿欧元用于泛欧能源网络和宽带基础设施建设，10 亿欧元用来加快网络升级。

2010 年 5 月 19 日，欧盟委员会正式公布了"欧洲数字计划"。该计划主要内容包括：①建立更好的信息化标准，提高网络互用性；②增强网络安全和人们对网络的信任；③提高互联网接入速度。2009 年，欧盟已经形成了全世界最大的宽带网市场，约有四分之一的欧盟公民安装了固定宽带网，其中 80％的宽带网速为 2Mbps，18％的宽带网速为 10Mbps。然而，目前只有 1％的欧盟公民拥有光纤网络连接。欧盟的目标是：①到 2020 年，让所有欧盟公民都能用上 30Mbps 网速的网络，其中有一半公民能用上 100Mbps 网速的网络；②增加在信息通信领域研究与开发的投资，为此，欧盟将通过增加研究基金等方式来鼓励私营部门增加在信息通信领域研究与开发的投资；③充分发挥信息通信技术的潜力，让全社会受益。欧盟希望通过借助信息通信技术来应对当前所面临的气候变化、人口老龄化等问题。

3. 日　本

日本是世界上第一个提出"泛在"战略的国家。2004 年，日本政府在两期"e-Japan"①战略目标均提前完成的基础上，提出了"u-Japan"②战略，其战略目标是构建无论何时何地，无论何物何人都可受益于信息和通信技术（information and communication technology，ICT）的社会。物联网包含在泛在网的概念之中，并服务于 u-Japan 及后续的信息化战略。通过这些战略，日本开始推广物联网在电网、远程监测、智能家居、汽车联网和灾难应对等方面的应用。

---

① "e"代指英文单词"electronics"，意为"电子的"。
② "u"代指英文单词"ubiquitous"，意为"普遍存在的，无所不在的"。

2009 年 7 月，日本政府又制定了 "i-Japan 战略 2015"，作为 "u-Japan" 战略的后续，其目标是实现以人为本、安心且充满活力的数字化社会。该战略是日本继 "e-Japan" 和 "u-Japan" 之后提出的更新版本的国家信息化战略，其要点是大力发展电子政府和电子地方自治体，推动医疗、健康和教育的电子化。日本政府的信息技术战略本部认为，日本的通信基础设施已世界领先，然而各公共部门利用信息技术的进程缓慢。通过执行该战略，日本将利用信息技术，使全体国民的生活变得更加便利。

目前，在智能城市信息网络方面，日本的智能城市建设已初见成效，光纤网络已经进入城市的各个环节，网络带宽达 100Gbps 以上。

4. 其　他

韩国在 2004 年就提出了 "u-City" 战略。韩国对 "u-City" 的定义是：为了提高城市功能和管理的效率，革新现存的信息构架，将 ubiquitous 技术接入基础设施中，可以实时处理城市内发生的所有事务，并提供信息通信服务，为市民提供便利、安全、安乐的生活的新概念城市。这一战略的目的是通过建设遍布整个城市的高速有线和无线网络，让市民可以从城市的各个角落方便地使用各项社会服务，了解环境和交通状况，遥控家中的电器，甚至追踪未成年子女的动向。在建设 "u-City" 的基础上，2011 年 6 月，首尔发布 "智慧首尔 2015" 计划。2014 年，市民可以利用智能城市信息网络查询 81 项首尔市政服务。

2006 年 6 月，新加坡启动了 "iN2015"（Intelligent Nation 2015）计划。目标是 "利用无处不在的信息通信技术将新加坡打造成一个智慧的国家、全球化的城市"。具体来说，就是要建立超高速、广覆盖、智能化、安全可靠的信息通信基础设施；全面提高本土信息通信企业的全球竞争力；发展普通从业人员的信息通信能力，建立具有全球竞争力的信息通信人力资源；强化信息通信技术的尖端、创新应用，引领包括主要经济领域、政府和社会的改造，提升数字媒体与娱乐、教育、金融服务、旅游与零售、医疗与生物科学、制造与物流以及政府七大经济领域的发展水平。到 2012 年，智能城市信

息网络已经实现 95% 的覆盖率，用户超过 25 万，家庭用户和企业用户可以订阅由 17 家服务提供商提供的多种光纤宽带网络接入服务方案。全岛部署了 7 500 多个无线网络公共热点，相当于每平方公里有 10 个公共热点，访问速度高达 1Mbps，目前用户数超过 210 万。到 2014 年年末，智能城市信息网络价值实现了翻一番，达到了 260 亿新加坡元。

马来西亚前总理马哈蒂尔倡导了"信息技术觉醒运动"，他在 1995 年年底提出建设总面积为 750 平方公里的多媒体超级走廊（Multimedia Super Corridor，MSC）。MSC 范围涵盖吉隆坡城市中心、布特拉查亚（Putrajaya）政府行政中心、电子信息城（Cyberjaya）、高科技技术孵化创新园区和吉隆坡国际机场。整个 MSC 计划将持续到 2020 年，MSC 建成后将拥有世界最先进的信息技术硬件设施，将吸引世界性的高技术企业前来投资，从而实现马哈蒂尔塑造马来西亚"知识经济"社会的梦想。

（二）国内智能城市信息网络战略背景

面对当今世界信息化发展的潮流，我国开始大力推进信息化，将其定位为覆盖我国现代化建设全局的战略举措。2012 年 5 月 30 日，国务院讨论通过了《"十二五"国家战略性新兴产业发展规划》，明确了要加快建设下一代信息网络，突破超高速光纤与无线通信等新一代信息技术，增强国际竞争力，实质上就是要从"光纤宽带"和"无线宽带"这两方面着手，推进宽带网络的建设。这与 2012 年 5 月初工信部发布的《通信业"十二五"发展规划》以及《宽带网络基础设施"十二五"规划》等相关政策是完全一致的。信息产业作为国家战略性新兴产业，其发展的必由之路就是"宽带中国"战略。

《"十二五"国家战略性新兴产业发展规划》对我国下一代信息网络产业做了解释：实施宽带中国工程，加快构建下一代国家信息基础设施，统筹宽带接入、新一代移动通信、下一代互联网、数字电视网络建设；加快新一代信息网络技术开发和自主标准的推广应用，支持适应物联网、云计算和下一代网络架构的信息产品的研制和应用，带动新型网络设备、智能终端产业和新兴信息服务及其商业模式的创新发展；发展宽带无线城市、家庭信息网络，加快信息基础设施向农村和偏远地区延伸覆盖，普及信息应用；强化网络信息安全和应急通信能力建设。上述规划还针对 2015 年和 2020 年两个时间节点的发展目标和任务做出了具体部署，如表 1.1 所示。

表 1.1　下一代信息网络产业发展路线

时间节点	2015年	2020年
发展目标	城市和农村家庭分别实现平均20兆和4兆以上宽带接入能力，部分发达城市网络接入能力达到100兆；基于国际互联网协议第6版（IPv6）的下一代互联网实现规模商用；三网融合全面推广，电视数字化转换基本完成。网络装备产业整体迈入国际前列，掌握关键核心技术；信息智能终端创新和产业化取得重大进展	具有国际先进水平的宽带、融合、安全、泛在的信息基础设施覆盖城乡。系统掌握新一代移动通信、数字电视、下一代互联网、网络与信息安全及智能终端等领域的核心关键技术，形成卫星移动通信服务系统，产业发展能力达到国际领先水平
重大行动	•信息网络升级：实施宽带中国工程，加快发展宽带光纤接入和无线移动通信，调整、优化频率规划，加快实施新一代宽带无线移动通信网科技重大专项，开展时分长期演进技术（TD-LTE）研发、产业化及商用示范，实施下一代互联网商用推广计划，推进农村宽带网络建设，统筹绿色数据中心布局，推进地面和有线数字电视网络建设。 •关键技术开发和产业化：实施物联网与云计算创新发展工程；加快IPv4/IPv6网络互通设备，以及支持IPv6的高速、高性能网络和终端设备、支撑系统、网络安全设备、测试设备及相关芯片的研发和产业化，加强TD-SCDMA、TD-LTE及第四代移动通信（4G）设备和终端研发，加快高性能计算机、高端服务器、智能终端、网络存储、信息安全等信息化关键设备的研发和产业化。推进数字电视下一代传输演进技术、接收终端、核心芯片、光通信、高性能宽带网等研发和产业化，推进三网融合智能终端的产业化和应用，建立广播影视数字版权技术体系。 •创新能力建设：完善云计算、移动互联网、信息安全等新兴领域工程实验室和工程（技术）研究中心建设，推动建立产业联盟和创新联盟，建设新兴信息技术领域的产品和技术可靠（控）验证实验室，提升数字电视、移动通信和下一代互联网等工程中心、实验室创新能力	
重大政策	建立信息基础设施建设组织领导协调机制，制定支持宽带光纤、移动通信和数字电视建设相关政策，建立和完善电信普遍服务制度	

2013 年 8 月 1 日，国务院正式发布了《"宽带中国"战略及实施方案》，统筹网络部署、应用服务、产业发展和安全保障能力建设，构建宽带、融合、安全、泛在的下一代国家信息基础设施。"宽带中国"战略提出，要坚持网络升级与产业创新相结合的发展原则，以宽带基础设施建设和升级为契机，突破制约宽带产业发展的瓶颈，提升产业链自主创新和配套能力；到

2020 年，我国宽带产业技术创新和产业竞争力要达到国际先进水平的目标。针对我国宽带产业技术原始创新能力和产业配套能力，要从关键技术研发、重大产品产业化、智能终端研制和支撑平台建设四个方面推进技术创新，提升宽带产业自主能力。

2014 年 2 月 27 日下午，习近平总书记主持召开中央网络安全和信息化领导小组第一次会议并发表重要讲话。习主席强调："没有网络安全就没有国家安全；没有信息化就没有现代化。"领导小组将围绕"建设网络强国"，重点完成以下任务：要有自己的技术，有过硬的技术；要有丰富全面的信息服务，繁荣发展的网络文化；要有良好的信息基础设施，形成实力雄厚的信息经济；要有高素质的网络安全和信息化人才队伍；要积极开展双边、多边的互联网国际交流合作。会议还强调，建设网络强国的战略部署要与"两个一百年"奋斗目标同步推进，向着网络基础设施基本普及、自主创新能力增强、信息经济全面发展、网络安全保障有力的目标不断前进。

2015 年 3 月 5 日，在第十二届全国人民代表大会第三次会议上，李克强总理在政府工作报告中首次将"互联网 +"行动计划提升为国家战略。"互联网 +"是创新 2.0 大背景下的互联网发展新形态、新业态，是知识社会创新 2.0 大背景推动下的互联网形态演进。"互联网 +"代表一种新的经济形态，即充分发挥互联网在生产要素配置中的优化和集成作用，将互联网的创新成果深度融合于经济社会各领域之中，提升实体经济的创新力和生产力，形成更广泛的以互联网为基础设施和实现工具的经济发展新形态。"互联网 +"行动计划将重点促进以云计算、物联网、大数据为代表的新一代信息技术与现代制造业、生产性服务业等的融合创新，发展壮大新兴业态，打造新的产业增长点，为大众创业、万众创新提供环境，为产业智能化提供支撑，增强新的经济发展动力，促进国民经济提质增效升级。

第2章

i City

中国智能城市信息网络
现状与面临的问题

在"宽带中国"战略和"网络强国"战略的指导下，在智能城市发展需求的刺激下，中国智能城市信息网络的发展建设日新月异。本章总结了当前我国智能城市信息网络的发展状况，介绍了信息网络基础设施建设方面的最新进展和信息网络安全方面仍存在的几大问题。

一、智能城市信息网络基础设施建设

目前我国经济建设正处在一个关键的发展阶段，正在大力推进工业化、城镇化、市场化和信息化。智能城市信息网络技术对推动我国经济增长、加快经济结构调整、提高人民生活水平有重要的战略作用。智能城市信息网络的发展可以极大地推动其他战略性新兴产业的发展，具有四两拨千斤的作用。只有充分凝聚政府、市场和企业的力量，共同努力，才能取得城市信息网络建设的成功。为加快推进城市信息网络的部署与建设，我们亟须厘清城市信息网络发展思路，实施"宽带中国"战略和"网络强国"战略，加快光网城市和无线城市建设，推进广电网络的双向改造，加大家庭信息网络建设力度，积极推动云计算和大数据平台建设和发展，推进绿色 IT 产业建设，加快未来网络技术科研与产业布局。

（一）宽带网络建设

宽带网络是我国经济社会发展新时期的战略性公共基础设施。发展宽带网络对拉动有效投资、促进信息消费、推进发展方式转变、推动小康社会建设具有重要支撑作用。从全球范围看，宽带网络正掀起新一轮信息化发展浪潮，众多国家纷纷将发展宽带网络视为战略部署的优先行动领域以及抢占新时期国际经济、科技和产业竞争制高点的重要举措。近年来，我国宽带网络覆盖范围不断扩大，传输和接入能力不断增强，宽带技术创新取得显著进展，产业链初步形成，应用服务水平不断提升，电子商务、软件外包、云计算和物联网等新兴业态蓬勃发展，网络信息安全保障逐步加强。但我国宽带网络仍然存在公共基础设施定位不明确、区域和城乡发展不平衡、应用服务不够丰富、技术原创能力不足、发展环境不完善等问题。2013 年 8 月 1 日，国务院下发《"宽带中国"战略及实施方案》，旨在加强战略引导和系统部署，推动我国宽带基础设施快速、健康发展。

2014 年，"宽带中国"专项行动的成果是：全国共计新增光纤到户（fiber to the home，FTTH）覆盖家庭 8 859 万户，建成 4G 基站 73.3 万个，完成 1.38 万个行政村通宽带。截至 2014 年年底，我国固定宽带用户规模超过 2 亿户，3G、4G 移动宽带用户超过 5.8 亿户，其中 4G 用户达 9 700 万；使用 8Mbps 及以上接入速率的宽带用户比例达到 40.9%，我国主流固定宽带接入速率正在从 4Mbps 迈向 8Mbps 时代，用户可用下载速率达到 4.2Mbps，一年内提升 20%，用户实际上网体验得到进一步改善。

2015 年 5 月，工信部发布《关于实施"宽带中国"2015 专项行动的意见》，其中指出了 2015 年的三个主要引导目标。①宽带网络能力实现跃升：新增光纤到户覆盖家庭 8000 万户，推动一批城市率先成为"全光网城市"；新建 4G 基站超过 60 万个，4G 网络覆盖县城和发达乡镇；新增 1.4 万个行政村通宽带。②普及规模和网速水平持续提升：新增光纤到户的宽带用户 4 000 万户，新增 4G 用户超过 2 亿户，使用 8Mbps 及以上接入速率的宽带用户占比达到 55%，用户上网体验持续提升。③积极支撑和服务智能制造：支持 100 家规模以上工业企业积极探索智能工厂、智能装备和智能服务的新模式、新业态，支撑 1 000 家工业及生产性服务企业的高带宽专线服务，新增 M2M（智能机器）终端 1 000 万个，促进工业互联网发展。

预计到 2020 年，我国宽带网络基础设施发展水平与发达国家之间的差距将大幅缩小，国民充分享受宽带带来的经济增长、服务便利和发展机遇。宽带网络全面覆盖城乡，固定宽带家庭普及率达到 70%，3G/LTE 用户普及率达到 85%，行政村通宽带比例超过 98%。城市和农村家庭宽带接入能力分别

达到 50Mbps 和 12Mbps，发达城市部分家庭用户可达 1Gbps。宽带应用深度融入生产生活，移动互联网全面普及。技术创新和产业竞争力达到国际先进水平，形成较为健全的网络与信息安全保障体系。

（二）云计算平台的发展建设

云计算是推动信息技术能力实现按需供给、促进信息技术和数据资源充分利用的全新业态，是信息化发展的重大变革和必然趋势。发展云计算，有利于分享信息知识和创新资源，降低全社会创业成本，培育形成新产业和新消费热点，对稳增长、调结构、惠民生和建设创新型国家具有重要意义。当前，全球云计算处于发展初期，我国面临难得的机遇，但也存在服务能力较薄弱、核心技术差距较大、信息资源开放共享不够、信息安全挑战突出等问题，重建设轻应用、数据中心无序发展的苗头初步显现。

为促进我国云计算创新发展，积极培育信息产业新业态，国家出台了一系列政策规定。2012 年 4 月 6 日，工信部制定了《软件和信息技术服务业"十二五"发展规划》，其中就提到"云计算创新发展工程"。2015 年 1 月 30 日，国务院下发《关于促进云计算创新发展培育信息产业新业态的意见》。

目前，我国公共云服务市场仍处于低总量、高增长的产业初期阶段。据统计，2013 年我国公共云服务市场规模约为 47.6 亿元，增速较 2012 年有所放缓，但仍达到 36%，远高于全球平均水平。

2013 年，我国的基础设施即服务（infrastructure as a service，IaaS）市场规模约为 10.5 亿元，增速达到了 105%，显示出旺盛的生机。IaaS 相关企业不仅在规模、数量上有了大幅提升，而且吸引了资本市场的关注，UCloud、青云等 IaaS 初创企业分别获得了千万美元级别的融资。

过去几年里，腾讯、百度等互联网巨头纷纷推出了各自的开放平台战略，新浪 SAE 等平台即服务（platform as a service，PaaS）的先行者也在业务拓展上取得了显著的成效。在众多互联网巨头的介入和推动下，我国 PaaS 市场得到了迅速发展，2013 年市场规模增长近 20%。但由于目前国内 PaaS 服务仍处于吸引开发者和产业生态培育的阶段，大部分 PaaS 服务都采用免费或低收费的策略，因此整体市场规模并不大，估计约为 2.2 亿元，但这并不妨碍我们对 PaaS 的发展前景抱有充足的信心。

无论是国内还是全球，软件即服务（software as a service，SaaS）一直是云计算领域最为成熟的细分市场，用户对于 SaaS 的接受程度也比较高。2013年，国内 SaaS 市场规模在 34.9 亿元左右，与 2012 年相比增长了 24.3%。

在产业发展方面，IaaS、PaaS 和 SaaS 也呈现出了不同的特点。① IaaS "群雄并起"：在 IaaS 领域，老牌企业如阿里云仍然保持了领先的优势，但竞争者在不断增加，其中既有传统的电信运营商（中国电信、中国联通都成立了云计算业务运营实体），也有互联网企业（如京东、蓝汛、网宿等），还包括众多的初创公司（UCloud、青云是其中的佼佼者），同时国际云计算巨头也为国内 IaaS 领域增加了新的竞争者。② PaaS "逐渐长大"：腾讯、百度、新浪、阿里巴巴等向开发者提供了开发平台服务，新浪 SAE 注册用户到 2013年年底已接近 30 万，其中活跃用户超过 10 万，应用数量达到 50 多万个。③ SaaS "盈利较好"：SaaS 一直是国内外云计算产业中实现盈利较早也保持较好发展的领域，2013 年，部分公司 SaaS 的云服务营业额超过了 1 亿元。

云计算在互联网中的基础性作用日趋突出，云计算已经成为我国互联网创新创业的基础平台。云计算对互联网业务的支撑能力显著上升，到 2013年 9 月，在阿里云上运行的 Web 服务器数量达到 1.8 万个，比上年增长了500%，托管的域名数从 9 万个增长到 39 万个，其中活跃网站数从 2 万个增长到 15 万个。

云计算弹性支撑能力在电子商务中大显身手。2012 年，淘宝 "双十一"活动只有 20% 的业务量在 "云" 上完成；2013 年，这项数据则达到了 75%。2013 年，淘宝和天猫 80% 以上网店的进销存管理系统都已迁移至 "聚石塔"的云服务平台。

（三）大数据平台的发展建设

大数据是智能城市的智慧引擎。在智能城市建设带来数据量爆炸式增长的同时，大数据也支撑着智能城市的建设和发展。大数据是智能城市各个领

域实现智能化的关键支撑技术，从政府决策与服务，到城市产业发展规划布局，再到人们衣食住行的生活方式，甚至到城市的运营和管理方式，都将在大数据支撑下走向智能化。大数据与智能城市是信息化建设的内容与平台，两者互为推动力量。智能城市是大数据的源头，大数据是智能城市的内核。

目前，国内对于大数据的推进更多的是由科研机构、地方政府、相关企业等单独进行探索实践。部分信息化发展基础较好的地方，已经明确将推动大数据的发展与应用纳入其信息化发展规划及产业部署。

我国大数据发展的宏观政策环境正在不断完善。2012 年以来，科技部、国家发改委、工信部等部委在科技和产业化专项中陆续支持了一批大数据相关项目，在推进技术研发方面取得了积极成效。2013 年 6 月，工信部发布了《电信和互联网用户个人信息保护规定》，根据《全国人民代表大会常务委员会关于加强网络信息保护的决定》，进一步界定了个人信息的范围，提出了个人信息的收集和使用规则、安全保障等要求，为大数据应用中的个人信息保护设立了法律法规屏障。2014 年的《政府工作报告》明确提出，"以创新支撑和引领经济结构优化升级"，"设立新兴产业创业创新平台"，在新一代移动通信、集成电路、大数据等方面赶超先进，引领未来产业发展。

总体上，我国的大数据产业具备良好基础，发展前景广阔。①一批世界级的互联网公司在大数据应用上不断推陈出新，智能搜索、广告、电商、社交等借助大数据技术持续进化，互联网金融、O2O（online to offline）等应用借助大数据向线下延伸。②大数据技术紧跟国际先进水平，具备建设和运营世界最大规模大数据平台的能力，单集群规模达 5 000 ～ 10 000 台服务器，数据管理规模达到 EB（$1EB=10^{18}B$）级别，在机器学习等方面也有所突破。③当前和未来一段时间，我国面临着经济结构转型升级、政府和公共服务改进提升等紧迫任务，大数据在这些方面都有广阔的应用前景。但是应该认识到，大数据在全球的发展还都处于初期，技术、制度、观念等方面都需要改变。对我国来说，数据资源不丰富、技术差距大和法律法规不完善是当前大数据发展面临的主要问题。

（四）国内电信运营商智能城市信息网络的最新建设进展

城市智能化是城市未来发展的必然趋势，在运营商战略规划中的地位举足轻重。三大运营商纷纷采取了切实行动，和地方人民政府签署协议，为以后共建智能城市奠定基础。

1. 中国移动

中国移动拥有庞大的手机客户规模、丰富的信息化运营经验和国家对TD 网络的大力支持，在发展无线城市方面有很大的优势。作为除政府资助、公共分享之外的无线城市建设的运营商，中国移动正在大力加快建设步伐。

中国移动和各省市人民政府共建无线城市，一般按照省市政府主导、中国移动承建的原则，在加快无线城市信息基础设施建设、共建无线城市群综合门户平台、推进无线电子政务、开展无线城市民生服务、推广无线城市物联网应用等方面开展合作。中国移动将投入支持资金，用于相关网络基础设施建设及信息化应用建设。

2013 年，随着 TD-LTE 4G 牌照的发放，中国移动开始从网络、终端、应用、品牌等方面全力拓展 4G 运营机会。2014 年，中国移动建设 4G 基站近 70 万个，覆盖了超过 300 个城市，实现了大部分城市、县城、乡镇的连续覆盖。结合客户需求，持续加强商场、宾馆、写字楼、政企单位、交通干线等热点区域覆盖，以提升客户上网体验。截至 2015 年 1 月，中国移动的 4G客户数已突破 1 亿。4G 网络的发展和普及，必将为中国智能城市的发展奠定信息网络基础。

2. 中国联通

中国联通 3G 网络所运用的 WCDMA 技术，是目前全球普及率最高、产业链最成熟、技术最先进的 3G 通信制式，而且其高普及率能够保障智能城市建设拥有先进的信息应用技术。

在基础网络建设方面，近年来，中国联通共投资 3 600 亿元，建设了 21万皮长公里的城市光缆，打造了覆盖全国乡镇及以上城市、主要交通干线和旅游景区的 WCDMA 无线网络，部署并开工建设了九大云计算和数据中心基地。中国联通坚持 3G 网络领先战略，不断完善网络的广域覆盖和深度覆盖，目前已在全国 330 多个城市建成了下行速率 21Mbps 的 HSPA+ 网络。

自 2012 年 9 月 4 日发布"智慧城市"发展战略以来，中国联通以城市光网络、WCDMA 无线网络、WLAN 三大网络为基础，以九大数据基地为依托，以基于云计算的全国统一的智慧城市平台为载体，构建"共建、汇聚、开放"的发展模式，推进智慧城市发展。截至 2013 年 4 月，中国联通已经与 26 个省（区、市）超过 150 个城市（城区）的地方政府完成战略签约，其中第一批 56 个开放 HSPA+ 网络的重点城市中有 39 个已完成签约。在签约过程中，多数地方政府明确提出建设应用平台的需求，签约合作内容聚焦在移动政务、智能交通、智能医疗、城市安全、环境监测、智能教育、智能物流等热点行业应用领域。截至 2014 年 3 月，中国联通累计发展行业应用用户 2 652 万，既有效地实现了业务转型，又很好地服务于国民经济发展和央企信息化。

3. 中国电信

中国电信响应国家"十二五"规划，凭借其全球最大的固定网络、丰富的城市光纤宽带网络和运营商中唯一的卫星通信能力等优势，与政府共同规划智能城市建设，以示范工程切入，带动智能城市行业应用。

2014 年，中国电信宽带已经提前完成"十二五"目标。2015 年，中国电信预计将再完成光纤到户覆盖 4 500 万户，建成一批全光网城市；推进宽带速率提升，力争到 2015 年年末，宽带平均签约速率达到 20Mbps。此外，中国电信还将加快推进 4G 网络覆盖，提供双百兆网络服务，使 4G 网络覆盖重点城市、发达乡镇和一般地区的县城区域。

2015 年 2 月 9 日，中国电信召开了"天翼 4G·光网乡村发布暨 2015 年产业链峰会"。江苏电信在 2014 年年底已经实现全省城乡光网全覆盖的基础上，2015 年再投资 150 亿元，其中在农村投资 50 亿元，进一步加快农村光网建设，推动农村信息通信基础设施建设再上新台阶。

中国电信已与很多省市人民政府签署共建智能城市协议。根据协议，中国电信一般与政府合作建设智慧政务、智慧家庭、智慧城管、智慧医疗、智慧教育、智慧园区等项目。中国电信将投入资金用于城市的信息化建设，推进有线光网、无线宽带网络、无线应用和服务系统的建设。

二、智能城市信息网络安全现状

智能城市建设涉及众多的城市管理部门、信息与通信技术服务提供商、业务应用开发与运营单位以及全体市民，在智能城市给人们生活带来更多便利的同时，近年来国内外一连串信息与数据泄漏的网络安全事件也给社会造成一些隐忧。信息网络作为新一代城市生活形态，其安全已成为智能城市建设中不容忽视的问题，与此同时，我国也采取多种措施加以应对。

（一）智能城市信息网络面临的安全问题

我国在智能城市建设推进过程中也十分注重信息网络安全保护，但面对新的发展形势，仍存在技术可控率较低、安全防护欠缺和协同响应能力不足等问题。

1. 基础设施、关键技术、应用服务自主可控率较低

国内涉及智能城市信息网络安全建设的基础设施、关键技术、应用服务的自主可控率较低。智能城市的建设过程主要包括智能化基础设施搭建、关键核心技术提升和应用服务的实现。其中，智能化基础设施建设包括下一代互联网、物联网、云计算中心服务平台、智能电网、智能交通、导航卫星定位等；关键技术包括物联网技术、云计算技术、大数据、地理信息技术以及全球定位系统等；应用服务包括社会管理、教育、医疗卫生服务等。

目前，许多核心的基础设施、关键技术、应用服务仍然掌握在 Oracle（甲骨文）、EMC、IBM 等国外高技术公司手中。国内尚无一套有自主知识产权的传感器设计软件，国产传感器可靠性普遍低于国外同类产品。传感器工艺装备的研发与生产长期为国外垄断，传感器工艺制备中的某些关键技

术，如高可靠的微机电系统（micro-electro-mechanical system，MEMS）封装技术、快速测试技术、高仿真模拟技术等，尚未取得突破性进展和批量生产的验证。全国所有通用顶级域的根服务器都在国外。2014 年 1 月 21 日下午，由于网络遭受攻击出现异常，也就是 DNS 故障导致"断网"，全国多地出现网站无法打开的现象。许多机顶盒厂商的产品采用欧洲的 CA 标准，其操作系统、病毒防护、云服务平台等对信息安全要求极高的软件系统也由国外提供，这些应用服务中存在许多安全漏洞，甚至还有我们无法控制的信息后门。在智能城市建设中，我国部分城市过度信任国外大公司的品牌，依赖于其提供的信息安全设计方案和整体规划设计，涉及能源、金融、社会安全服务等信息系统。这样的智能城市平台建设，自主可控性低，信息安全隐患巨大。

2. 城市与个人信息缺乏系统的安全防护

在综合集成的物联网、云计算、大数据发展环境下，智能城市中信息技术的应用与发展所面临的网络环境更加复杂，城市与个人信息缺乏系统的安全防护。

（1）"城市生命线"的脆弱性。智能城市建设过程中大范围应用物联网技术，让城市中水、电、油、气等"城市生命线"相关设施全面实现物网互联，以实现更为细致的感知和搭建智能化应用。但信息技术中网络资源、计算资源和存储资源的易获取性，也让"城市生命线"暴露于不法分子面前。如果有人侵入"城市生命线"的控制系统，那么阻断一个城市的水、电、油、气将易如反掌，整个城市会瞬间陷入瘫痪。

（2）城市管理信息泄漏的危险性。智能城市涵盖多个城市运行的信息系统，前所未有地保存着物联网、应用访问、用户信息、城市管理信息等数据。大部分城市规划要将这些信息存储于云计算服务平台中，这些海量的数据中隐藏着社会运行的重要信息。通过大数据挖掘，能够萃取出价值非常高的信息。不法分子如果窃取到智能城市的云计算资源，实施大数据计算，获取相关机密信息，不仅会造成社会经济的损失，更有甚者，会威胁到整个国家的长治久安。例如，为解决道路交通拥堵这一"城市病"，上海市运用大数

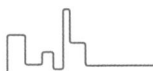

据为交警装上"千里眼",有效引导车流,化解上下班高峰期拥堵问题,同时利用数据分析预防交通事故。如果交通信息系统被恶意入侵,那么城市交通的错误疏导反而会造成全城瘫痪。

(3)公民个人信息安全的隐私性。目前,网络承载了我国公民太多的个人信息。在智能城市社会管理应用中,公民个人的身份证号、工作单位、家庭住址、户口信息以及纳税、参保缴费、违法违纪等征信信息也都存储在云平台中。一旦这些服务平台中存在安全漏洞,必将引发公民个人信息的泄露,使违法分子有机可乘。随着网络银行、电子商务、互联网金融等服务的兴起,网络彻底改变了人们的生活和消费方式。许多涉及公民个人隐私的信息都可以在网络上有迹可循。此外,近年来各种移动终端的普及,进一步扩大了公民的生活范围,使公民留下个人在物理世界的行为轨迹,如活动地点、社会关系、行为偏好、情绪状态等。这使得个人信息泄露面临种种潜在的危机。近年来,个人隐私泄露事件层出不穷。2013年3月,支付宝转账信息被谷歌抓取,直接搜索"site:shenghuo.alipay.com"就能搜到转账信息,数量超过2 000条;2013年10月,圆通快递公司客户快递单信息泄漏,被不法分子倒卖,诈骗、推销等不法分子通过这些信息扰乱了公民的正常生活。

除了上述提及的具有针对性的恶意攻击,智能城市同样面临技术上的脆弱性。比如物联网中的感知层对能源、计算和存储能力有多种限制,这给设计物联网的加密机制带来了更多的困难;云计算环境自身也存在安全隐患,如虚拟机逃逸、资源滥用、资源耗尽、隐蔽信道、网络流量不可见等。

3. 智能城市建设部门协同响应能力不足

智能城市建设的部门分割和领域分割,造成分而治之的运行模式,缺乏对突发事件及时、有效响应的整体规划和责任分工,制约了信息安全的快速响应。目前,智能城市的建设还处于"各扫门前雪"的状态,智能城市的建设需要整合部门、行业、系统和数据资源的支撑决策,而各部门、各领域的负责人只关注某一功能的具体实现,对信息互联面临的漏洞缺乏应有的警醒态度。例如,基础设施建设由相应的基础设施管理部门搭建、运营和管理,而在其之上的物联网服务系统由其他运营商提供,相关的云计算、云存储资源的管理又来

自于其他不同的应用服务提供商,这其中信息安全管理责任的不确定性,容易导致信息安全响应的滞后。

智能城市是综合集成的"复杂巨系统",涉及各个系统的组成部分,分属于不同的部门和机构。有效协调智能城市信息安全组织架构的前提是对信息系统进行严格的安全域划分。智能城市建设的信息安全主管部门应该在宏观上进行信息安全域的划分,区别出哪些是互联网上的应用,哪些是应该进行网络隔离的重点保护区域。其次,对于智能城市信息系统组件内部也应该进行更细致的安全域划分。比如应该对数据区域、物联网感知区域、物联网控制区域和基础设施的管理区域进行严格的安全域划分,对不同的安全域采取不同的安全策略,通过网络隔离技术对智能城市应用实施多级安全防护,实现智能城市信息系统的深度防御。

(二)我国在信息网络安全方面的举措

1. 成立国家安全委员会,昭示捍卫国家信息安全的意志

2013 年 11 月 12 日,中国共产党第十八届中央委员会第三次全体会议讨论后,决定成立中央国家安全委员会。中央国家安全委员会统筹协调涉及国家安全的重大事项和重要工作。中央国家安全委员会的设立有利于提高国家在面临各种安全危机和挑战时的应变能力,也代表着我国在捍卫国家安全和国家利益方面的决心和意志。2014 年 2 月 27 日,中共中央网络安全和信息化领导小组(简称网信组)宣告成立,当天即在北京召开了第一次会议。网信组由习近平任组长,副组长是李克强和刘云山。在中央网络安全和信息化领导小组第一次会议上,习近平提出,要制定全面的信息技术、网络技术研究发展战略,下大气力解决科研成果转化问题。网信组的核心仍在于加快中国建设网络强国的历史进程。

2. 政府新一轮 IT 采购更加重视信息安全

2014 年 5 月 16 日的新一轮中央国家机关政府采购招标通知显示,在本轮采购中,"所有计算机类产品不允许安装 Windows 8 操作系统"。这一新规

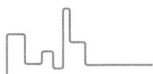

定表明，政府已将信息安全上升到国家安全层面。国产的操作系统也将成为保障信息安全的重要组成部分。"棱镜门"之后，中国政府对信息安全的重视程度空前，对操作系统的重视，只是具体行动的一个开始。

3. 中国企业加大自主研发，自主可控成为共识

2013 年 5 月，中国电商巨擘——阿里巴巴开始采用成本更加低廉的软硬件产品来代替曾经使用多年的价格高昂的国外品牌。这一行动可以大量节约企业的信息化成本，而且有助于实现企业内部 IT 系统的自主可控。由于原先的整套系统维护费用非常昂贵，仅仅数据库系统三年的销售价格就达到千万元级，而阿里巴巴旗下的用户群每年都在增长。在应用云计算的过程中，原有系统并不适合云服务横向扩展，也就是多个数据库系统同时运行。因此，云服务一旦扩张，这部分维护成本将非常高。2014 年 5 月 17 日，最后一台小型机在阿里巴巴支付宝下线，标志着阿里巴巴已经实现自主可控。同时，采用自主可控软硬件产品还对维护信息安全、实现自主可控国产化替代有着非常重要的意义。2013 年 8 月 25 日，中国互联网络信息中心（China Internet Network Information Center，CNNIC）官方微博的通告称，.CN 域名遭遇了规模最大的一次攻击事件。采用自主可控软硬件产品对实现国产化替代、打造自主可控的 IT 环境有着非常重要的现实意义。

三、我国智能城市信息网络发展面临的问题

总体而言，我国智能城市信息网络虽在技术研发、标准研制、应用示范等方面取得了显著进展，但仍处于起步阶段，存在核心技术较弱、产业基础相对薄弱、系统集成服务能力较弱、应用水平较低、规模应用不足、行业壁垒亟待破除等问题。此外，我国智能城市信息网络建设缺少对信息网络发展模式、定位、运营、建设模式的考虑。本章通过借鉴国外智能城市信息网络的建设思路，从研究的角度，分析我国城市信息网络的建设现状，总结出了我国城市信息网络目前面临的问题。

（一）政府管理

中国智能城市信息网络发展的模式为政府主导，虽然在信息网络发展道路上，我们已经形成了很多国家战略和发展方针，但是与很多发达国家相比，在政府管理方面，我国信息网络的发展还是面临很多问题。

1. 缺乏整体规划

缺乏智能城市信息网络宏观指导，建设方向把控能力不强。一些地方政府为了政绩考核，盲目跟风，往往致使网络建设成为空谈，造成资源的极大浪费。一些地方对智能城市信息网络的内涵还缺乏清晰的认识，往往简单地把信息化、云计算、大数据等拼成一个大饼，然后贴上"智能"的标签，就称之为智能城市信息网络。

2. 与传统行业结合不强

信息网络在支撑信息消费方面有待进一步提高，信息网络在利用"宽度"和"深度"方面有待加强。以宽带网络为例，美国在宽带网络建设过程中除了重视网络覆盖率和带宽之外，更强调宽带网络和实体经济的结合（如能源、环境、医疗、教育等），以期用信息网络促进实体经济进一步发展，而我国在这方面亟待提高。

3. 缺乏数据共享

我国政府、企业和行业信息化系统在建设中受到各种因素制约，形成了众多"信息孤岛"，数据开发程度严重滞后，尚须建立良性发展的数据资源储备与共享体系，这是信息网络发展的首要问题。

（二）系统建设

在系统建设方面，我国的智能城市信息网络也面临很多问题。

1. 信息网络基础设施利用率不高

信息网络公共基础设施缺乏整体规划，重复建设现象严重：国内三大运营商的许多基站站址、管网、移动基站铁塔、驻地网等重复建设，缺乏共享机制，且基础设施缺乏全生命周期监控，导致事故预警及定位困难。

2. 信息网络体系架构扩展性不足

网络不可控、不可管，缺乏服务质量（quality of service，QoS）保障，网络传输能力低下，重复传输情况严重，网络缺乏流量工程、操作维护及资源管理功能。不仅如此，在技术方面，目前的信息网络体系架构也面临着新型智能应用的挑战，如车联网等应用场景需要更加先进的网络体系架构来支撑。

（三）用户体验

在用户体验方面，我国的信息网络发展还有很大提升空间。全球最大的内容分发网络（content delivery network，CDN）服务商 Akamai 公司发布的《2014 年第三季度互联网发展状况报告》显示，我国宽带网络在全球排名为第 75 位[①]，与 2013 年持平。

1. 网络服务质量与国外差距很大

截至 2015 年，我国光纤到户（FTTH）率超过 60%，但与国外相比，仍有较大差距。

2. 延迟问题严重

跨因特网服务提供者（Internet service provider，ISP）网络延迟严重，80% 网络处于非健康状态。2014 年，每月的全球 IP 总流量已达到 60 艾字节。预计到 2019 年，每月全球 IP 流量预计为 168 艾字节，若当前带宽条件不变，激增的流量将使网络延迟问题变得愈发严重。

3. 信息安全形势严峻

2014 年 1 月 21 日，国内通用顶级域的根服务器忽然出现异常，超过 85% 的用户遭遇了 DNS 故障，部分地区甚至出现断网现象。2014 年 5 月 13

---

① 详见 http://help.3g.163.com/15/0112/22/AFPUG0ST00964KJA.html。

日，小米公司 800 万用户数据遭泄露。2014 年 11 月，130 万考研用户信息被泄露。2014 年 12 月，智联招聘 86 万条求职简历数据遭泄露，12306 网站超过 13 万用户数据遭泄露。面对严峻的网络信息安全形势，信息安全问题是重中之重。

在智能城市信息网络建设过程中，信息安全十分重要。然而我国目前仍然缺乏信息安全顶层设计，信息安全关键技术薄弱，产业化水平较低，缺乏网络整体防御的能力。

第3章

i City　智能城市信息网络建设整体规划

一、指导思想

以科学发展观为指导，坚持以智能应用为导向，以智能产业发展为基础，以市场需求和创新为动力；紧密围绕政府领域、产业发展领域、民生服务领域中的应用需求，加强与电信、广电运营商等大企业的合作，加快网络基础设施建设，为智能城市发展提供安全、可靠、超前的基础保障；提速数据中心及其网络的建设，提高其智能化程度以及数据处理能力，为智能城市提供一个更加智能的大脑；大力推动基于新一代信息技术的各类新兴智慧型产品与服务的研发制造和广泛应用，着力促进信息化与工业化、城镇化、市场化、国际化的融合；推进技术创新、应用商业模式创新、行业应用标准和制度创新，提高智能城市信息网络建设的联合攻关能力、协同创新能力和市场开发能力，加快智能城市建设进程。

二、建设思路

面对当今世界信息化的潮流，我国大力推进信息化，将其定位为覆盖我国现代化建设全局的战略举措。

智能城市信息网络建设是我国科技发展战略方向之一，关系到国家重大核心利益，对国家信息安全具有重要影响，并孕育着巨大的产业机会。建设智能城市信息网络是实现网络自主可控发展的重要抓手，更是实现网络强国的重要内容和机遇。构建具有泛在智能、开放共享、异构融合、无缝移动、安全可信、绿色节能、简单透明、灵活扩展等特征的智能城市信息网络，打造覆盖城市管理、产业发展、人民生活的信息枢纽中心，为城市运行、管理提供全面的信息感知、分析、处理能力，为智能城市业务承载提供强有力的支撑。

根据我国智能城市发展面临的问题，本课题组认为应该从以下三个方面进行相关建设。

（一）政府管理

建设智能城市，是当今世界城市发展的前沿趋势，是其转变经济发展方式、提升城市功能品质、更好地保障和改善民生的重大举措。但是，智能城市是一个典型的复杂系统工程。首先，我们对"智能城市"概念要有一个清楚的理解，严格把控建设方向；其次，要运用系统工程的思想和方法，做好顶层规划、制度建设、技术创新、人才培养、产业布局、运营模式等方面的工作安排，实现科学管控，以达到预期目标；最后，不盲目，不跟风，与当地实际情况相结合，打造具有当地特色的智能城市。

进一步加强信息网络对信息消费的支撑力度，提升信息网络的利用"宽度"和"深度"，提高信息网络对传统行业的渗透力，推动信息网络和传统产业的结合，让传统产业在数字化的今天焕发出不一样的生机。

打破"信息孤岛"，政府各部门之间实现信息融合与数据共享。相关部门要转变观念，厘清公民隐私权和公民知情权的界限，建立符合中国国情的数据应用法律体系，确保"大数据"绝对安全，保护公民个人信息不被商业化，确保公民隐私权不受侵犯。还应加快制定数据产权归属、保护以及采集、存储、加工、传递、检索、授权应用等法律法规，明确数据拥有者、使用者、管理者、社会第三方等各方的责、权、利，建立良性循环发展的数据资源储备和共享体系。

（二）系统建设

认真分析已有的信息网络，统筹规划，以共用基础设施为指导原则，加快政府信息资源目录和交换体系建设，探索建立多层次、跨区域、跨部门、跨领域的信息资源开发和共享机制，推进信息由单一系统共享向多系统共享转变，实现基础设施的共建共享，以避免因重复建设而造成的资源浪费。中国铁塔公司的成立，对减少重复建设、降低成本、提升网络资源利用率无疑具有积

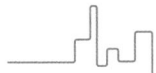

极的规范指导意义。

应该着力提高现有信息网络体系架构的扩展性，以适应不断涌现的新应用和新业务。为此，应该把未来网络的研究和发展摆在一个更重要的地位，如信息中心网络（information-centric networking，ICN）、软件定义网络（software-defined networking，SDN）等新型网络架构。未来网络（Future Network）将是重要的发展趋势与方向，它也是国家的重要基础设施，是各个国家优先关注的重要领域。对未来网络的研究已经成为世界各国占领信息技术制高点、增强国际竞争力的战略性需求。

（三）用户体验

用户体验是更好地发展业务的基础之一。宽带网络是新时期我国经济社会发展的战略性公共基础设施，发展宽带网络对拉动有效投资和促进信息消费、推进发展方式转变和小康社会建设具有重要支撑作用。2013 年 8 月 1 日，国务院发布了"宽带中国"战略实施方案，部署未来 8 年宽带发展目标和路径。这意味着"宽带战略"从部门行动上升为国家战略，宽带首次成为国家战略性公共基础设施。

在智能城市信息网络建设过程中应注重信息安全问题，建立完善的安全机制，加大在信息安全方面的投入。信息安全是一个综合性管理问题，管理制度、人员组织、技术手段缺一不可。信息安全事关国家安全、经济发展和社会稳定，要从国家战略层面整体布局，搞好规则设计，综合施策，发挥集中力量办大事的制度优势，找准差距，加大投入，奋起直追，努力把我国建成战略清晰、技术先进、产业领先、攻防兼备的网络强国。

三、建设目标

通过建设智能城市信息网络的带动作用，到 2020 年，建立较为完善的信息通信基础设施，在传感网络、信息传输、平台管理、智慧应用等重要环节突破一批核心技术、共性技术、关键技术和运营技术，培育以高端信息设备制造业、现代信息服务业为主要内容，以技术、标准、方案、服务模式为主要产品的智慧产业，形成覆盖各行业、各领域、各区域的城市运营服务体系，构建起智慧城市的基本框架。

力争到 2030 年前后，形成具有泛在智能、开放共享、异构融合、无缝移动、安全可信、绿色节能、简单透明、灵活扩展等特征的智能城市信息网络基础设施，打造覆盖城市管理、产业发展、人民生活的信息枢纽中心，完成核心网络设备的研制与推广，实现关键技术的大规模产业化，最终迈向智能安全的信息社会。为达到这一目标，必须在感知层、网络层、平台层和应用层四个层面加以建设。

（一）全面的感知层

实现泛在、互联的感知网络建设，促使城市数据采集层更加全面、智能，为政务、民生、服务等各行业提供广泛的感知数据。

（1）高效利用信息传感设备。加快城市基础设施的智能化改造，建设安全的传感设备通信及数据传输网络，结合 3S（GIS、GPS、RS）技术构建城市级感知网和海量数据采集共享和智能分析体系，提升现有信息传感设备的利用率，重点建设视频监控、基础设施管理、身份识别、防灾减灾等把控城市脉搏的智能化、泛在化的城市信息感知网络体系。

（2）全面推进"无线＋有线"的传感网建设。加强 4G、5G 无线技术与自组感知网络的结合，形成城市高效感知环境，实现城市感知数据随时随地实时接入。

（3）构建全面的感知网综合信息交互平台。平台支持数值型、图像型、GPS 型和泛型等多种数据的接入，能够同时完成海量的传感器数据接入和储存任务，各行业传感器采集同一类型数据或类似数据时可以进行共享。

（二）高速的网络层

构建高速固网与无线网络融合紧密、切换自由的下一代信息通信网络，支持多样标志体系，融合固定与移动业务，实现业务的一致性与统一性。

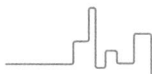

（1）规范住宅区和住宅内光纤接入建设和改造。在光纤接入方面，以《住宅区和住宅建筑内光纤到户通信设施工程设计规范》为指导，推动光纤入户，对新建住宅小区和楼宇实行光纤接入一步到位，对已建住宅小区和楼宇宽带网络逐步实行光纤化改造升级，加快完善高速光网的升级改造工作。

（2）提升无线宽带接入能力。加快基于 TD-LTE 和 FDD-LTE 方式的 4G 网络建设，构建泛在、高速、安全的无线城域网，并充分考虑 4G 网络与其他网络之间的协同。

（3）优化城域网和骨干网。积极推进光传送网（optical transport network，OTN）建设，构建以 OTN 及 IP 承载网为核心的下一代固定宽带网，推进下一代互联网分组核心演进（evolved packet core，EPC）的部署和网络 IP 化改造。

（4）推动广电与电网的融合与升级。加快建设下一代广播电视网与下一代互联网、电信网、国家电网的网络互通和业务渗透，推进全市广电网络"纤进铜退"的改造工作，推动下一代广播电视网与电信网、电网基础设施共建共享，全面实现广电与电网的融合发展。

（三）高效的平台层

建设支撑智能城市多样信息，具备高性能计算、存储、传输能力的综合信息平台，建立涵盖政府管理、公众生活、行业发展等方面的多样泛在的知识与信息中枢，打造整个城市运行和管理的"指挥部"和"参谋部"。

（1）建成基于数据中心 3.0 架构的数据中心。建成面向大数据的具有高扩展性和开放性的数据中心，提供优化快速的传输机制，对海量数据进行高度并行处理，同时灵敏应对大数据任务的变化，匹配日益增长的业务需求和不断进步的技术需求（王丰锦，2011）。

（2）建成基于 SDN 的云计算数据中心网络。提供集中高效的网络管理和运维，实现计算资源、存储资源和网络资源的无缝协同，根据用户需求提供计算＋存储＋网络资源的 IaaS 服务。

（四）丰富的应用层

通过建设宽带多媒体信息网络、地理信息系统等基础设施平台，整合城市信息资源，为市民提供无处不在的公共服务，为政府公共管理提供高效而有竞争力的手段，为企业提升工作效率，增强产业能力。

应用层旨在实现城市一体化运营及运营产业链的高效协同，全面集成基础设施、服务与流程，统一整合城市运营和产业，基于应用聚合门户，提供统一的智慧应用服务。

四、重点任务

（一）加快信息网络优化升级

近年来信息网络正加速向经济社会各个领域全面渗透，推动着全球信息化发展的新一轮浪潮，是当前和今后相当长时期内推进发展方式转变、创造就业机会、支撑科技产业创新、提升国家竞争力的战略基石。因此，从世界范围看，大力发展信息网络已经成为共识。而我国信息网络的优化升级主要将从以下三个方面开展。

（1）骨干网。加快互联网骨干节点升级，推进下一代广播电视网宽带骨干网建设，提升网络流量疏通能力，全面支持 IPv6。优化互联网骨干网间的互联架构，扩容网间带宽，保障连接性能。增加国际海陆缆通达方向，完善国际业务节点布局，提升国际互联带宽，增强流量转接能力。升级国家骨干传输网，提升业务承载能力，增强网络安全可靠性（冯登国等，2014）。

（2）接入网和城域网。积极利用各类社会资本，统筹有线、无线技术，加快宽带接入网建设。以多种方式推进光纤向用户端延伸，加快下一代广播电视网宽带接入网络的建设，逐步建成以光纤为主、同轴电缆和双绞线等接入资源有效利用的固定宽带接入网络，探索宽带基础设施共建共享的合作新模式。加大无线宽带网络建设力度，扩大 3G 网络覆盖范围，提高覆盖质量，协调推进 TD-LTE 商用发展，加快无线局域网重要公共区域热点覆盖，加快推进地面广播电视数字化进程。推进城域网优化和扩容，加快接入网、城域

网 IPv6 升级改造。规划用地红线内的通信管道等通信设施与住宅区、住宅建筑同步建设，并预先铺设入户光纤，预留设备间，所需投资纳入相应建设项目概算。探索宽带基础设施共建共享的合作新模式。

（3）应用基础设施。统筹互联网数据中心建设，利用云计算和绿色节能技术进行升级改造，提高能效和集约化水平。扩大内容分发网络容量和覆盖范围，增强服务能力，提升安全管理水平。增加网站接入带宽，优化空间布局，实现互联网信息源高速接入。同步推动政府、学校、企事业单位外网网站系统及商业网站系统的 IPv6 升级改造。

（二）加快信息网络核心技术研发，突破产业瓶颈

在技术研发方面，应着重加强低成本、低功耗、高精度、高可靠、智能化传感器的研发与产业化，着力研发信息网络核心芯片、软件、仪器仪表等基础共性技术。

在产业发展方面，首先应重点发展与信息网络感知功能密切相关的制造业。推动传感器节点／网关、RFID、二维码等核心制造业高端化发展，推动仪器仪表、嵌入式系统等配套产业能力的提升，推动微纳器件、集成电路、微能源、新材料等产业的发展和壮大。其次，应积极支持与信息网络通信功能紧密相关的制造、运营等产业。推动近距离无线通信芯片与终端制造产业的发展，推动 M2M 终端、通信模块、网关等产品制造能力的提升，推动基于 M2M 等的运营服务业发展，支持高带宽、大容量、超高速的有线／无线通信网络设备制造业与物联网应用的融合（万江飞等，2010）。

在资源整合方面，应充分利用和整合现有的创新资源，形成一批智能城市信息网络技术研发实验室、工程中心、企业技术中心，促进应用单位与相关技术、产品和服务提供商的合作，加强协同攻关，突破产业发展瓶颈。

（三）提高信息网络应用水平

随着信息技术渗透到社会生活的方方面面，提高信息网络的应用水平便成为保障智能城市功能实现的关键所在，具体体现在以下五个方面。

（1）经济发展。不断拓展和深化宽带在生产经营中的应用，加快企业宽带联网和基于网络的流程再造与业务创新，利用信息技术改造提升传统产业，实现网络化、智能化、集约化、绿色化发展，促进产业优化升级。不断创新宽带应用模式，培育新市场、新业态，加快电子商务、现代物流、网络金融等现代服务业发展，壮大云计算、物联网、移动互联网、智能终端等新一代信息技术产业。行业专用通信网络要充分利用公众网络资源，满足宽带化发展需求，逐步减少专用通信网数量。

（2）社会民生。着力深化宽带网络在教育、医疗、就业、社保等民生领域的应用。加快学校宽带网络覆盖，积极发展在线教育，实现优质教育资源共享。推动医疗卫生机构宽带联网，加速发展远程医疗和网络化医疗应用，促进医疗服务均等化。加快就业和社会保障信息服务体系建设，实现管理服务的全覆盖，推进社会保障卡的应用，加快跨区域就业和社会保障信息互联互通。加强对信息化基础薄弱地区和特殊群体的宽带网络覆盖和服务支撑。

（3）文化建设。加快文化馆（站）、图书馆、博物馆等公益性文化机构和重大文化工程的宽带联网，优化公共文化信息服务体系，大力发展公共数字文化。提升宽带网络对文化事业和文化创意产业的支撑能力，促进宽带网络和文化发展融合，发展数字文化产业等新型文化业态，增强文化传播能力，提高公共文化服务效能和文化产业规模化、集约化水平，推动文化大发展大繁荣。

（4）国防建设。依托公众网络增强军用网络设施的安全可靠、应急响应和动态恢复能力。利用关键技术研发成果，提升军用网络的技术水平。为军队进行日常战备、训练演习和非战争军事行动适当预置接入和信道资源。完善公众网络和军用网络资源共享共用、应急组织调度的领导机制和联动工作机制。

（5）应用普及。大力推进信息技术在教育教学中的应用，推进优质教育资源普遍共享，加强网络文明与网络安全教育，引导学生形成良好的用网习惯和正确的网络世界观。设立农村公共宽带互联网服务中心，开展宽带上网及应用技能培训。面向中小企业开展宽带应用技能培训及电子商务、网上营销等指导，鼓励企业利用宽带开展业务和商业模式创新。研发推广特殊人群专用信息终端和应用工具。

（四）完善信息网络产业链

（1）关键技术研发。推进实施新一代宽带无线移动通信网、下一代互联网等专项工程和 863 计划、科技支撑计划等。加强更高速光纤宽带接入、超高速大容量光传输、超大容量路由交换、数字家庭、大规模资源管理调度与数据处理、新一代万维网、新型人机交互、绿色节能、量子通信等领域关键技术的研发，着力突破宽带网络关键核心技术，加速形成自主知识产权。进一步完善宽带网络标准体系，积极参与相关国际标准和规范的研究制定。

（2）重大产品产业化。在光通信、新一代移动通信、下一代互联网、下一代广播电视网、移动互联网、云计算、数字家庭等重点领域，加大对关键设备核心芯片、高端光电子器件、操作系统等高端产品的研发和产业化的支持力度。支持宽带网络核心设备研制、产业化及示范应用，着力突破产业瓶颈，提升自主发展能力。鼓励组建重点领域技术产业联盟，完善产业链上下游协作，推动产业协同创新。

（3）智能终端研制。充分发挥无线和有线宽带网络能力，面向教育、医疗卫生、交通、家居、节能环保、公共安全等重点领域，积极发展物美价廉的移动终端、互联网电视、平板电脑等多种形态的上网终端产品。推动移动互联网操作系统、核心芯片、关键器件等的研发创新，加快 3G、TD-LTE 及其他技术制式的多模智能终端研发与推广应用。

（4）支撑平台建设。充分整合现有资源，在宽带网络相关技术领域，推动国家工程中心、实验室等产业创新能力平台建设。研究制定宽带网络发展评测指标体系，构建覆盖全国的宽带网络信息测试与采集系统，实现宽带网络性能常态化监测。

（五）增强网络安全保障能力

（1）技术支撑能力。加强宽带网络信息安全与应急通信关键技术研究，提高基础软硬件产品、专用安全产品、应急通信装备的可控水平，支持技术产品研发，完善相关产业链，加强宽带网络信息安全与应急通信技术的支撑能力。

（2）安全防护体系。加快形成与宽带网络发展相适应的安全保障能力，构建下一代网络信息安全防护体系，加强对网络和信息安全事件的监测、发现、预警、研判和应急处置能力，完善网络和重要信息系统的安全风险评估评测机制和手段，增强网络基础设施攻击防范、应急响应和灾难备份恢复能力。

（3）应急通信系统。提高宽带网络基础设施的可靠性和抗毁性，逐步实现宽带网络的应急优先服务，加强宽带网络的应急通信保障能力。完善基于宽带技术的应急通信装备配备，加快应急通信系统的宽带化改造。

（4）安全管理机制。引导和规范新技术、新应用的安全发展，构建安全评测和评估体系，提高主动安全管理能力。加强信息保护体系建设，制定和完善个人隐私信息保护、打击网络犯罪等方面的法律法规，推动行业自律和公众监督，加强用户安全宣传教育，构建全方位的社会化治理体系，着力打造安全、健康、诚信的网络环境。

（六）加快构建和推广信息网络统一标准体系

在智能城市信息网络发展过程中，感知、传输、应用服务各个层面会有大量的技术出现，可能采用不同的技术方案。为了实现全面的感知和互联互通，形成规模经济，必须加快标准化体系的建立。应重点支持信息网络系统架构等总体标准的研究，加快制定信息网络标识和解析、应用接口、数据格式、信息安全、网络管理等基础共性标准，大力推进智能传感器、车联网、M2M、服务支撑等关键技术标准的制定工作（李瑞轩等，2013）。在基础标准领域，积极参与制定国际标准，进一步确立和扩大我国在智能城市信息网络领域和国际标准制定方面的发言权。

（七）在重点行业和重点领域建立应用示范工程

结合智能城市各行业应用基础、未来发展面临的挑战和问题，重点推进信息网络在智能交通、智能医疗、智能电网、智能物流等领域的应用，并面

向智能城市建设开展综合应用验证。通过在重点行业和重点领域建立应用示范工程，探索应用模式，积累应用部署和推广的经验与方法，形成一系列成熟的、可复制推广的应用模板。鼓励和支持电信运营、信息服务、系统集成等企业参与信息网络应用示范工程的运营和推广。大力支持企业发展有利于扩大市场需求的信息网络专业服务和增值服务，推进应用服务的市场化，带动服务外包产业发展，培育新兴服务产业。

第4章

iCity 全面的信息感知建设

一、感知层建设目标

物联网是智慧城市的重要基础设施。物联网系统有四个层次（见图 4.1）：①感知层，利用 RFID、传感器、二维码等随时随地获取物体的信息；②通信层，通过各种电信网络与互联网的融合，实时、准确地传递物体的信息；③数据层，以基础数据库形式储存从底层采集并传输的数据，在云平台上对存储数据进行分类，形成政府云、行业云和公共云，实现数据的共享和融合；④应用层，对从感知层得到的信息进行处理，实现智能化识别、定位、跟踪、监控和管理等实际应用。

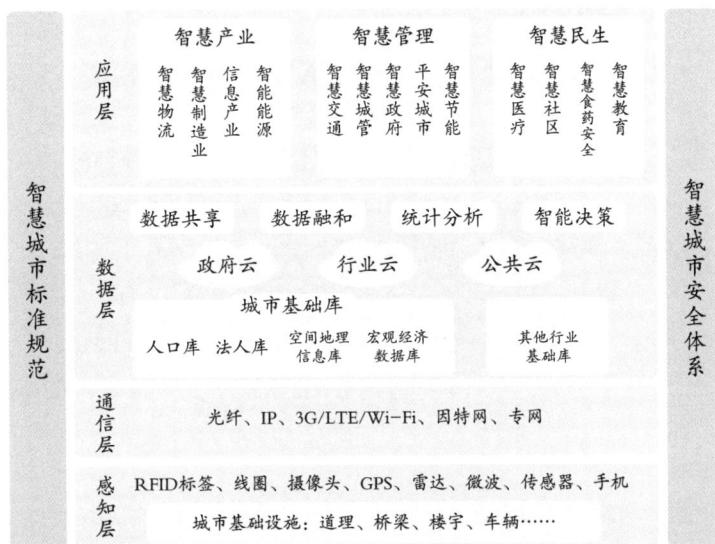

图 4.1 物联网体系架构

感知层主要是指通过传感器、RFID、GPS 等技术，实时采集任何需要监控、连接、互动的物体或过程，采集其声、光、热、电、力学、化学、生物、位置等各种信息，通过各类可能的网络接入，实现物与物、物与人的泛在连接，实现对物品和过程的智能化感知、识别和管理。

其中的"物"强调物理世界中的每一个物件都要能被感知，要求都有地址，都可以被通信，都可以被控制。这里的网络是泛在的，包含传感网、电信网、互联网以及各种专网等。

感知层的主要功能是实现对信息的采集、识别和控制，从设备功能上又可以分为感知单元子层和通信设备子层。感知设备子层通过传感器、RFID读写器、摄像头、GPS/北斗等模块实现温度、湿度、风向、标签、道路拥塞等信息的感知和获取。感知设备子层主要涉及传感器、条形码、RFID、音视频编解码、GPS/北斗等技术。通信设备子层通过 IEEE 802.15.4、3G、射频（radio frequency，RF）等无线模块或 xDSL、FTTx 等有线模块实现信息的采集和传输。通信设备子层主要涉及 ZigBee、GSM/TD-SCDMA 等技术。感知层逻辑图如图 4.2 所示。

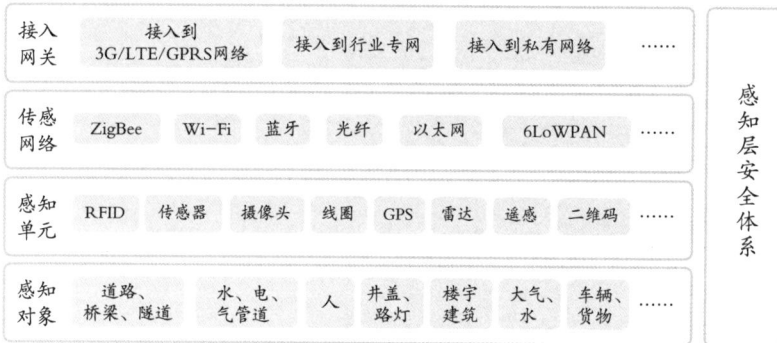

图 4.2　感知层逻辑图

二、感知单元技术

人是通过视觉、嗅觉、听觉、触觉等感觉来感知外界的信息的，感知的信息输入大脑后由大脑进行分析判断和处理，大脑再指挥人做出相应的动作，这是人类认识世界和改造世界的最基本的能力。但是通过人的五官感知的外界信息非常有限，例如，人无法利用触觉来感知超过几十甚至上千摄氏度的温度，而且也不可能辨别温度的微小变化，这就需要电子设备的帮助。同样，利用电子仪器特别是计算机控制的自动化装置来代替人的劳动时，计算机类似于人的大脑，而仅有大脑而没有感知外界信息的"五官"显然是不够的，计算机也还需要它们的"五官"——传感器。

传感器是一种检测装置，能感受到被测的信息，并能将感受到的信息按一定规律变换成为电信号或其他所需形式的信息输出，以满足信息的传输、处理、存储、显示、记录和控制等要求。它是实现自动检测和自动控制的首要环节。在物联网系统中，对各种参量进行信息采集和简单加工处理的设备，被称为物联网传感器。传感器可以独立存在，也可以与其他设备以一体的形式呈现。但无论以哪种方式，传感器都是物联网中的感知和输入部分。

在未来的物联网中，传感器及其组成的传感器网络将在数据采集前端发挥重要的作用。传感器的分类方法多种多样，比较常用的是按传感器的物理量、工作原理或输出信号的性质来分类。此外，按照是否具有信息处理功能来分类的意义越来越重要，特别是在未来的物联网时代。按照这种分类方式，传感器可分为一般传感器和智能传感器。一般传感器采集的信息需要计算机进行处理；智能传感器带有微处理器，本身具有采集、处理、交换信息的能力，具备高数据精度、高可靠性与高稳定性、高信噪比与高分辨力、强自适应性以及低价格性能比。

传感器是摄取信息的关键器件，它是物联网中不可缺少的信息采集手段，也是采用微电子技术改造传统产业的重要方法，对提高经济效益、科学研究与生产技术的水平有着举足轻重的作用。传感器技术水平高低不但直接影响信息技术水平，而且还影响着信息技术的发展与应用。目前，传感器技术已渗透到科学和国民经济的各个领域，在工农业生产、科学研究、改善人民生活等方面，起着越来越重要的作用。

（一）RFID 技术

RFID（射频识别）是 20 世纪 90 年代开始兴起的一种自动识别技术。它利用射频信号，通过空间电磁耦合实现无接触信息传递，并通过所传递的信息实现物体识别。RFID 既可以被看作一种设备标识技术，也可以被归类为短距离传输技术。

RFID 是一种能够让物品"开口说话"的技术，也是物联网感知层的一项关键技术。在对物联网的构想中，RFID 标签中存储着规范而具有互用性的信息，通过有线或无线的方式把它们自动采集到中央信息系统，实现物品（商品）的识别，进而通过开放式的计算机网络实现信息交换和共享，实现对物品的"透明"管理。

1. RFID 的标准

目前三大 RFID 技术标准体系为：ISO 标准体系、EPC Global 标准体系和 Ubiquitous ID 标准体系。我国 RFID 国家标准工作组已制定出一些相关的 RFID 标准。

（1）ISO 标 准 体 系。 国 际 标 准 化 组 织（International Organization for Standardization，ISO）以及其他国际标准化机构如国际电工委员会 （International Electrotechnical Commission，IEC）、国际电信联盟（International Telecommunication Union，ITU）等是 RFID 国际标准的主要制定机构。大部分 RFID 标准都是由 ISO（或与 IEC 联合组成）的技术委员会制定的。RFID 领域的 ISO 标准可以分为四大类：技术标准（如 RFID 技术、IC 卡标准等）、数据内容与编码标准（如编码格式、语法标准等）、性能与一致性标准（如测试规范等）、应用标准（如船运标签、产品包装标准等）。

（2）EPC Global 标准体系。EPC Global 是由美国统一代码协会（Uniform Code Council，UCC）和国际物品编码协会（EAN International）于 2003 年 9 月共同成立的非营利性组织，其前身是 1999 年 10 月 1 日在美国麻省理工学院成立的非营利性组织 Auto-ID 中心，以创建"物联网"（internet of things）为自己的使命。为此，该中心将与众多成员企业共同制定统一的、类似于因特网的开放技术标准，在现有计算机互联网的基础上，实现商品信息的交换与共享。该中心旗下有沃尔玛集团、英国特易购（Tesco）等 100 多家欧美的零售流通企业，同时有 IBM、微软、飞利浦、Auto-ID Lab 等公司提供技术研究支持。

（3）Ubiquitous ID 标准体系。Ubiquitous ID Center 由日本经济产业省

牵头，主要由日本厂商组成，目前有日本电子厂商、信息企业和印刷公司等 300 多家企业参与。该识别中心实际上就是日本有关电子标签的标准化组织。

中国在 RFID 技术与应用的标准化研究工作上已有一定基础，目前已经从多个方面展开了相关标准的研究和制定工作。在集成电路领域，制定了《集成电路卡模块技术规范》《建设事业 IC 卡应用技术》等应用标准，并且得到了广泛应用；在频率规划方面，已经做了大量的实验；在技术标准方面，依据 ISO/IEC 15693 系列标准已经基本完成了国家标准的起草工作，参照 ISO/IEC 18000 系列标准制定国家标准的工作已被列入国家标准制定计划。此外，中国 RFID 标准体系框架的研究工作也基本完成。

2. RFID 的组成与原理

RFID 系统主要由三部分组成：电子标签（tag）、读写器（reader）和天线（antenna）。其中，电子标签芯片具有数据存储区，用于存储待识别物品的标识信息；读写器是将约定格式的待识别物品的标识信息写入电子标签的存储区中（写入功能），或在读写器的阅读范围内以无接触的方式将电子标签内保存的信息读取出来（读出功能）；天线用于发射和接收射频信号，往往内置在电子标签和读写器中。

RFID 技术的工作原理是：电子标签进入读写器产生的磁场后，读写器发出的射频信号凭借感应电流所获得的能量，发送出存储在芯片中的产品信息（无源标签或被动标签），或者主动发送某一频率的信号（有源标签或主动标签）；读写器读取信息并解码后，送至中央信息系统进行有关数据处理。由于 RFID 具有无须接触、自动化程度高、耐用可靠、识别速度快、适应各种工作环境、可实现高速和多标签同时识别等优势，因此可广泛用于各领域，如物流与供应链管理、门禁安防系统、道路自动收费、航空行李处理、文档追踪 / 图书馆管理、电子支付、生产制造与装配、物品监视、汽车监控、动物身份标识等。以简单 RFID 系统为基础，结合已有的网络技术、数据库技术、中间件技术等，构筑一个由大量联网的读写器和无数移动的标签组成的、比因特网更为庞大的物联网，成为 RFID 技术发展的趋势。

3. RFID 系统中待解决的问题

（1）RFID 编码标准的选择。目前世界范围内还没有形成统一的有关 RFID 的标准。在标准制定方面，国家标准化管理委员会已经联合科技部、信息产业部以及上海标准化研究院等 14 家单位共同进行中国 RFID 标准的研究，目前已完成对动物应用 RFID 标准的草案，并由上海市推出了《动物电子标识通用技术规范》。但该规范还只是初步形成，尚在不断改进中，而且要想在短期内在全国范围内推广还有一定难度。除畜牧业以外的其他种类农产品的 RFID 标准仍有待研究。

（2）RFID 的信息安全问题。RFID 的数据安全性问题也是一个引人注目的话题。由于电子标签中保存了一些数据，因此隐私保护成了一个非常重大的问题，甚至是影响商业应用前途的关键点。由于电子标签数据的读取是由阅读器发射无线射频触发的，也就是说，只要阅读器的发射频率相同，应答器即标签就会做出相同的反应，传输相同的数据，这就会给不法分子带来可乘之机。

4. RFID 的应用

RFID 在目前的应用主要体现在以下几个方面：电子不停车收费系统（electronic toll collection，ETC），轨道交通（铁路／地铁）车辆识别与跟踪，智慧物流，贵重物品的识别、认证及跟踪，各种 ID 卡和出入门禁管理，车辆防盗。

（二）二维码技术

二维码（2-dimensional bar code）技术是物联网感知层实现过程中最基本和关键的技术之一。二维码是用某种特定的几何图形按一定规律在平面（二维方向上）分布的、黑白相间的、记录数据符号信息的图形。它在代码编制上巧妙地利用构成计算机内部逻辑基础的"0""1"比特流的概念，使用若干个与二进制相对应的几何形体来表示文字数值信息，通过图像输入设备或光电扫描设备自动识读以实现信息自动处理。它具有条码技术的一些共

性：每种码制有其特定的字符集，每个字符占有一定的宽度，具有一定的校验功能等。同时，二维码还具有自动识别不同行的信息、处理图形旋转变化点的功能。

1. 二维码的优缺点

二维码与一维条形码相比有着明显的优势，归纳起来主要有以下几个方面：①数据容量更大，能够在横向和纵向两个方位同时表达信息，因此能在很小的面积内表达大量的信息；②超越了字母、数字的限制；③具有抗损毁能力。此外，二维码还可以引入保密措施，其保密性较一维码要强很多。二维码可分为堆叠式/行排式二维码和矩阵式二维码。其中，堆叠式/行排式二维码在形态上是由多行短截的一维码堆叠而成的；矩阵式二维码以矩阵的形式组成，在矩阵相应元素位置上用"点"表示二进制"1"，用"空"表示二进制"0"，并由"点"和"空"的排列组成代码。

除了具有条码技术的共性之外，二维码还具有自身的特点。

（1）高密度编码，信息容量大。二维码可容纳多达 1 850 个大写字母或 2 710 个数字或 1 108 个字节或 500 多个汉字，比普通条码信息容量高几十倍。

（2）编码范围广。二维码可以对图片、声音、文字、签字、指纹等可以数字化的信息进行编码，并用条码表示。

（3）容错能力强，具有纠错功能。二维码因穿孔、污损等引起局部损坏，甚至损坏面积达 50% 时，仍可以被正确识读。

（4）译码可靠性高。二维码的误码率不超过千万分之一，比普通条码的误码率（百万分之二）要低得多。

（5）可引入加密措施。二维码保密性、防伪性好。

（6）成本低，易制作，持久耐用。

（7）条码符号形状、尺寸大小比例可变。

（8）可以使用激光或电荷耦合元件（charge-coupled device，CCD）摄像设备识读，十分方便。

与 RFID 相比，二维码最大的优势在于成本较低，一条二维码的成本仅为几分钱，而RFID标签因其芯片成本较高、制造工艺复杂，故价格较高。RFID和二维码的对比如表4.1所示。

表4.1　RFID与二维码对比

对比项目	RFID	二维码
读取数量	可同时读取多个RFID标签	一次只能读取一个二维码
读取条件	RFID标签不需要光线就可以读取或更新	二维码读取时需要光线
容量	存储资料的容量大	存储资料的容量小
读写能力	电子资料可以重复写	资料不可更新
读取方便性	RFID标签可以很薄，如在包内仍可读取资料	二维码读取时需要清晰可见
资料准确性	准确性高	需靠人工读取，有人为疏失的可能性
坚固性	RFID标签在严酷、恶劣与肮脏的环境下仍然可读取资料	当二维码污损时将无法读取，无耐久性，高速读取
高速读取	在高速运动中仍可读取	移动中读取有所限制

但二维码也有不足的地方，例如容易成为手机病毒、钓鱼网站传播的新渠道。据警方介绍，扫描二维码有时候会刷出一条链接，提示下载软件，而有的软件可能藏有病毒。其中一部分病毒下载安装后会对手机、平板电脑造成影响，还有一部分病毒则是犯罪分子伪装成应用的吸费木马，一旦下载就会导致手机自动发送信息并扣取大量话费。

2. 二维码的应用

二维码的应用十分广泛，可应用于以下领域：信息获取（名片、地图、Wi-Fi密码、资料），网站跳转（跳转到微博、手机网站、网站），广告推送（用户扫码，直接浏览商家推送的视频、音频广告），手机电商（用户扫码，直接用手机购物下单），防伪溯源（用户扫码即可查看生产地，后台可以获取最终消费地），优惠促销（用户扫码下载电子优惠券），会员管理（用户在手机上获取电子会员信息、VIP服务），手机支付（用户扫码支付）。

（三）视频分析技术

视频分析技术就是使用计算机图像视觉分析技术，将场景中的背景和目标分离，进而分析并追踪在摄像机场景内的目标。用户可以通过分析模块，在不同摄像机的场景中预设不同的非法规则。一旦目标在场景中出现了违反预定义规则的行为，系统会自动发出报警信息，监控指挥平台会自动弹出报警信息并发出警示音，并触发相关的联动设备，用户可以通过点击报警信息，实现报警的场景重组并采取相关预防措施。随着高清摄像机的大量使用，高清图像的视频分析技术也得以快速发展，如今已在智能城市建设中得到广泛应用。其中应用最多的是智能交通行业中的电子警察系统、交通卡口系统和动态车流量监测系统，以及安防行业中的行为分析、人脸识别等。

1. 视频分析原理

（1）安防行业视频分析

视频分析技术通常采用背景分离（背景减除）技术来进行图像变化的检测。所有的视频分析模式（如入侵、丢包、逆行等）都是一种模式的图像变化。其思路是对视频帧与基准背景图像进行比较，若相同位置的像素（区域）发生变化，则对这些区域进一步处理、跟踪、识别，得到目标位置、尺寸、形状、速度、停留时间等基本形态信息和动态信息，完成目标的跟踪和行为理解之后，也就完成了图像与图像描述之间的映射关系，从而使系统进一步进行规则判定，直到触发报警。背景减除法是目前普遍使用的运动目标检测方法，其算法本身需要大量的运算处理资源，并且仍然会受到光线、天气等自然条件及背景自身变化（海浪、云影、树叶摇动等情况）的影响。但是，针对不同的天气以及自然干扰，已经有多种附加算法（过滤器）来弥补这些缺陷。

（2）智能交通行业视频分析

视频分析技术在电子警察中的应用，主要是利用视频分析技术对行进车辆的行为进行分析，通过高清摄像机抓拍的实时视频，对每一帧图像进行比对分析，运用智能算法计算图片的变化，分析监控区域内车辆的变化曲线，进而检测车辆经过并判断车辆的违章行为。其中主要的检测方式有车辆检测、红绿灯信号视频检测和道路交通事件视频检测。

□ 车辆检测原理

基于运动检测的车辆检测方法的核心原理是通过学习建立道路背景模型，将当前帧图像与背景模型进行背景差分，得到运动前景像素点，然后对这些运动前景像素进行处理，得到车辆信息。该方法效果的优劣依赖于背景建模算法的性能。

整个检测过程分为以下几个步骤。①高清摄像抓拍主机，获取实时的视频流，利用背景差分算法检测运动前景。首先通过初始多帧视频图像的自学习建立一个背景模型，然后对当前帧图像与背景模型进行差分运算，消除背景的影响，从而获取运动目标的前景区域。②根据背景差分运算中运动目标检测的结果，有选择性地更新背景模型，并保存背景模型。③过滤噪声，并获取准确的车辆位置。运用时空信息、匹配和预测等算法，对车辆进行准确的跟踪，得到车辆对象的运动轨迹，并保存车辆对象的轨迹信息。④判断车辆是否到达触发线位置，如果没有到达，则进行下一帧的检测；如果到达，则发出触发信号。车辆的抓拍触发综合运用了车牌检测算法和车辆检测算法。系统首先采用车牌检测算法，在车辆到达触发线的时刻，若系统检测到图像中存在车牌，则触发抓拍，并进行车牌识别；对于无后车牌或后车牌遮挡的车辆，系统无法检测到车牌，此时将启用车辆检测算法，若运动对象与系统内建的车辆模型相匹配，则触发抓拍，并记录为无牌车辆。

□ 红绿灯信号视频检测

视频分析算法对红绿灯的检测综合运用了亮度比较算法与灰度比较算法，将在场景中的红绿灯所在位置划定为检测区域，并对该区域的亮度与灰度的变化进行实时检测与判断，从而获知当前的红绿灯状态。

□ 道路交通事件视频检测

道路交通事件视频检测系统基于视觉的车辆检测和跟踪的视频分析技术，具有图像稳定、阴影消除、视场校对、自动补偿等功能，能在不同的环境条件下准确地进行视频检测和数据分析。系统采用航天多目标识别与跟踪

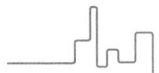

技术、图像预处理技术以及图像背景提取和更新技术，将摄像机采集的视频信号进行处理和综合分析，对道路上突发的交通事件（如压线、突然停车、逆行、遗洒、行人跨越公路等）进行实时检测、报警、记录、传输、统计，并将事件视频图像及报警区域图像切换到主监控画面，提示管理人员进行应急处理。

2. 视频分析的应用场景

（1）PTZ目标跟踪

PTZ即Pan/Tilt/Zoom，使用带坐标定位功能的高速球形摄像机对监控区域内的特定移动目标进行跟踪监控，确保跟踪目标持续以放大画面出现在镜头中央。PTZ目标跟踪的应用可有效弥补摄像机监控视野窄的缺点，是安全监控系统中比较基本的应用。PTZ目标跟踪的核心技术在于运动目标检测及跟踪技术，该技术也是绝大多数智能视频分析的基础。因此，在场景复杂、目标遮挡严重的情况下，PTZ目标跟踪难度会很大。

（2）目标移动范围检测

目标移动范围检测是指在运动目标检测及跟踪的基础上，根据目标的运动轨迹及运动方向判断其移动范围是否在用户设定的合理范围内，具体应用包括绊线检测和入侵检测。绊线检测即在摄像机监视的场景范围内，根据监控需要和目的设置检测线，并制定穿越检测线的非法方向。当有移动目标按照禁止穿越方向穿越用户设定的检测线时，系统将进行告警。入侵检测即在监控场景视频中设定检测区域，对目标进入、离开或突然出现在该区域的事件进行检测并及时告警。

目标移动范围监测是目前应用最广的智能视频分析功能之一，适合于军事禁区、监狱、看守所、重要物资仓库、银行、博物馆等需要对可疑目标重点防范的场所。这项技术目前已经相对成熟，在实际应用中取得了较好的效果。

（3）目标逆行检测

目标逆行检测是指在监控场景中设定检测区域及正常运动方向，对区域内目标不按正常方向运动的事件进行检测。该技术可应用于道路交通监控中，对违章逆向行驶的车辆进行监测告警；也可应用于城市治安监控中，对与规定方向反向运动的人进行监测报警。

（4）徘徊检测

徘徊检测是指在视频中设定检测区域，对同一目标在该区域内运动超过一定时间的事件进行检测。该技术可用于银行、政府机关、大使馆、文化与宗教聚集地、商业区和住宅区等场所的智能监控，发现可疑目标并及时发出警告，以排除安全隐患。此应用取决于目标跟踪算法的准确程度，在背景复杂、遮挡较严重的场景下效果不够理想。

（5）目标识别

目标识别方面比较成熟的应用是车牌识别，主要应用于治安卡口、十字路口、停车场出入口等场所。近几年，人脸识别技术也被引入安防监控系统中，应用于银行金库、监狱、看守所、地铁等场所，但其对光照、摄像机架设角度、图像质量等要求较高。

（6）遗留物体检测

遗留物体检测是指在视频中设定检测区域，对物体移入该区域且保持静止超过一定时间的事件进行检测。该技术可应用于道路交通监控，对在禁止停车区域中的违章车辆或者路面上的积留液体进行监测；也可用于地铁、车站、码头等公共区域，对危险遗留物进行监测。目前比较成熟的应用有违章停车、ATM机异物检测等，和地铁、车站等公共区域的危险遗留物的实际检测还有一段距离。

（7）物体移除检测

物体移除检测是指在视频中设定检测区域，对物体移出该区域超过一定时间的事件进行检测。该技术可应用于博物馆、工厂、仓库、超市等场所的监控，防止贵重物品的丢失。此应用在光照变化较大的场景下效果不够理想。

（8）流量统计

流量统计是指在视频中设定检测区域（或检测线），对单位时间内按指定方向进入或离开该区域（或穿越检测线）的目标数量进行统计。流量统计可以应用于博物馆、商场、监狱，对进出人数进行统计；也可应用在交通监控中，对车辆流量进行统计，为智能交通动态调度提供依据。此应用目前对场景范围

大小、人／车密集程度、摄像机的架设角度都有一定的要求。

（9）密度检测

密度检测是指在视频中设定检测区域，对该区域内的目标稠密程度或目标数进行估计。该技术可用于广场、政府机关门口、文化与宗教聚集地等场所，观测人群密度或人数的动态变化，结合地点、时间等信息判断是否存在异常聚集情况；也可用于道路交通监控，获取车辆密集程度的数据，供交管部门进行调度决策。

（10）视频浓缩

视频浓缩也称为视频摘要，是近两年来在市场上宣传得比较多的智能视频分析功能。其主要目的是对监控视频在时间长度上进行压缩，使得用户能够在很短的时间内浏览完一段很长的视频，而不遗漏其中的关键内容。基于目标运动信息的视频浓缩技术于 2006 年由以色列的耶路撒冷希伯来大学的一个视觉研究组提出，其主要思想就是使来自不同帧的不同目标体在同一帧里显示，在时间域上最大程度地压缩视频。视频浓缩在很大程度上取决于运动目标跟踪效果的好坏，对目标密集的场景达不到视频压缩的目的。

除了以上列出的一些智能视频分析技术应用，智能视频分析技术还可以用于打架斗殴、奔跑等特殊行为的检测，其应用前景如何有待市场检验。

（四）GPS/北斗

目前国内定位系统主要采用北斗卫星导航系统（简称北斗系统）和美国的全球定位系统（global positioning system，GPS）。北斗系统由 5 颗静止轨道卫星和 30 颗非静止轨道卫星组成。"北斗一号"的精确度在 10 米之内，而"北斗二号"可以精确到厘米。GPS 由 24 颗卫星组成，分布在 6 条交点互隔 60 度的轨道面上，精度约为 10 米。

GPS/北斗技术具有全天候、高精度、自动测量等特征，被广泛应用于物联网的位置定位。尤其对于网关节点和其他关键节点，使用 GPS/北斗系统进行精确的地理定位是感知层的必然选择。

卫星导航系统是重要的空间信息基础设施，已成功地广泛应用于测绘、电信、水利、渔业、交通运输、森林防火、减灾救灾和公共安全等诸多领域，产生了显著的经济效益和社会效益。

1. 卫星定位原理

GPS 利用卫星基本三角定位原理，其接收装置以测量无线电信号的传输时间来测量距离，以距离来判定卫星在太空中的位置，这是一种高轨道与精密定位的观测方式。如果要获得更精确的定位，则必定要再测量第四颗卫星。从物理上来说，信号传输时间乘以速度即是我们与卫星的距离。我们称其为虚拟距离。在 GPS 的测量上，我们测的是无线信号，传输速度几乎达到 $3.0 \times 10^8 \mathrm{m/s}$。时间的测量需要两个不同的时表：一个时表装置在卫星上，用以记录无线电信号传送的时间；另一个时表则装置在接收器上，用以记录无线电信号接收的时间。虽然卫星传送信号至接收器的时间极短，但时间上并不同步，假设卫星与接收器同时发出声音，我们会听到两种不同的声音。这是因为卫星与地表距离较远，所以会有延时。因此，我们可以延迟接收器的时间，延迟的时间与速度的乘积就是接收器到卫星的距离。此即为 GPS 的基本定位原理。

2. 定位技术的应用

目前，定位技术主要应用在智能交通、智能物流等领域。

智能交通是智能城市中的重要系统，它主要完成交通信息和数据的采集、融合、处理、分析判断、辅助决策、执行、控制、发布，以及执行和控制效果的评估。静态交通数据、动态交通信息和交通态势是系统的重要输入内容，其采集和处理的完整性、实时性和准确性是系统的关键。基于定位技术的智能交通控制系统在出租车和公交车上部署车载移动定位装置，将其作为动态交通采集车辆，测量车辆实时地理坐标，计算车辆行驶速度，并结合智能交通地理信息系统，为交通控制提供实时交通信息、交通态势和交通评估参数等。

定位技术可为物流服务商实现高效的无线局域网实时定位系统。运用无线定位技术的物流管理系统，可以形成全球性的管理网络，实现物品跨地区、跨国界的识别跟踪，不仅可以突破物流领域中低层数据采集的"瓶颈"，提高物流活动各环节的自动化处理水平，提高物流效率和准确性，降低物流成本，还可以解决物流企业物品查找、盗窃以及物流链被搅乱带来的损耗等问题。此外，还可以免除跟踪过程的人工干预，节省大量人力物力，极大地提高工作效率，对物流业具有巨大的推动作用。整合了定位技术的物流管理系统，将显著提高物流行业的运行效率和操作水平。从目前国内外的情况来看，定位技术在物流方面主要有如下应用。①仓储管理：给托盘、货箱、工具等贴上定位标签，可以随时在地图上确定该物品所处的位置。②堆场管理：给拖车贴上定位标签，可以实现拖车和集装箱的准确匹配，并保证在正确的地点装卸货物；给集装箱贴上定位标签，通过堆场电子地图可以随时知道集装箱的位置，准确找到所需集装箱。③运输监控：给传感器贴上定位标签，可以实时监测运输过程中货物的状态，并可以设置报警功能。

三、传感网络技术

传感网络技术是信息技术中一个重要组成部分，涉及传感器、信息处理和识别等过程的设计、开发、测试活动。信息处理过程的主要任务是对信号进行预处理、后置处理、特征提取与选择等。传感网络技术是信息获取的重要核心技术，ZigBee 和蓝牙就是两种常见的技术。

（一）ZigBee

ZigBee 是一种短距离、低功耗的无线传输技术，是一种介于无线标记和蓝牙之间的技术，它是 IEEE 802.15.4 协议的代名词。ZigBee 这一名字来源于蜂群使用的赖以生存和发展的通信方式，即蜜蜂靠飞翔和"嗡嗡"（zig）地抖动翅膀向同伴传递新发现的食物源的位置、距离、方向等信息。也就是说，蜜蜂依靠这种方式建立了群体中的通信网络。ZigBee 采用分组交换和跳频技术，并且可使用 3 个频段，分别是全球公共通用的 2.4GHz 频段、欧洲的 868MHz 频段和美国的 915MHz 频段。

ZigBee 主要应用在距离短、范围小，并且数据传输速率不高的各种电子设备之间。与蓝牙相比，ZigBee 更简单，速率更慢，功率及费用也更低。同时，ZigBee 技术速率低和通信范围较小的特点，也决定了 ZigBee 技术只适用于承载数据流量较小的业务。

ZigBee 技术主要有以下特点。

（1）数据传输速率低。ZigBee 的数据传输速率只有 10 ~ 250kbps，专注于低传输速率的应用。

（2）低功耗。ZigBee 设备只有激活和睡眠两种状态，而且 ZigBee 网络中通信循环次数非常少，工作周期很短，两节普通 5 号干电池一般可使用 6 个月以上。

（3）成本低。ZigBee 数据传输速率低，协议简单，所以大大降低了成本。

（4）网络容量大。ZigBee 支持星形、簇形和网状网络结构，每个 ZigBee 网络最多可支持 255 个设备，也就是说，每个 ZigBee 设备可以与另外 254 台设备连接。

（5）有效范围小。有效传输距离为 10 ~ 75m，具体依据实际发射功率和各种不同的应用模式而定，基本上能够覆盖普通的家庭或办公室环境。

（6）工作频段灵活。ZigBee 使用的频段分别为 2.4GHz、868MHz（欧洲）及 915MHz（美国），均为免执照频段。

（7）可靠性高。ZigBee 采用了碰撞避免机制，同时为需要固定带宽的通信业务预留了专用时隙，避免了发送数据时的竞争和冲突；节点模块之间具有自动动态组网的功能，信息在整个 ZigBee 网络中通过自动路由的方式进行传输，从而保证了信息传输的可靠性。

（8）时延短。ZigBee 针对时延敏感的应用做了优化，通信时延和从休眠状态激活的时延都非常短。

（9）安全性高。ZigBee 提供数据完整性检查和鉴定功能，采用 AES-128 加密算法，同时根据具体应用可以灵活确定其安全属性。由于 ZigBee 技术具有成本低、组网灵活等特点，可以嵌入各种设备，在物联网中发挥重要作用。其目标市场主要有 PC 外部设备（如鼠标、键盘、游戏操控杆）、消费类电子设备（如电视机、CD、VCD、DVD 等设备上的遥控装置）、家庭内智能控制（如照明、煤气计量控制及报警等）、玩具（如电子宠物）、医护（如监视器和传感器）、工业控制（如监视器、传感器和自动控制设备）。

（二）蓝　牙

蓝牙（bluetooth）是一种无线数据与话音通信的开放性全球规范，和 ZigBee 一样，也是一种短距离的无线传输技术。其实质内容是为固定设备或移动设备之间的通信环境建立通用的短距离无线接口，将通信技术与计算机技术进一步结合起来，使各种设备在无电线或电缆相互连接的情况下，能在短距离范围内实现相互通信或操作。

蓝牙采用高速跳频（frequency hopping）和时分多址（time division multiple access，TDMA）等先进技术，支持点对点及点对多点通信。其传输频段为全球公共通用的 2.4GHz 频段，能提供 1Mbps 的传输速率和 10m 的传输距离，并采用时分双工传输方案实现全双工传输。

蓝牙除具有全球范围适用、功耗低、成本低、抗干扰能力强等和 ZigBee 一样的特点外，还有下述自己的特点。

（1）同时可传输话音和数据。蓝牙采用电路交换和分组交换技术，支持异步数据信道、三路话音信道和异步数据与同步话音同时传输的信道。

（2）可以建立临时性的对等连接（ad-hoc connection）。

（3）具有开放的接口标准。为了推广蓝牙技术的使用，蓝牙技术联盟（Bluetooth Special Interest Group）将蓝牙的技术标准全部公开。全世界范围内的任何单位和个人都可以进行蓝牙产品的开发，只要最终通过蓝牙技术联盟的蓝牙产品兼容性测试，就可以推向市场。

蓝牙作为一种电缆替代技术，主要有话音 / 数据接入、外围设备互连和个人局域网（PAN）三类应用。在物联网的感知层，蓝牙主要用于数据接入。蓝牙技术能有效简化移动通信终端设备之间的通信，也能够成功简化设备与因特网之间的通信，从而使数据传输变得更加迅速高效，为无线通信拓宽道路。ZigBee 和蓝牙是物联网感知层典型的短距离传输技术。

四、感知终端设备

感知物联网通过感知终端设备，按照约定的协议，把任何物品与物联网连接起来，实现数据采集、初步处理、加密、传输等多种功能。

（一）总体要求

（1）可接入性。系统能够使终端设备随时接入或者接出感知延伸网络，使接入网络的终端设备能够在应用层层面进行终端管理，保证终端设备的正常运行。

（2）可靠性。终端设备需要有较强的容错能力，设备工作稳定、可靠。同时，终端设备需要采用先进的密封设计，具备防水、防潮、防尘、防腐蚀、防爆功能。

（3）安全性。感知延伸层设备能够根据自身的访问权限和控制权限进行严格的限制，不同感知延伸网络对设备访问权限也应进行限制。

（4）抗干扰性。感知延伸网络中的设备应避免受到其他网络或设备干扰。

（5）一致性。针对不同传输控制协议、接口协议和数据格式的感知终端设备，系统应能够自动识别，同时系统提供协议自动适配、统一转换方式，实现多源异构设备的互联互通、资源共享。

（6）实时性。感知延伸网络中终端设备的数据及情况要保持实时更新。

（7）连通性。感知延伸网络中不同地理位置的终端节点密度不同时，保持终端与网络的连接性。

（二）技术要求

（1）数据采集。数据采集主要是指通过手持终端、摄像头等设备采集城市基础设施信息等数据。根据时延要求和业务类型的不同，采集的数据可以暂时存储在终端设备上，也可以在存储的基础上进行实时传输。为了保证传输质量，进行数据采集后可对数据做前期的预处理。

（2）数据处理。感知终端设备获取的数据量大，部分终端设备具有智能性，可以对获取的数据进行分析挖掘，提高业务的实时性。

（3）数据传输。感知终端设备支持多数据类型的同时传输。根据业务需求不同，数据具有传输的优先权和速率限制，保证重要数据的实时传输。

（4）设备通信。设备可以支持无线通信如（如蓝牙、Wi-Fi、ZigBee、2G、3G 等），也可以支持有线通信如（如双绞线、DeviceNet 等）。

（5）设备控制。终端设备接受系统支撑平台等下发的指令，根据指令内容修改设备配置参数、控制设备状态等。

（6）数据交换标准。终端设备与后台系统数据交换应遵循《YD/T 1760.1-2008 数字移动终端外围接口数据交换　第 1 部分：数据格式技术要求》《YD/T 1760.2-2008 数字移动终端外围接口数据交换　第 2 部分：数据交换文件格式技术要求》。

第5章

iCity 高速网络传输建设

智能城市建设的基础是配套的网络建设。没有高带宽、广覆盖、智能化的网络基础设施，智能城市就变成了空中楼阁。以下从宽带信息网络、行业专网和未来网络技术三个方面，阐述智能城市信息网络建设的主要内容。

一、宽带信息网络

（一）有线宽带网络

智能城市对有线骨干网络提出了极高的要求，是有线宽带技术发展的重要推动力。未来智能城市通信的信息量陡增，呈爆炸式增长，高清视频、3D 视频、大型游戏等新型业务对带宽的需求日益激增，同时，城市中的宽带用户密集，数量庞大，这对智能城市的有线宽带网络建设提出了新的更高要求。由于光网络具有超大容量和接口丰富的优点，光网络成为智能城市中有线宽带网络的首选。

在全球范围内，"光网城市"也正蓬勃发展。2010 年，美国支出 250 亿美元建设高速互联网络和无线宽带网络，目标是到2020 年，在一亿个家庭中普及 100M 宽带。欧盟紧接着公布了一项未来十年的公共宽带服务新计划。其中提到，2020 年前保证欧洲境内一半以上的居民都可以享受到 30M 的超高速率宽带服务。在光网最为发达的日本、韩国，绝大部分家庭都已接入超高速（传输速率为 30Mbps）网络，千兆网络也已推广。

光传输、光接入、光交换和光联网是光网技术的核心内容，是构建宽带网络基础设施的关键技术。随着用户带宽需求的快速增长，新一代光通信系统与网络技术呈现出新的发展趋势。

1. 光传输

100Gbps 的光传输设备已经开始商用，400G/1T 标准制定工作已经开始。新型高速光传输技术主要包括：高速调制格式（multi-level modulation，如 DP-QPSK、n-QAM）、多芯光纤（multi-core fiber）、多模传输（multi-mode transmission）、光正交频分复用（optical orthogonal frequency division multiplexing，OOFDM）、相干接收技术、超高速模数转换器（analog to digital converter，ADC）与数字信息处理器（digital signal processor，DSP）技术等。国内主要传输设备厂商（如华为、中兴、烽火通信等）在高速光传输领域有着强大的技术实力和产业化能力，可提供商用级别的基于双极化四相相移键控（DP-QPSK）相干接收实时处理的 100Gbps 传输设备。同时，国内研究单位在超高速数模转换器（digital to analog converter，ADC）和 DAC 芯片研制上也取得了进展，但距离产业应用仍有一定距离。

在标准方面，针对面向数据应用的短距光传输，IEEE 已制定了一系列用于数据中心内部以及企业网中的 100G 以太网高速连接的标准，这些标准定义了用于短距通信、最长为 40km 的光纤互连的应用。针对面向通信应用的长距光传输，业界已经选择了相干检测作为电信运营商部署长距广域网 100G 线路的解决方案，国内外标准化组织定义了基于相干检测方案的长距 100G 光传输标准。采用相干检测技术的光通信系统，具有高谱效率和高色散、PMD 容限等优点。

完整的 100G 传输方案包括三项关键技术：100GbE 接口技术、100GbE 封装映射技术和 100G 线路传输技术（见图 5.1）。

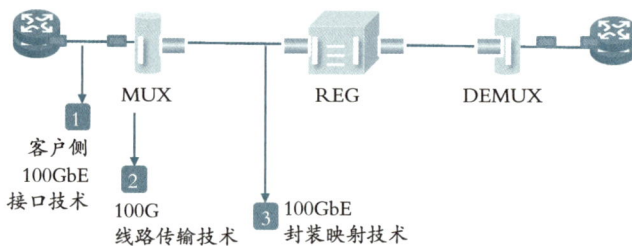

图 5.1 100G 传输方案关键技术

2. 光接入

接入网络光纤化的主要技术是 FTTx 技术，范围从区域电信机房的局端设备到用户终端设备，局端设备为光线路终端，用户端设备为光网络单元或光网络终端。根据光纤到用户的距离来分类，FTTx 可分成光纤到交换箱（FTTCab）、光纤到路边（FTTC）、光纤到大楼（FTTB）和光纤到户（FTTH）。

　　FTTx 是未来固定宽带接入的发展方向。在市场需求、建设成本、国家政策等各方面因素的推动下，我国 FTTx 用户获得了快速发展。在所有已知的 FTTx 实现技术中，无源光网络（passive optical network，PON）技术以光纤为传输媒质，具备高接入带宽、全程无源分光传输的特点，在管理运维、带宽性能、综合业务提供、带宽分配策略、组网灵活性等方面具有明显的优势。

　　以太网无源光网络（ethernet passive optical network，EPON）和吉比特无源光网络（gigabit passive optical network，GPON）是实现 FTTx 的两种主要技术。过去十年人们对整个光接入网产业链（包括运营商、设备商和器件商）都有一些困惑。例如 EPON/GPON 标准之争：EPON 便宜，GPON 功能更强，中国先是发展 EPON，2011 年时大多都是 EPON 产品；现在 GPON 的发展已占优势地位，但从整体数量上看两者几乎平分秋色。

　　3. 光交换

　　大容量、灵活高效的光交换技术包括硅基液晶（liguid crystal on silicon，LCOS）、可重构光分插复用器（reconfigurable optical add-drop multiplexer，ROADM）、波长选择开关（wavelength-selective switch，WSS）、灵活栅格技术（flexible grid）等。LCOS 用于光交换技术是一项突破。通过 WSS 和灵活栅格技术可解决光交换节点中动态、突发的传送需求，目前只有 Finisar 等少数核心器件厂商能够实现，国内起步较晚。光交换节点时延问题也是提高网络性能的重要瓶颈之一，降低时延是实现高速电路交换以及光分组交换的关键技术。而随着频谱灵活程度的不断提高，无色、无向、无阻塞、无栅格的 ROADM 将逐渐成熟。

　　市场分析认为，未来 5 年里，OTN 市场的拓展速度将引领整个光通信市场。2011 年，全球光网络设备的近一半开支都投入了 OTN 传输和交换的硬件设备当中。并且随着 OTN 交换市场的高速发展，这一比重将急剧增长。

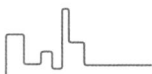

分析进一步指出，OTN 交换技术将在大多数的城域网和长途传输网络中发挥主导作用，但是并非对所有的运营商适用。对于二层交换功能是否需要集成到 OTN 的硬件当中，业界仍未达成一致意见，然而有些原本希望将开放系统互连（open system interconnection，OSI）功能隔离开来的运营商现在则更青睐将物理层（L0）、数据链路层（L1）、网络层（L2）统一到同一平台的解决方案。

4. 光联网

为了适应光纤通信向网络化和智能化方向发展，使得光网络能根据用户需要，由包括信令和路由机制在内的控制平面动态地建立和释放连接，2000 年 3 月，国际电信联盟电信标准部门（ITU-Telecommunication Standardization Sector，ITU-T）正式提出自动交换光网络（automatically switched optical network，ASON）。ITU-T 先后制定出了 G.807（自动交换传送网络功能需求）、G.8080（自动交换光网络体系结构）以及后续的 ASON 相关标准。

ASON 的核心思想是在路由和信令控制下，完成自动交换连接功能的新一代光传送网，是下一代智能光传送网络的典型代表。ASON 首次将信令和选路引入传送网，通过智能的控制层面来建立呼叫和连接，实现了真正意义上的路由设置、端到端的业务调度和网络自动恢复。

控制平面是 ASON 的核心。就其实质而言，控制平面是一个 IP 网络。也就是说，ASON 控制平面实际上是一个能实现对下层传送网进行控制的 IP 网络。控制平面主要包括信令协议、路由协议和链路资源管理等。其中，信令协议用于分布式连接的建立、维护和拆除；路由协议为连接的建立提供选路服务；链路资源管理用于链路管理，包括控制信道以及传送链路的验证和维护。在 ASON 中，一共定义了三种不同的连接：永久性连接、交换式连接和软永久性连接。

（二）无线宽带网络

"无线城市"迅猛发展，成为智能城市信息网络的重要支撑。为了应对

智能城市中普遍存在的无线接入需求，如手机、智能平板电脑、智能家居、智能穿戴设备的联网，无线宽带网络是智能城市建设不可或缺的基础。智能城市信息网络的无线宽带网络规划，近期以 4G 网络为主，以 WLAN 网络为补充；远期以 5G 网络和 WLAN 网络相辅相成、共同发展，为公众移动通信和各类智慧应用提供无缝覆盖、灵活便捷、高速接入的无线通信服务。

智能城市信息网络的无线网络部分规划目标：构建起多层次、广覆盖的城区无线网络，2020 年 4G 网络覆盖率达到 95% 以上，室内 WLAN 全覆盖，室外每平方公里 WLAN 接入点不少于 25 个，无线接入能力达到 20Mbps。

1. 移动通信系统

（1）4G 之 LTE

4G（4th generation mobile communication technology）是第四代移动通信技术的简称。根据国际电信联盟（ITU）在 2010 年国际电信联盟通信部门（ITU–Radiocommunication Sector，ITU-R）第 5 研究组第 9 次会议上的决议，WiMAX、LTE 是 4G 的两大技术体系。其中 LTE 包括 FDD-LTE 和 TD-LTE 两种方式，以 OFDM 和 MIMO 技术为基础，是目前主流的 4G 标准。从全球 4G 产业体系的发展分野来看，中国产业界主导了 TD-LTE 4G 技术和产业体系的发展进程。2013 年 12 月 4 日，工信部向中国联通、中国电信、中国移动发放了 4G 牌照，三家运营商均获得 TD-LTE 牌照，此举标志着中国电信产业正式进入 4G 时代。2015 年 2 月 27 日，工信部向中国电信和中国联通发放了 FDD-LTE 牌照。LTE 的演进如图 5.2 所示。

随着智能城市的发展，高清视频点播、基于多媒体广播多播服务（multimedia broadcast multicast service，MBMS）的移动视频广告、Mobile Web 2.0 以及高端网络游戏等新业务不断涌现，加上各种智能化终端的普及，对无线网络的带宽提出了更高的需求，刺激了移动宽带的发展。随着带宽提升，数据业务量快速上升，收益并未随着业务量的增长而增长，造成收益与业务量的不匹配。要想提高收益，就必须降低单位数据成本。

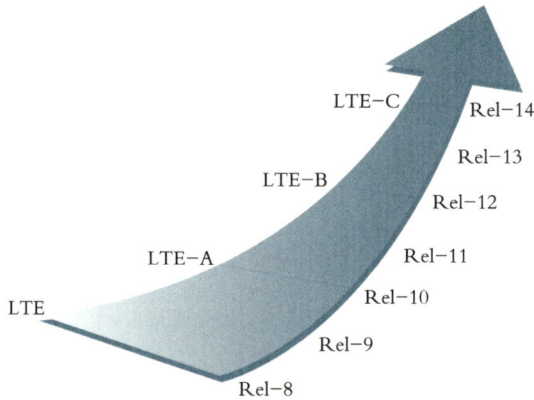

图 5.2　LTE 的演进

（2）4G 之 WiMAX

WiMAX（全球微波接入互操作性，worldwide interoperability for microwave access）是一种由 IEEE 提出的标准化技术。IEEE 发布了一系列标准，其中 IEEE 802.16 系列标准的制定始于 2000 年，目的在于提供一种无线城域网技术标准。IEEE 802.16 系列标准中真正具有实用性的是 2004 年发布的 IEEE 802.16d 标准。这一标准是为固网用户提供最后一公里的高吞吐率的无线数据接入技术，对传统的 DSL 和同轴电缆运营商形成了真正的威胁。被认为是移动 WiMAX 或 WiMAX 1.0 的 IEEE 802.16e 标准发布于 2005 年。2011 年 3 月，WiMAX 2.0 即 IEEE 802.16m 标准发布，它所支持的数据速率是 WiMAX 1.0 的数倍。2012 年，WiMAX 2.0 被正式认定为 4G 标准。

LTE 和 WiMAX 都是基于全 IP 的技术标准，采用相同的分组核心网。这使得它们都能很好地支持 IP 电话业务产生的突发数据流量。同时，这两种技术标准也都采用了 OFDMA 技术。

由于 WiMAX 技术自身的诸多缺点以及建设成本较高等问题，LTE 逐渐成为全球电信运营商在建设 4G 网络时的主流选择。一些此前部署 WiMAX 网络的运营商开始逐渐关闭部分网络或频段，腾出资源来建设 LTE 网络。

（3）5G

5G（5th generation mobile communication technology）指的是第五代移动通信技术，也是 4G 之后的延伸，正在研究与测试中。截至 2012 年，还没有任何电信公司或标准制定组织（像 3GPP、WiMAX 论坛及 ITU-R）的公开规格或官方文件提到 5G。5G 的最高理论传输速度可达每秒数十千兆比特（Gb），这比现行 4G 网络的传输速度快数百倍，整部超高画质电影可在 1 秒之内下载完成。

　　5G 与 4G、3G、2G 不同，并不是一项单一的无线接入技术，也不是几项全新的无线接入技术，而是多种新型无线接入技术和现有无线接入技术（4G 后向演进技术）集成后的解决方案的总称。从某种程度上讲，5G 是一个真正意义上的融合网络。

　　5G 网络的主要目标是让终端用户始终处于联网状态（见图 5.3）。5G 网络将来支持的设备远远不止是智能手机——它还要支持智能手表、健身腕带、智能家庭设备（如鸟巢式室内恒温器）等。其总体目标是以可持续发展的方式满足未来超千倍的移动数据增长需求，为用户提供光纤般的接入速率、"零"时延的使用体验、千亿设备的连接能力，以及超高流量、超高连接密度和超高移动性等多场景的一致服务，实现业务及用户感知的智能优化，同时为网络带来超百倍的能效提升和超百倍的成本缩减，并最终实现"信息随心至，万物触手及"的 5G 愿景。

图 5.3　5G 网络目标

2. WLAN 技术

WLAN（wireless local area network）即无线局域网的简称。WLAN 的定义有广义和狭义两种。从广义上讲，WLAN 是以各种无线电波（如激光、红

89

外线等）的无线信道来代替有线局域网中的部分或全部传输介质所构成的网络。WLAN 的狭义定义是基于 IEEE 802.11 系列标准，利用高频无线射频（如 2.4GHz 或 5GHz 频段的无线电磁波）作为传输介质的无线局域网。在WLAN 的演进和发展过程中，其实现技术标准有很多，如蓝牙、802.11 系列、HyperLAN2 等。而 802.11 系列标准（见表 5.1）由于其实现技术相对简单、通信可靠、灵活性高和实现成本相对较低等特点，成为 WLAN 的主流技术标准和 WLAN 技术标准的代名词。

表 5.1　802.11 网络标准

802.11 协议	发布	频率 GHz	带宽 MHz	每条流的速率 Mbps	MIMO 支持	调制方式	室内距离 m	室外距离 m
–	1997年6月	2.4	20	1, 2	N/A	DSSS, FHSS	20	100
a	1999年9月	5	20	6, 9, 12, 18, 24, 36, 48, 54		OFDM	35	120
		3.7					–	5 000
b	1999年9月	2.4	20	1, 2, 5.5, 11		DSSS	35	140
g	2003年6月	2.4	20	6, 9, 12, 18, 24, 36, 48, 54		OFDM, DSSS	38	140
n	2009年10月	2.4/5	20	7.2, 14.4, 21.7, 28.9, 43.3, 57.8, 65, 72.2	4	OFDM	70	250
			40	15, 30, 45, 60, 90, 120, 135, 150			70	250
ac	2014年1月	5	20	最大 87.6	8			
			40	最大 200				
			80	最大 433.3				
			160	最大 866.7				
ad	2013年1月	2.4/5/60		最大 7 000				

　　该技术的出现不是用来取代有线局域网络的，而是用来弥补有线局域网络之不足，以达到网络延伸之目的，使得无线局域网络能利用简单的存取架构让用户通过它实现无网线、无距离限制的通畅网络连接。国际主流的 WLAN 技术采用 Wi-Fi 联盟推广的 IEEE 802.11 系列标准。如今 Wi-Fi 在许多行业（比如医疗保健、商用航空、汽车制造、物联网等）中都是一项非常

重要的通信工具。

Wi-Fi 即无线保真（wireless fidelity）技术，可以提供热点覆盖、高数据传输速率、无线接入等服务。所谓 Wi-Fi，其实就是 IEEE 802.11b 的别称。随着技术的发展以及 802.11 后续各版本的出现，现在 IEEE 802.11 标准已被统称为 Wi-Fi。

Wi-Fi 技术在建设智能城市的过程中已经起到了一定的示范作用。自 2013 年开始，伦敦启动 Eyetease 项目——出租车提供免费 Wi-Fi 服务，其 Wi-Fi 设备将提供 15 分钟免费的高速在线访问。截至 2013 年年底，北京数万辆公交车实现 Wi-Fi 上网，覆盖了四环以内大部分公交线路。

（三）下一代互联网

下一代互联网（next-generation Internet，NGI）是智能城市信息网络建设的重要基础设施，能够提供包括电信业务在内的多种服务，利用多种带宽和具有 QoS 能力的传送技术，实现业务功能与底层传送技术的分离；它允许用户对不同业务提供商网络的自由接入，并支持通用移动性，能够实现用户对业务使用的一致性和统一性。

下一代互联网的主流技术是 IPv6 技术，本节将主要从 IPv6 的技术介绍和发展现状出发，阐述我国智能城市信息网络的下一代互联网建设的主要内容。

1. IPv6 技术特点

相比于传统的 IPv4 协议，IPv6 具有以下特点。

（1）巨大的地址空间。IPv6 的源地址和目标地址都是 128 位（16 字节）的，几乎可以不受限制地提供 IP 地址。设计这种巨大的地址空间，是为了能更好地把路由器域名划分出层次结构，并更好地反映出现代因特网的拓扑结构，使寻址和路由层次的设计更具灵活性，允许使用多级的子网划分和地址分配，涵盖从因特网骨干到机构组织内部的各个子网。

（2）新的协议头格式。IPv6 的协议头采用一种新的格式，可以最大限度地减少协议头开销。IPv6 定义了多种扩展包头，能提供对多种应用的强有力支持，同时为以后支持新的应用提供了可能。IPv4 头和 IPv6 头不具有互操作性。从功能上说，IPv6 并不是 IPv4 的超集，也就是说它并不向下兼容 IPv4。因此，每台主机或路由器都必须既能支持 IPv4，又能支持 IPv6 协议，以便识别和处理两种不同的协议头。虽然新 IPv6 中的地址位数是 IPv4 地址位数的 4 倍，但是新 IPv6 协议头的长度仅是 IPv4 协议头的 2 倍。

（3）有效的分级寻址和路由结构。与 IPv4 地址空间的划分准则相似，IPv6 地址空间也是基于地址中高位的值来进行划分的。IPv6 使用全球地址的设计意图是创建一个有效的、分层次的并且可以概括的路由结构，这种路由结构是基于当前存在的多级 ISP 体系而设计的。公共拓扑是提供接入服务的大大小小的 ISP 的集合。站点拓扑是一个机构站点的内部子网的集合。接口标识符唯一地标识了一个机构站点的内部子网上的一个接口。在采用 IPv6 的因特网中，骨干路由器具有更小的路由表，这种路由表对应着全球 ISP 的路由结构。

（4）有状态和无状态的地址配置。为简化主机配置，IPv6 既支持有状态的地址配置（例如在支持 DHCPv6 的服务器上进行地址配置时），也支持无状态的地址配置（例如在不支持 DHCPv6 的服务器上进行地址配置时）。

（5）内置的安全性。IPv6 协议支持 IPSec，这就为网络安全性提供了一种基于标准的解决方案，并且提高了不同 IPv6 实现方案之间的互操作性。

（6）更好地支持 QoS。在多媒体应用日益广泛的今天，互联网提供对多媒体的支持有着重大意义。多媒体的一般特点是带宽要求高、持续时间长，为此引入流的概念，简化互联网对多媒体的处理。IPv6 在设计之初就考虑了对流的支持。路由器收到流的第一个报文时，以流编号为索引建立处理上下文，流中的后续报文都按上下文处理。由于通信流是在 IPv6 协议头中标识的，因此，即使数据包有效载荷已经用 IPSec 和 ESP 进行了加密，也可以实现对 QoS 的支持。

（7）用新协议处理邻节点的交互。IPv6 中的邻节点发现（neighbor discovery）协议是一系列的 IPv6 网络控制报文协议（ICMPv6）报文，用来管理相邻节点（在同一链路上的节点）的交互。邻节点发现协议用更加有效的多播和单播邻节点发现报文，取代了地址解析协议（address resolution protocol，ARP）、ICMPv4 路由器发现以及 ICMPv4 重定向报文。

（8）可扩展性。IPv6 可以很方便地实现功能的扩展，这主要通过在 IPv6 协议头之后添加新的扩展协议头方式来实现。IPv4 协议头中最多可以支持 40 字节的选项，而 IPv6 扩展协议头的长度只受到 IPv6 数据包长度的限制。

2. 发展现状

目前，我国信息网络主要有两种发展路线。一种是全新的网络架构、新技术路线——未来网络。未来网络技术路线以软件定义网络（SDN）、内容中心网络（content-centric networking，CCN）为主线。目前国内研究进展与国外基本同步，这是一次实现跨越发展的难得机遇。另一种是演进型路线——IPv6、中国下一代互联网（China's Next Generation Internet，CNGI）等。这种路线主要解决 IP 地址缺乏问题，目前的研究进展是国外主导，我国被动跟随。虽然如此，IPv6 仍然在中国取得了巨大的进展，不仅在试商用的部署方面迈出了关键的步伐，其产业链也在逐步完善和成熟，华为、中兴、烽火、迈普等企业不断涌现，承载网络设备等关键技术已经达到国际先进水平。

从目前国内外的应用情况来看，IPv6 业务已经有了很大进展，运营商、设备提供商、科研机构的积极参与使得 IPv6 向大规模商用迈进。市场是技术最好的驱动力，随着部署和应用的逐步展开，IPv6 的优势将在具体应用中得到越来越突出的显现。

3. 建设内容

智能城市信息网络中，下一代互联网方面主要包含以下建设内容，包括内容与服务层、资源控制与管理层、物理基础设施层（见图 5.4）。

（1）IPv6 的规模化建设与商用

IPv6 的规模化建设与商用包括 IPv6 多功能通信和信息服务平台建设、IPv6 宽带接入业务试商用、IPv6 安全设备、IPv6 应用示范平台等。①试商用阶段：启动网络和平台支持 IPv6 的改造，确定网络及业务过渡方案、现有网络商业化试点，基本具备引入 IPv6 业务的网络条件。②规模商用阶段：

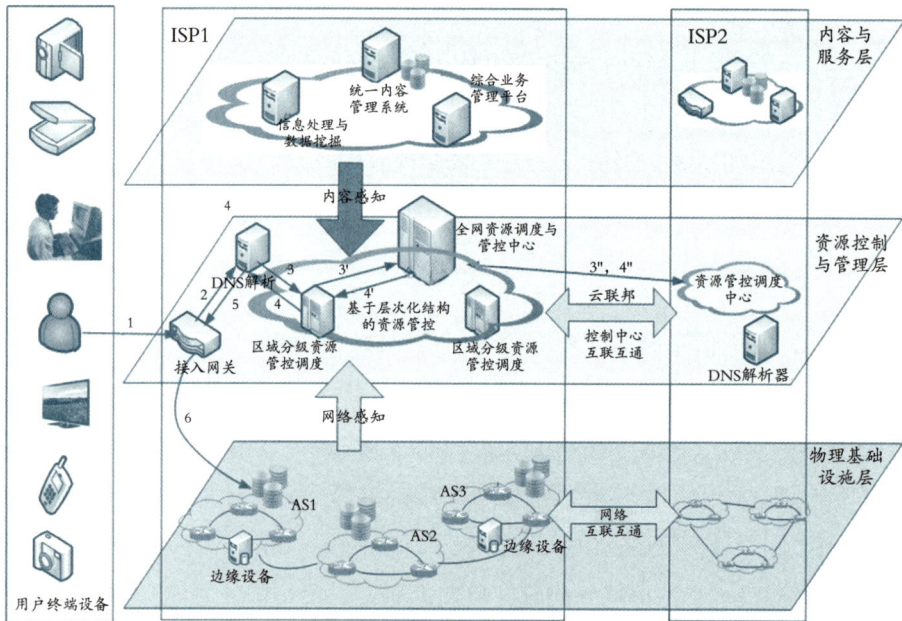

图5.4　下一代内容分发网络架构

IPv4/IPv6网络和业务共存，网络和平台规模改造，业务逐步迁移，新型应用和用户规模持续扩大。③全面商用阶段：新型应用占据主导，IPv4网络和业务平台逐步退出。

全面建设IPv6网络不仅能解决IP地址耗尽的问题，还将大大推动智能城市的发展。IPv6可扩展到任意事物之间的对话，它不仅可以为人类服务，还将服务于众多硬件设备，如家用电器、传感器、远程照相机、汽车等，它将是无时不在、无处不在地深入社会每个角落的宽带网，将极大地支持物联网的发展，它所带来的经济效益将非常巨大。

（2）IMS技术的完善与商用

IMS（IP multimedia subsystem）是IP多媒体子系统的英文缩写。通过打造统一的控制层网络融合，可实现呼叫控制层和业务控制层的分离。"IMS+互联网"可以为电信业务提供全新的应用场景，贯穿互联网IT应用以及现有的通信手段，使通信无处不在，应用随需而动，尤其提供多媒体类和融合类业务能力，为全业务运营提供保障。

（3）建设新一代内容分发网络平台

随着全球互联网视频、移动流媒体和 OTT TV（over-the-top TV）等数字媒体业务规模持续快速增长，网络中视频流量激增，在原有互联网上增加缓存分发能力成为一种趋势，内容分发网络（CDN）正在逐渐演化为网络的核心基础设施。为解决现有内容分发网络系统应用场景单一、效率低下的问题，可融合网络感知、内容感知、情景感知、服务感知等技术，结合云平台构建技术建设新一代内容分发网络。

下一代内容分发网络是智能城市信息网络建设不可或缺的一部分。下一代内容分发网络引入未来网络中云架构、内容中心网络、智能资源调度、网络感知与应用感知等技术，同时攻克基于承载网络状态感知的内容分发技术、大规模分布式内容的智能调度技术、基于电信网的多层次自适应内容路由技术、海量数字媒体存储技术、高效率动态流媒体技术等共性关键技术，并在电信运营商内容分发网络中，基于网络感知与内容感知的智能调度、结合数据中心的内容分发、移动网络高效内容分发、跨 ISP 的内容分发网络互通、用户内容高效上传等重要问题的研究方面取得突破和进展。在降低网络流量的同时，确保网络的服务质量。

（4）加强国际、国内互联网出口扩容和互联互通

加强国际、国内通信系统建设，大幅提高城市网络出口能力，增强通信枢纽能力；鼓励基础电信运营商加强网间直联，增强与其他网络运营商的互联互通能力。

（5）示范应用

依托"国家下一代互联网示范城市"建设工作，重点在北京、沈阳、上海、南京、苏州、无锡、杭州、南昌、济南、郑州、武汉、长沙、株洲、湘潭、广州、成都、西安、克拉玛依、大连、青岛、厦门、深圳开展示范应用。着力探索解决我国下一代互联网发展遇到的突出矛盾和问题；创新发展模式，突出特色应用，树立样板工程，形成有利于更大规模应用的示范效应，促进信息消费；加快基础设施建设和升级改造。重点工作包括如下几个方面。

  □ 加强基础设施建设。加快城域网、接入网、互联网数据中心（IDC）、

业务系统、支撑系统等基础设施的 IPv6 升级改造，全面提升 IPv6 用户普及率和网络接入覆盖率。

□ 推动业务全面升级。积极推动商业网站系统及政府、学校、企事业单位外网网站系统的 IPv6 升级改造，促进各类业务向 IPv6 过渡，并确保平滑演进，积极发展地址需求量大、速率快、移动性高的个性化互动业务。

□ 开展行业特色应用。结合物联网、云计算和移动互联网等新兴业务，选择教育、农业、工业、医疗、交通、铁路、水利、环保、社会管理等部分重点领域开发部署一批具有典型示范作用的下一代互联网应用，培育新服务、新市场、新业态。

□ 健全产业支撑体系。积极培育下一代互联网骨干企业，初步形成一批下一代互联网产业聚集区域，建立技术研发和产业支撑体系，提升产业规模和创新能力，带动地方就业和经济增长。

□ 提高安全保障能力。建立重要网络应用安全评估制度，全面部署网络与信息安全防护体系，提高信息安全技术保障和支撑能力，加强网络信息与安全保障工作。

二、行业专网

在智能城市的信息网络建设过程中，要把握顶层设计、统筹建设的主线，应用各种先进的传输、组网等技术，同时要兼顾各行业专网的特殊需求。

（一）广播电视专网

广播电视网作为国家信息基础设施的重要组成部分，是通达千家万户的最普及的信息工具和最便捷的大众信息载体。截至 2010 年，我国有线广播电视网已有 333 万公里光缆线路、1 000 万公里同轴电缆线路，能提供视音频等多种业务，服务 1.75 亿户用户，是全球用户规模最大的有线广播电视

网络，有线数字电视用户已超过 6 500 万，双向网络覆盖用户超过 3 000 万，共有 13 个省（区、市）的有线广播电视网络基本完成网络整合工作，有线广播电视网络的技术水平和服务竞争实力大大提升，地位显著增强。我国无线广播电视网络的覆盖率已达 91%，目前正在全国 100 个大中城市组织实施地面数字电视工程。经过数十年的发展，我国广播电视综合覆盖率已经超过96.95%，成为世界上覆盖人口最多，公众信息传送量最大，有线、无线、卫星等多种现代技术手段并用的广播电视网络。

　　虽然有线电视网近年的发展速度很快，但其覆盖面和总里程不及电信网，中国广电网发展的不足有很多。①广电网络的省、市、县、乡镇、农村的网络建设是由各级政府分别出资建设的，国家不可能担负所有的网络建设费用，这就造成了各地区广电改造采用的方案与技术不同，从而导致网络建设不像电信网建设那样整齐划一。广电资金严重不足，因而网络建设不健全，网络的建设也没有达到目标。②广电人才的缺失很难保证服务的及时性和质量性，从而造成市场服务的缺乏。③由于现在广电网的用户大部分集中在农村，城市是以电信和计算机网络为主的，这就造成了用户群体的老龄化以及广电网市场的不均衡性。④电信运营商在传统语音业务趋于饱和的情况下渴望通过新业务来寻求新的利润增长点。为此，电信运营商以业务需求为推动力积极跟踪和应用智能光网络、光接入网、软交换、IPv6、4G 等新技术，构建下一代网络。新业务的不断涌现和新技术的不断演变，造成竞争日益激烈和繁杂，广电网不仅要能支撑自身的特色业务，同时还要能使电信固定业务、移动业务和新增业务在广电网中延伸。

　　目前的广播电视网络存在更新换代的问题，在用户数量激增、业务种类庞大的应用背景之下，对广播电视网的改革势在必行。广电网络运营商有必要以整合资源、立足现在和面向将来为原则，使广电网络建设向下一代网络演进，最终实现整体技术转型。

　　下一代广播电视网（next generation broadcasting，NGB）以有线电视网数字化整体转换和移动多媒体广播电视的成果为基础，以自主创新的"高性能宽带信息网"核心技术为支撑，构建适合我国国情、支持"三网融合"、全程全网的下一代广播电视网络。NGB 网络具有四个基本特征：①在网络方面应体现全程全网、宽带双向、扁平汇聚、混合传输、智慧家庭；②在业务方面应体现出互联互通、开放共享、个性互动、智能提供；③在管控方面将体现出内容可管、业务可控、网络可信、服务可靠；④在终端方面，NGB 终端不再是电视机，而具有家庭网关、高清呈现、多模接入、智能交互等功能。

（1）接入网技术。城域有线电视网络改造中最重要的部分就是接入网的建设，目前城域接入网技术较多，而对于有限电视网络来说有如下几种：一是基于混合光纤同轴电缆（hybrid fiber-coax，HFC）网络的 EoC（Ethernet over coax）方式，二是基于以太网的接入技术，三是近两年来出现的无源光网络（PON）技术。原本单向传输的有线电视网无论要开展何种双向业务，所遇到的首要问题都是双向改造。双向改造是有线电视网从单功能向多功能发展、从广播电视网向信息门户发展的第一道门坎。目前广电有线电视网的现状是存在着大量的 HFC 网络，既不能承载多媒体交互业务，也不能有效实现管理运营，所以双向网改造已经成为数字化建设中不可分割的一部分。但是，缺乏网络的规划、建设、维护、运营等诸多经验，已经成为全国广电面临的普遍难题。如何尽量合理地实现双向改造的网络设计，如何依靠新型业务来提升竞争力，这两个方面是相互依赖的。只有实现了完善的网络改造，才能提供相应的新型业务，也只有具备迫切的业务需求，才能明确到底要做怎样的技术改造。

（2）骨干网技术。骨干网是指用来连接多个局域网络的高速网络。骨干网一般都是广域网，作用范围为几十到几千公里。在骨干网技术中，应用密集波分复用（dense wavelength division multiplexing，DWDM）的光传输技术和应用 ASON 的光交换技术已经成为主流的应用技术。伴随着国家"宽带中国"战略及实施方案的颁布，我国宽带基础设施将进入快速健康发展的轨道。另外，互动电视、3D 高清视频等宽带应用的不断涌现，促使传输网络从骨干网向城域网发展，带宽需求成倍增长。在广电网络高速发展的时代，100G WDM/OTN 大容量传输网络建设将是广电缓解带宽压力的最佳手段。

（二）金融专网

金融企业特别是国际金融企业对通信网络有较高的需求，不但要求网络具有低时延和高可靠性，而且对商业机密和敏感数据的保密性以及企业访问国际互联网的可达性都有较高的要求。从国际成功的金融中心（如纽约曼哈顿、东京、香港等）来看，它们的信息通信基础网络设施都非常完备，都建立了宽带、高速、低时延、高服务质量的网络基础设施，都建设了大型数据中心和数据分析平台，有力地支撑了先进的信息基础设施，而且建立了规范、高效、完备的金融业信息安全服务体系。

为了保障智慧金融的服务需求，信息通信基础设施应具备以下四个特征。①低时延特征：本地访问金融中心最高时延为 4ms，满足金融高频交易、实时交易的要求。②高可用性和高稳定性特征：通过双机热备，提供多链路、多路由，实现 24/7 的高可用性和 99.999% 的连通率。③信息安全、保密特征：为金融专网提供 7 层全面的安全防护，实现对病毒、蠕虫、木马、间谍软件、非法访问、页面篡改等攻击的深度抵御，防范跨国企业金融数据泄密，实现数据不过滤、不丢包。④提供与香港先进数据中心相似的机房环境，部署高速宽带国际互联基础设施，访问国际金融中心最高时延为 256ms。

建议在深圳前海云数据中心内，为国际金融企业规划专门的服务区域作为"金融 IDC"，通过专用传输链路将金融 IDC 直接连接到位于北京、上海、广州的国际关口局，实现高速率、低时延的国际网络互联；另外，考虑到深圳与香港之间频繁的经济往来，建议通过专用传输链路经海缆与香港进行直连，实现与香港金融节点的高质量网络互联。同时争取设置互联网应急中心，对金融行业等支柱产业进行信用管理，对遵守规则的产业管理宽松，对违规的产业则将其纳入正常管理范围。

传统的数据中心国际业务接入方式是通过城域网、骨干网等多个网络转接之后，再通过国际关口局实现国际接入。"金融专网"则采用专用传输链路，将金融 IDC 直接连接到国际关口局，并通过海缆与国际互联网实现直连（见图 5.5）。与传统方案相比，"金融专网"在国际金融业务和国际互联网访问业务的不稳定性、延时、丢包等问题上有极大的改善。同时，金融专网将采用先进的 SDN 技术，提高专网的安全性，优化专网性能，使金融专网更加客观可控。

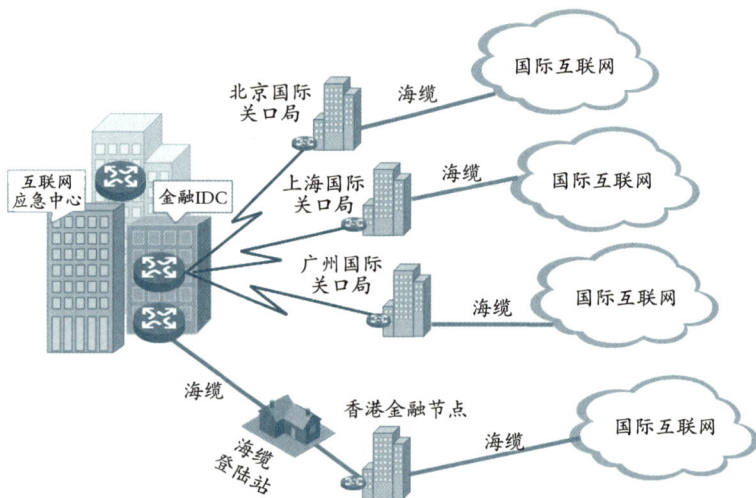

图 5.5　金融专网解决方案

（三）物联专网

我国目前物联网相关产业规模估计在 5 000 亿元左右，"十三五"后期达到万亿元级（工信部电信研究院）。智能城市中物联网的建设是尤为重要的一环。以建设物联网作为抓手，将有利推动信息网络技术与传统行业的融合发展，尤其是在电网、交通、物流、家居、环境与安全检测、工业与自动化控制、医疗健康、农牧业等领域。

为智能城市构建统一的物联专网平台需要长远规划。初期 M2M（物到物）与 H2H（人到人）业务共用核心网，满足智能城市的产业、政务、民生和其他特色需求。同时，广泛应用感知网络，将为智能应用体系的数据采集、监控、管理提供全方位的支持。远期将结合各产业需求，形成完善、成熟、大规模的感知网络，并且 M2M 核心网将逐步独立于 H2H 核心网。

物联专网整体架构包括感知层、接入层、核心网层、应用层四个层面

（见图 5.6），实现了物到物的互联互通，有效支撑了智能应用体系，满足了智能城市的产业需求。

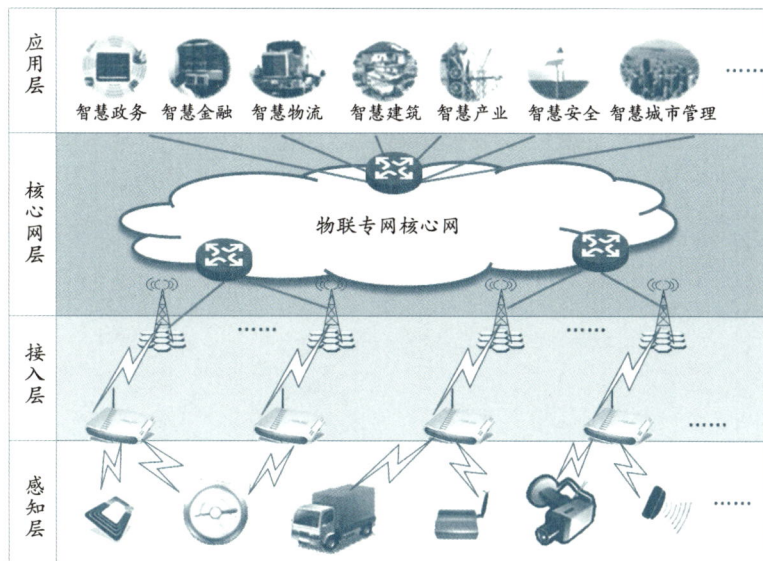

图 5.6　物联专网整体架构

物联网的一个重要指标就是"泛在网络"，泛在网络可以使人或者自然界中的物品随时随地地进行通信，它的特点是"无处不在，无所不含"。物联网的网络层是建立在信息网络之上的。在物联网中，各种终端设备（比如智能手机、平板电脑、智能手表、网络电视）都可以通过互联网或者移动互联网实现互联、互通、互操作。目前广泛应用的手机支付宝就是通过射频识别技术，将内置手机的射频识别信息采集后，再上传到网络后台，经过认证鉴权以后，完成网络支付功能的。

为实现智能城市的物联网业务规模化发展，物联网业务的核心网将与 H2H 业务的核心网分离，形成独立建设的物联专网（见图 5.7）。其中，物联网业务和 H2H 业务共用一部分网元设备，如移动交换中心服务器（mobile switching center server，MSC server）和服务 GPRS 支持节点（serving GPRS support node，SGSN）；另外需新建物联网专用支撑平台、M-SMSC、PCEF、M-PCRF、SPR、M-HLR 等网元。在建设物联专网的过程中，应统筹规划，重点解决核心网重复建设、扩展性差、运营维护困难等问题。

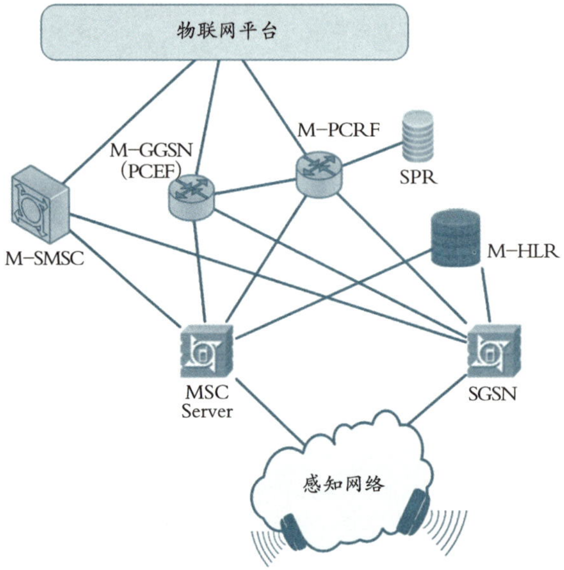

图5.7　物联专网网络架构

初期 M2M 与 H2H 共用的核心网需要改造为智能通道，采用专号来标识物联网用户，实施动态策略控制，提供基于位置、时间、流量、业务类型、接入类型等维度的策略控制，提供统一的管控机制和便于第三方物联网业务应用开发的平台。远期"智能通道"将演变为"增强智能通道"，提供完整、成熟、复杂的物联网业务；简单的"管控平台"将演变为"中央服务平台"，提供全产业链的服务。

（四）电力专网

智能城市对电力专网的要求是建成智能电网。智能电网是整个智能城市神经系统中的一部分，是智能城市建设的核心基础。

智能电网以信息化、自动化、互动化为特征，体现 ICT 先行的特点，以大数据创新和创新应用为标志，是安全可靠、经济高效、清洁环保、透明开放、友好互动的现代电网，具有传输电能、配置资源功能，是迄今为止最大的遍布城市与乡村的人造网络，具有能量与信息同步传输的功能。因此，智能电网与智能城市建设在能量与信息这两个关键要素方面拥有一致的内涵与特征，是智能城市建设的重要基础与核心驱动力，也是解决城市化进程中种种弊端的基础平台，具有引领"两化融合"、助推城市和产业转型发展与低碳发展的功能。

智能城市建设对电网的需求主要包括：①能源供应可靠，能源结构优化，能源利用率提高；②城市有限土地空间资源利用更集约；③城市通信资源整合更优化，助推"三网融合"；④电网企业管理更高效，供电服务更优质、更广阔；⑤电网发展更智能化，实现能源与信息同步传输；⑥信息化与电力工业融合更深入，推动相关产业智能化转型升级。

构建智能电网，需要站在驱动智能城市建设的高度，顶层设计、规划引领。从市场角度来看，智能电网是清洁能源开放互动的交易平台，是新的能源供应保障和服务体系；从技术角度来看，智能电网是具有能量和信息同步传输功能的能量信息互联网；从定位的角度来看，智能电网是智慧城市的重要基础和核心驱动力，具有引领"两化融合"、推动城市转型发展的基础平台功能和网络市场功能；从行业角度来看，智能电网是遍布城市与乡村，连接电厂与用户，具有能量与信息同步传输功能的能量信息系统，是信息化和能源工业、电力工业高度融合的结晶。

粗放式的发展方式使传统电网发展受到土地和空间资源的制约，因此，电网建设必须实现资源整合、集约建设，与其他产业（如通信产业）集约共建，推动电网与电信网、互联网、广电网融合发展。建设智能电网已成为国家电网下一阶段的发展战略。传统电网自身技术的相对落后，坚强性不够，信息化不够，自身能力与承担的社会责任不对等，这也使电网具有往信息化、智慧化、互动化方向发展的内在需求。目前智能电网建设已全面展开，规划经过三个阶段，全面建成智能电网。

有限的空间和廊道资源要求智能电网在规划建设中实现集约利用，电网企业以光纤入户为依托，实现"有电的地方就有通信"，有效避免网络、线路管道、杆塔等资源重复建设带来的人力、物力浪费。并通过智能电网的建设，在传输能源的同时也传输信息，挖掘智能电网信息化、自动化和互动化

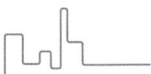

三大特征。

同时，智能城市对智能电网建设提出了能源供应更安全可靠、新能源接入更广泛、能源利用更清洁等要求，智能电网规划建设要能够实现能源优化配置，完善主网、配网建设。随着智能输变配电系统的建立，电网与先进的调度技术、控制技术、储能技术等智能技术的结合应用，使电网具有自适应的能力和主动应对电网各种突发事故的自愈能力，保证智能电网运行的安全性和供电可靠性。

三、未来网络

智能城市信息网络应具有扩展性，要充分考虑未来网络的发展趋势和发展要求。未来网络是信息与通信技术发展的未来趋势，也是"智能城市"建设中金融服务业、现代物流业、信息服务业等对信息基础网络的终极要求。因此，必须将未来网络纳入智能城市信息网络基础设施的远景规划中，以满足智能城市业务对大带宽、低时延、高效率、高可靠性的需求。

面对全球未来信息网络技术发展的大趋势，目前我国重点加强未来网络领域设施研究与建设工作，设计、研制并初步构建了未来网络试验设施的基础实验环境，于 2013 年 8 月 8 日开通了全国首个未来网络基础设施小型试验网（见图 5.8 和图 5.9），覆盖南京、北京、重庆、西安 4 个城市 7 个节点，初步具备了开展未来网络技术研究的基础试验条件。以该小规模试验设施为基础，后期将建设国家未来网络创新平台（China Environment for Network Innovations，CENI），各地域采用"自治"的方式管理，网络基础设施通过"联邦"的方式互联，从而使各地域的网络基础设施等资源能够被全网利用，达到互通有无、充分利用的目的。尤其是可以将无线网络、空间网络和物联网络等异构网络试验平台互联，实现资源共享，为试验用户提供丰富的试验环境。

下面就未来网络领域涉及的主要研究内容做一介绍。

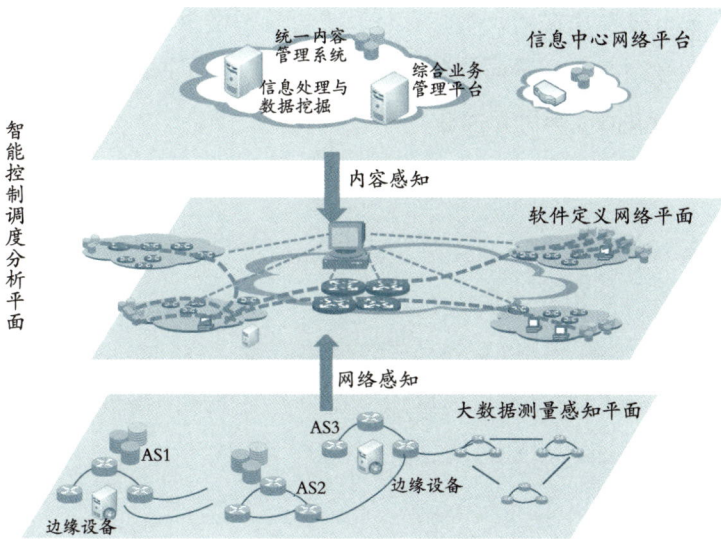

图 5.8 未来网络基础设施小型试验网架构图

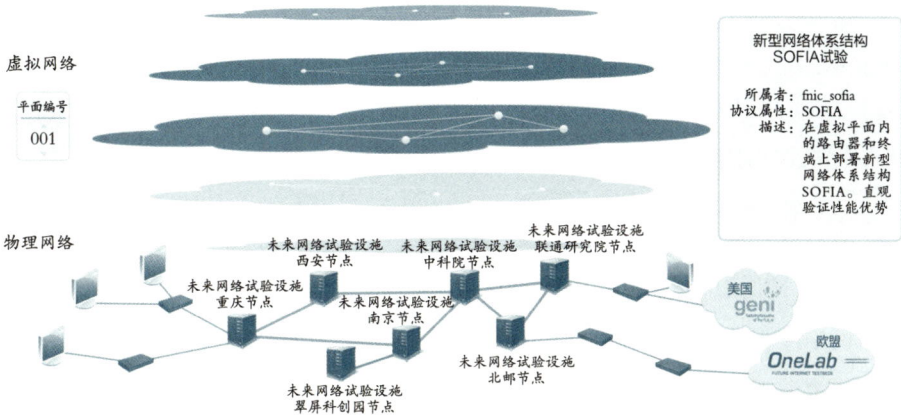

图 5.9 未来网络基础设施小型试验网平面总图

（一）软件定义网络

软件定义网络（SDN）技术的核心理念是使网络软件化并充分开放，通过控制与转发相分离来提升网络的创新能力。旨在实现网络互联、网络行为的定义和开放式的接口，从而支持未来各种新型网络体系结构和新型业务的创新。作为一种革新性的技术，它打破了传统网络系统的设计理念，一方面实现了控制平面与数据平面的分离，另一方面开放了网络可编程能力，从而提高了网络的灵活性和可管控性。

1. SDN 的产生及发展

从通常意义上来讲，SDN 是指从 OpenFlow 发展而来的一种新型的网络架构，其前身是斯坦福大学用于企业集中安全控制的"Ethane"项目。2008年，斯坦福大学的 Nick McKeown 教授将其命名为"OpenFlow"，后经斯坦福"Clean State"项目推广，再加上在"美国全球网络创新环境"（Global Environment for Network Innovations，GENI）项目中的应用，该概念被逐渐扩展并成为 SDN。

GENI 计划在 OpenFlow 发展的初期就率先对 OpenFlow 予以了资金支持并实施了"GENI Enterprise"计划。2012 年 10 月，AT&T、BT、KDDI、NTT、Orange、Verizon、中国移动、德国电信、意大利电信等多家全球一线电信运营商共同致力于网络功能虚拟化（network functions virtualization，NFV），着重从电信运营商角度提出对 SDN 的需求，以推进 SDN 的产业发展与标准化工作。

2. SDN 技术概述

SDN 是最近学术界关注的热点。在 SDN 中，数据分组的转发与控制被分开。网络控制功能被抽取到一个集中式的控制器（controller）中。数据流的接入、路由等都由控制器来控制，而交换机只是按控制器所设定的规则转发分组数据。

如图 5.10 所示，SDN 将控制平面从网络交换机和路由器中的数据平面分离出来，SDN 控制器实现网络拓扑的收集、路由的计算、流表的生成与下发、网络的管理与控制等功能，网络层设备仅负责流量的转发和策略的执行。转发与控制分离使得控制逻辑集中，SDN 控制器拥有网络的全局静态拓扑、全网的动态转发表信息、全网络的资源利用率、故障状态等，从而也开放了网络能力，通过集中的 SDN 控制器实现网络资源的统一管理、整合和虚拟化，利用规范化的北向接口为上层应用提供按需的网络资源和服务。

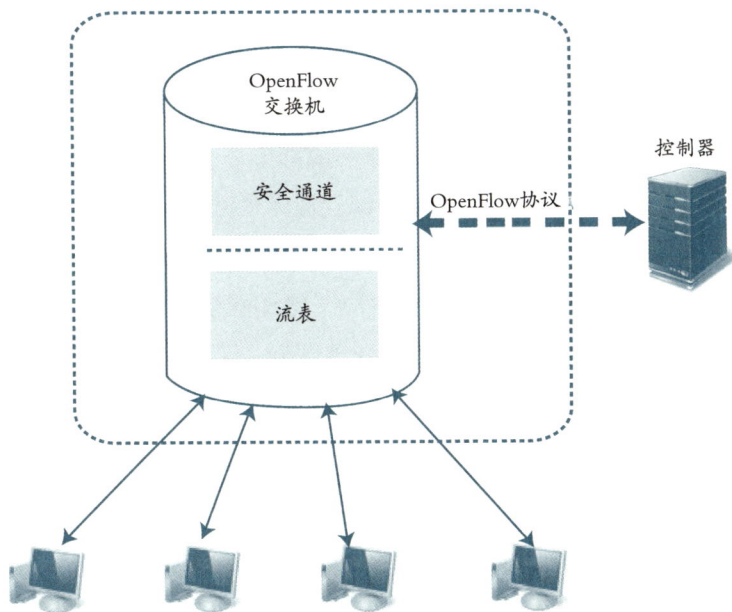

图 5.10　SDN 基本原理

　　由于数据中心是一个单位（公司、政府、研究机构等）所建设和拥有，天然符合 SDN 所需要的集中控制的要求，因此当前 SDN 最主要的应用场景都集中在数据中心。把 SDN 运用到数据中心主要有如下优点。

　　（1）可管理性。通过集中式控制，网络运营者能及时掌握网络设备的状况，如网络设备是否工作正常、是否有网络拥塞发生、网络服务质量是否在正常范围等。这些信息都是以往的分布式网络协议很难提供的。

　　（2）网络性能优化。在以往的分布式网络协议中，由于网络运营者对网络缺少细粒度的控制，为了保障网络服务质量在一定范围之内，网络运营者被迫降低网络利用率。一般而言，核心网络的带宽利用率只有 30% ~ 40%。在数据中心中，由于运营者知道网络的详细拓扑结构及核心应用的需求，可以大幅提高网络带宽利用率。最近谷歌（Google）利用 SDN 技术，把数据中心间的核心网络带宽利用率提高到了 100%。高带宽利用率意味着可以利用 SDN 来降低传输每比特数据的费用（cost per bit）。

　　（3）更快引入新的网络功能。在 SDN 中，由于控制功能被抽象到集中

式控制器中，而各个网络设备只是受控制器的控制并执行相对简单的分组转发功能，因此，当需要引入新的网络功能（如新的网络带宽分配算法或者新的网络接入控制策略）时，只需要变更控制器中的软件。这样就可以在很短的时间内引入新的网络功能。由于新功能的引入只涉及软件更新，在进行更新之前还可以对软件进行充分的测试。这样也就解决了分布式网络协议更新、调试和测试所面临的困难。

SDN 是一项革命性的变革，它解决了传统网络中无法避免的一些问题，包括缺乏灵活性、对需求变化的响应速度缓慢、无法实现网络的虚拟化、成本高昂等。在当前的网络架构下，网络运营商和企业无法快速提供新的业务，原因在于他们必须等待设备提供商和标准化组织同意，并将新的功能纳入专有的运行环境。显然这是一个漫长的等待过程，等到现有网络真正具备这一新的功能时，市场可能已经发生了很大变化。

SDN 的出现使得形势发生了改变。网络运营商和企业可以通过自己编写的软件轻松决定网络功能。SDN 不仅可以让他们在灵活性、敏捷性、虚拟化等方面更具主动性，还可以帮助网络运营商和企业通过普通的软件随时提供新的业务。OpenFlow 的转发指令集将集中网络控制功能，网络可以被虚拟化，并被当成一种逻辑上的资源（而非物理资源）来加以控制和管理。SDN 还可以通过消除应用和特定网络细节，无须花费时间和金钱重新编写应用和人工配置网络设备即可升级网络的物理平面成为可能，比如消除端口和地址之间的关联。

长期以来，通过命令行接口进行人工配置，一直在阻碍网络向虚拟化迈进，并且它还致使运营成本高昂，网络升级时间较长，容易发生错误。SDN 使得一般编程人员可以在通用服务器的通用操作系统中利用通用的软件定义网络功能，让网络可编程化。SDN 还带来了巨大的市场机遇，因为它可以满足不同的客户需求，提供高度定制化的解决方案。这就使网络运营建立在开放软件的基础上，不需要依靠设备提供商的特定硬件和软件就能增设新功能。

更为重要的是，某些网络功能的提供也变得异常简单，比如组播和负载

均衡功能的实现等。另外，拓扑结构的限制也将消失，比如在传统数据中心中，树形拓扑导致的问题也将得到解决。

总的来说，SDN 所能提供的好处有如下五项。

（1）SDN 为网络的使用、控制以及如何创收提供了更多的灵活性。

（2）SDN 加快了新业务引入的速度。网络运营商可以通过可控的软件部署相关功能，而不必等待某个设备提供商在其专有设备中加入相应方案。

（3）SDN 降低了网络的运营费用，也降低了出错率，原因在于实现了网络的自动化部署和运维故障诊断，减少了网络的人工干预。

（4）SDN 有助于实现网络的虚拟化，从而实现了网络的计算和存储资源的整合，只要简单地组合一些软件工具，就能实现对整个网络的控制和管理。

（5）SDN 让网络乃至所有 IT 系统更好地以业务目标为导向。

3. SDN 架构及特点

软件定义网络的逻辑体系架构如图 5.11 所示。其中位于中间的 SDN 控制层（基于软件实现）将监视全局信息，并集中实现网络智能。对上层应用和策略来说，SDN 网络将呈现为一个逻辑交换设备，从而大大简化网络的控制与运营。对下层数据转发平面来说，平面中的网络交换设备不必支持大量的协议标准，仅仅接受控制器的指令即可，这样也使数据转发平面实现了充分的简化。

SDN 核心架构包括以下几个部分。

（1）物理层即硬件设备层，专注于单纯的数据、物理业务转发，对处理性能要求较高。该层主要部署 SDN 交换机，其中以 Open vSwitch 最具代表性。

（2）南向接口是物理层与控制器信号传输的通道，相关的设备状态、数据流表项和控制指令都需要经由 SDN 的南向接口传达，实现对设备的管理控制。典型代表是 OpenFlow 协议。

（3）控制层的控制器集中管理网络中所有设备，根据用户需求以及全局网络拓扑，灵活、动态地分配网络资源。对下层，通过标准的协议与基础网络进行通信；对上层，通过开放接口应用层控制网络资源。常见的控制器包括开源的 NOX、POX、Floodlight 等。

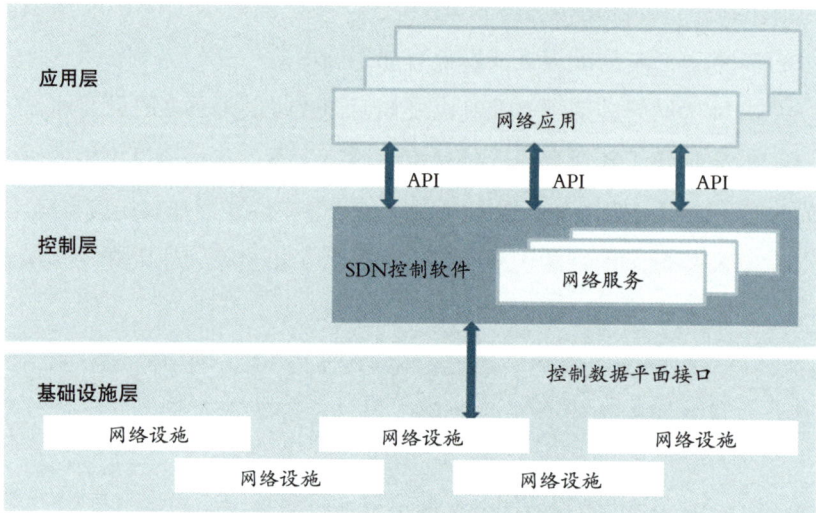

图 5.11　软件定义网络逻辑体系架构

（4）北向接口是控制器向上层业务应用提供的开放接口，方便应用层调用底层的网络资源和能力。由于与业务应用联系密切，接口也多样化。

（5）应用层通过控制层提供的编程接口对底层设备进行编程，把网络的控制权开放给用户，用户可以在该层上开发各种业务应用，实现丰富多彩的业务创新。

SDN 这种原理架构决定了它的两大特点。

（1）数据与控制分离。这是 SDN 的核心思想之一，实现了全局集中控制和分布高速转发，把握了灵活可编程与性能之间的平衡，一定程度上降低了网络设备和控制软件的成本。

（2）网络可编程。这是 SDN 的另一个重要属性。管理者可以通过 SDN 中这种高级的编程能力实现与网络设备的双向交互，通过软件更加方便灵活地管理网络。这种可编程性是基于整个网络的，而不是基于某台设备的。它是对网络整体功能的抽象，使程序能通过这种抽象来为网络添加新的功能。

4. SDN 与智能城市

刘韵洁院士在 2014 未来网络与 SDN 峰会上强调，互联网已经成为一个重要的基础设施，但安全、可扩展、可控可管理等问题逐渐凸显。虽然中国互联网发展取得了巨大成功，但是现有网络仍面临着严峻挑战。另外，互联网正在由传统的"消费"领域逐渐渗透到实体经济领域，工业互联网、能源互联网、车联网等新的网络形态不断涌现。互联网与实体经济深度融合，将具有更加广阔的市场前景，但传统互联网在服务质量保障等方面很难满足实体经济需求。为此，我国应尽快抓紧在未来网络领域进行研究和规划，积极探索新的技术架构，以满足互联网发展的需求。SDN 技术将带动信息网络领域新一轮的发展。

2012 年被业界视为 SDN 商用元年：谷歌在其 IDC 部署 SDN 网络来解决未来可能面临的瓶颈；思科为了找到全面的解决方案，针对市场的需求发展开放网络环境（Open Network Environment，ONE）策略；VMware 意识到网络虚拟化的重要性，收购虚拟网络平台供应商 Nicira 以寻求解决方案。诸如此类的重要事件让 SDN 议题成为众所瞩目之焦点。

2013 年 4 月，思科、IBM、微软等 13 家巨头合作建立开源网络操作系统项目 OpenDaylight。截至 2013 年，OpenFlow 已从最初的 1.0 版本，一路演进到目前的 1.5 版本。

但是，SDN 技术目前尚不够成熟，标准化程度也不够。大范围大量网络设备的管理问题、超大规模 SDN 控制器的安全性和稳定性问题、多厂商的协同和互通问题、不同网络层次 / 制式的协同和对接问题等均需得到解决。目前，SDN 技术在运营商网络的大规模应用还难以实现，但可在局部网络或特定应用场景逐步使用，如移动回传场景、分组与光网络的协同场景等。

SDN 对智能城市信息网络发展具有如下几方面的重要意义。

（1）在数据中心网络中的应用。SDN 控制逻辑集中的特点，可充分满足网络集中自动化管理、多路径转发、绿色节能等方面的要求；SDN 网络能力开放化的特点，可充分满足数据中心能力开放、虚拟机（virtual machine，VM）的智能部署和迁移、海量虚拟租户等需求。以 Google 数据中心网络的解决方案为例，其通过 SDN 将数据中心之间的链路使用率从平均 30% 提升至接近 95%。Infonetics 的最新调查数据显示，目前已有 65% 的中型及大型企业正在将网络虚拟化技术应用于数据中心；而随着 SDN 的快速发展，Infonetics 预计，到 2017 年将有 79% 的企业将 SDN 技术应用于其数据中心。

（2）在移动网络中的应用。在移动网络中，引入 SDN 可以实现无线网络领域的虚拟化和资源智能调度，提供更好的灵活性和更高的安全性；也可通过 SDN 技术实现 Wi-Fi 基站的统一接入管理，有效解决 Wi-Fi 的切换控制和绿色节能问题（见图 5.12）。

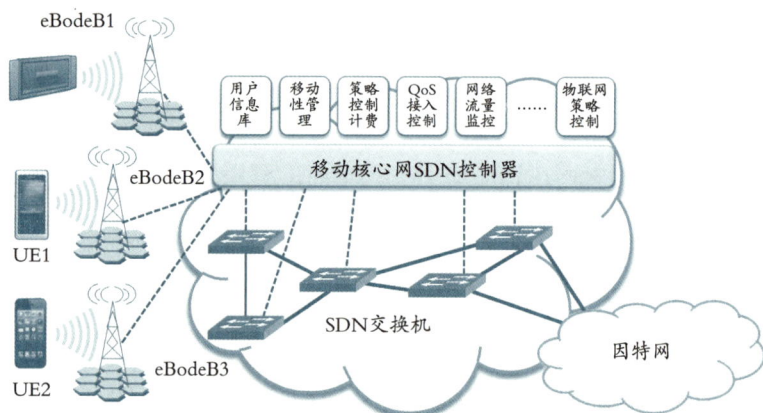

图 5.12　SDN 在移动核心网的应用

（3）在城域骨干网中的应用。为了应对快速增长的流量带来的挑战，从根本上解决骨干网面临的问题，在城域网中引入 SDN，可将城域骨干网边缘的接入控制设备中除路由转发之外的功能都提升到城域网控制器中实现，并可以采用虚拟化的方式实现业务的灵活快速部署。通过控制和转发的分离，城域网设备本身将更多地关注数据转发能力，可以通过集中部署的控制器，实现对整个城域网的控制，并实现城域网设备物理形态的归一化，从而有效地帮助运营商简化网管与运维，降低网络运营成本。

（4）在企业网中的应用。针对企业网应用复杂、设备类型多、操作方式区别大等问题，引入 SDN 可使设备形态和种类都发生变化。通过开放北向接口，管理不同厂家设备将变得容易，能极大地降低维护难度和互联互通的成本。利用 SDN 技术，企业网 IT 人员将获得完整的网络逻辑视图，不必再面对一个个特性迥异的独立网元，这有助于屏蔽底层网络差异，降低企业网运维的难度和工作量，方便各种企业应用的研发和部署。

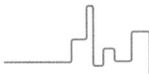

（二）信息中心网络

随着互联网承载内容的飞速发展，用户访问网络的主要行为已经演变成对海量内容的获取。这一行为模式与基于端到端通信的 IP 网络架构逐渐产生了矛盾。例如，对热点视频的访问可能会造成部分网络反复传送相同的内容，既浪费资源，也影响服务质量。于是，人们开始从关注信息的位置转向关注信息本身。为了解决这个问题，学术界提出未来网络应该从当前以"位置"为中心的体系架构转变为以"信息"为中心的架构，即网络的基本行为模式应该是请求和获取信息，而非实现端到端可达。这类网络体系架构统称为信息中心网络（ICN）。

1. ICN 的产生及发展

ICN 的研究主要起源于欧盟和美国。欧盟的主要研究项目包括 NetInf、PURSUIT/PSIRP、4WARD、SAIL 等；美国的主要研究项目包括 CCN、NDN、DONA 等。由于 CCN/NDN 完全以内容命名进行路由，更能体现信息中心的特征，因此本书将以 CCN/NDN 为代表介绍信息中心网络的原理架构。

2006 年，施乐帕克研究中心的 Van Jacobson 提出了内容中心网络（CCN）架构，目标是开发一个可以天然适应当前内容获取模式的新型互联网架构。其核心思想是保留 IP 细腰结构，但是细腰层采用类似 URL 的层次化内容命名，从而实现从 IP 为中心向内容／数据为中心的转变；同时，该架构采用全网交换节点缓存模式，以成本不断降低的缓存换取带宽，可以有效减小流量冗余和源服务器负载，并提高服务质量。

2. CCN 原理架构及技术

信息中心网络与传统互联网体系架构的根本区别在于以命名信息为中心，并将其作为网络体系结构的细腰。从关注"在哪里"——地址和主机，转变为关注"什么"——用户和应用需要的信息内容。信息中心网络将不再使用地址作为实体，而是使用信息对象作为最基本的实体，通过信息对象标识符进行解析和路由。 CCN 摒弃了传统的以 IP 为细腰的协议栈结构，采用以信息名字为核心的协议栈结构。传统 TCP/IP 网络结构和 CCN 协议栈结构如图 5.13 所示。

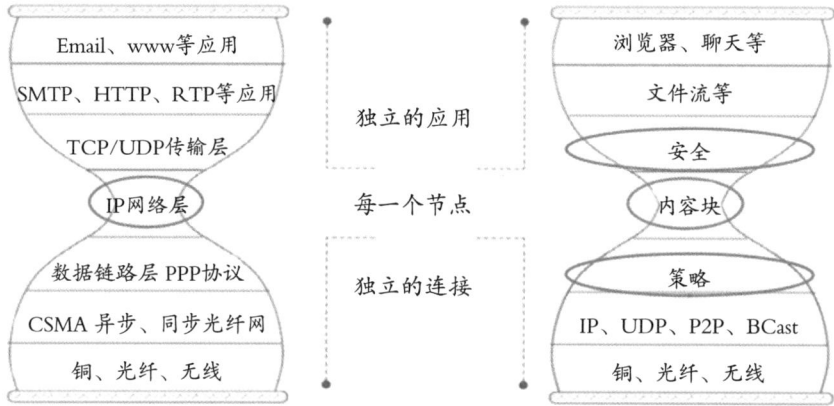

图 5.13　传统 TCP/IP 网络结构和 CCN 协议栈结构

CCN 涉及的关键技术主要有命名机制、缓存策略、路由与转发机制、移动性等。

（1）命名机制。相比传统的 IP 网络，CCN 不再关注内容存储的地址，解耦了身份与地址双重身份，因此命名可以直接与内容的属性相关。CCN 采取分层式的命名结构，有利于体现不同数据块之间的关系，可以有效聚合，减少路由条目。

（2）缓存策略。随着存储技术日益成熟，其价格不断降低，这也是 CCN 架构提出的基础之一，即采用全网节点部署缓存的方法实现未来网络内容的高效分发。目前 CCN 的缓存策略设计也是一个研究热点之一。

（3）路由与转发机制。在 CCN 中，网络的路由机制不再基于 IP 地址，而是基于内容命名进行路由。与 IP 路由的目的相似，CCN 让各个网络节点知晓网络中的内容情况，以便于转发请求。转发机制则侧重于能够根据数据平面的状态调整转发策略，进而寻找替换的路径来避免类似的问题。

（4）移动性。随着无线通信技术的发展，用户对互联网的移动性支持需求越来越强烈，然而 IP 身份位置的双重属性使当前互联网没办法很好地支持移动性。CCN 基于请求者驱动的模式可以很好地解决终端移动的问题。另外，CCN 本身支持为用户提供多数据源，一定程度上减轻了内容提供者移动带来的影响。

　　3. ICN 与智能城市

　　ICN 是适应于现有网络需求而诞生的，但是 ICN 的诞生也带来了许多问题，其中最难解决的问题就是部署性问题。现有 IP 网络已经运行了几十年，部署范围广，运行稳定。在这种情况下，提出与 IP 网络截然不同的 ICN 网络，无疑是对 IP 网络的挑战。要想让所有的运营商废弃现有的 IP 网络，重新构建 ICN 网络，除非有巨大的好处，否则根本不可能。ICN 技术的发展还处于研究阶段，美国国家科学基金会的未来互联网体系结构项目组、欧盟第七框架计划（Seventh Framework Programme，FP7）资助了许多项目，每个研究项目都采取了不同方法开发 ICN 体系结构的框架。ICN 网络可以单独作为 TCP/IP 的替换方案来部署，而这需要一个完整的网络重建，或作为 IP 网络的顶层覆盖。顶层覆盖可能是最终过渡到 ICN 商业部署的关键方式，这种叠加方法的优点在于能以增量方式部署 ICN 技术的能力。

　　ICN 对智能城市信息网络发展具有两方面的重要意义。

　　（1）解决互联网流量激增、内容重复传输的问题。目前互联网中存在大量内容重复传输的问题：图片、微博、视频等绝大部分内容分发型互联网应用都存在非常大量的重复传输。P2P、CDN 等技术虽然缓解了核心网的拥塞问题，但依旧存在大量内容冗余的问题，导致网络资源利用率不高。信息中心网络以信息命名方式取代传统的以地址为中心的网络通信模型，从而可解决 IP 网络中一些固有问题，满足用户对海量信息访问的需求。

　　（2）具有较好的移动性，有助于未来移动通信网的发展。现有的移动通信网络数据平面集中、控制平面分离，会产生"信令风暴"等问题，而 4G 网络在设计之初并没有针对"信令风暴"的问题做出根本改进——它可以改善视频传送等大数据流量业务的效率，但没有兼顾小流量、常在线业务的效率。未来移动通信网络要满足超高速的接入、超可靠的实时连接、无时不在的物物通信、随时随地的最佳体验等需求，并有效解决现有移动网络存在的问题，就需要 ICN 中实现分离的命名和寻址、快速全局域名解析服务等关键技术的支持。

（三）云网络

云网络（cloud networking）是通过网络虚拟化和自管理技术，将云计算的技术和思想融合到未来网络的设计之中，促进网络中计算、存储和传输资源的按需管理与控制的创新网络技术。基于云架构的未来网络体系结构的一个典型示例如图 5.14 所示。

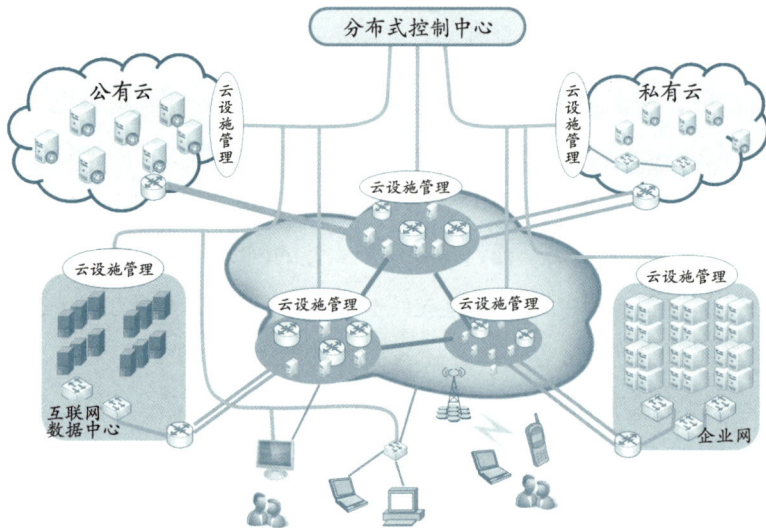

图 5.14　基于云架构的未来网络体系结构

1. 云网络的产生和发展

2010 年，美国国家科学基金会（National Science Foundation，NSF）启动了"星云"（Nebula）项目。该项目着重研究以云计算为核心的新型网络体系结构，其目标是构建可靠、可信的高速核心网络，连接各个云计算数据中心。其中，数据中心可由多个供应商提供，通过副本备份等技术，使得用户可连接到最近的数据中心；核心网络通过冗余高性能链路和具有高可靠性的路由控制软件，实现高可用性；用户则通过安全可信的数据链路访问数据中心。

2010 年 8 月，欧盟第七框架计划也专门启动了针对云网络的课题。其可扩展和自适应互联网解决方案（Scalable and Adaptive Internet Solutions，SAIL）中明确提出将结合云计算技术和网络虚拟化技术构建面向未来的云网络，构建可根据时间尺度灵活配置的网络切片（flash network slice）资源，用于跨运营商、跨数据中心的虚拟化基础设施建设与连接。

2. 云网络的系统架构和技术

云网络主要是将云计算技术融合到网络设计之中。为确保网络与云计算融合后具有高可扩展性、无拥塞、低时延的特征，目前的云网络系统架构基本采用了三个层次的设计思路，即从下向上依次是资源层、基础设施服务层、分布式基础设施服务层（见图 5.15）。

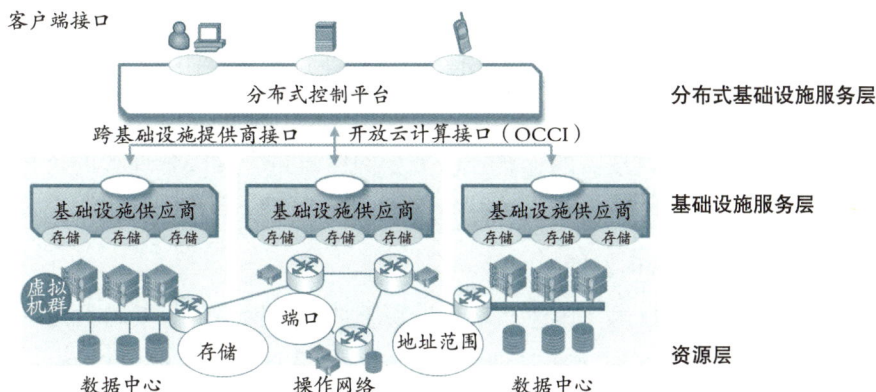

图 5.15　云网络的系统架构

（1）资源层主要由各种网络资源构成，按照不同的地理位置可划分为不同的管理域。管理域是一系列物理或虚拟设备，是已授权管理的资源集合，主要包括运营商网络和数据中心等基础设施。

（2）基础设施服务层作为中间层，包括域内和跨域两大类基础设施供应商。前者主要管理域内的虚拟资源，最优化安排决策和资源映射，负责自治域基础设施虚拟资源的创建、更新、管理和删除；后者重点实现跨多个管理域的大量虚拟资源的共同管理，负责跨域的信息交换。

（3）分布式基础设施服务层则主要负责分布式管理，一方面管理协调基础设施服务供应商之间的流量，另一方面也是用户接入云网络的相关接口，管理协调用户和基础设施之间的通信。

基于这种架构，云网络所涉及的关键技术主要有虚拟可扩展网络技术、云网络管理技术、高速以太网技术等。

（1）虚拟可扩展网络技术。从发展演进角度看，近年来涌现的网络虚拟化技术是实现云网络最具潜力的技术之一。它允许虚拟网络和底层基础设施的完全分离，从而使虚拟网络可以按照需求被创建、配置、迁移和移除，实现网络资源的灵活管理，与云计算动态调配计算存储资源的模式相互匹配，计算存储资源与网络资源将共同构成云的虚拟资源服务池。OpenFlow 则是近年来涌现出的虚拟路由器代表性方案，通过配置交换机／路由器流表实现控制、数据平面的分离，具有简单易实现的优势。

（2）云网络管理技术。为了提供最优的云服务，云网络管理架构一般使用分布式自动管理控制模式，以提升管理效率。同时，该架构需要与现有的IP 层、传输层的管理系统协同并交互作用，提供自动机制，在一些云基础设施之间创建服务并提供按需的连接，以减少网络流量，减轻管理者的负担，提高管理可靠性和自适应能力。目前，云网络管理技术正朝着层次化、分布化、集成化和智能化方向发展。

（3）高速以太网技术。快速和动态资源缩放是云网络的重要特性之一，但网络技术和电信业务模式还没有真正地解决这一问题。虽然可以通过网络服务器来存储资源，但是所需的支持资源动态使用的带宽往往还是不够灵敏，因此就需要用到高速以太网技术。因为高速以太网可以扩大到1Gbps甚至 10Gbps，能提供高密度平台，对应云的能力迅速扩大，以满足不断变化的需求。

3. 云网络与智能城市

云网络的本质是网络虚拟化技术与云计算的深度融合，目标是最终建立起一个统一的、可虚拟化、可管理的云网络架构，实现网络各个层面的资源虚拟化共享与按需服务。智能城市是由多应用、多行业、复杂系统组成的综合体，多个应用系统之间存在信息共享、交互的需求，各个不同的应用系统需要共同抽取数据综合计算和呈现综合结果。如此众多繁复的系统需要多个强大的信息处理中心进行各种信息的处理，从根本上支撑庞大系统的安全运

行，所以需要考虑基于云计算的云网络架构，建设智能城市云计算数据中心。

　　云网络的核心思想是将传统的网络虚拟化技术与云计算虚拟化技术进行深度融合，将路由交换、有线接入、无线接入等传统网络设备与数据中心、分布式服务器等传统计算存储设备有效融合，通过统一的高效调度控制，构建完整的智能化网络基础设施（智能管道），将未来网络构建成一个真正能够提供按需服务的网络资源池。具体来讲，其主要任务有两个：①通过云联邦，将资源池虚拟化，实现云服务对公用数据中心、企业数据中心、电信级数据中心的资源共享，优化用户体验；②基于云架构，为用户连接到这些虚拟资源提供高质量服务保证，实现网络资源的智能管控、调度、分发与迁移，以及跨 ISP 的高效互联互通。

第6章

iCity 高效的信息处理
控制平台建设

随着数据量的爆发式增长，数据科学和技术越来越受到人们的重视。以信息技术为支撑的数据科学正在深刻地改变着人们的生活和工作方式，推动着人类的进步和科技的发展。智能城市对城市各部分进行动态的检测和分析，实现对城市的动态感知。传统的信息处理控制平台已经不能满足当前的数据科学的要求，同时，传统的数据中心存在诸如架构不够灵活、管理成本过高、业务连续性不好等问题，数据量的井喷式增长等外界因素要求数据处理平台更加高效和智能。

云计算、SDN 等技术在改变着传统数据处理的方式和方法，使得数据批量处理的流程更加高效和快捷，而基于数据挖掘和数据分析的方法对数据中心的改进使得数据处理更加智能。

一、数据中心的发展背景

为顺应智能城市的发展需求，数据标准的制定和数据安全措施的完善都亟须社会各方力量来改进和完善。数据开放既是机遇又是挑战，如何应对该趋势、促进智能城市的发展是我国智能城市发展的重中之重。

（一）传统数据中心面临的挑战

传统数据中心延续的是竖井式的部署模式，各个应用系统互相孤立，不能共享计算资源，每个应用独占单台或多台计算设备。应用及其运行的平台和系统都与物理资源密不可分，对物理资源进行的操作将影响到应用的运行。数据量的爆炸式增长以及信息化应用的不断深入，促使 IT 技术与业务不断融合，同时传统的数据中心也正在不断升级、改造。但是，传统数据中心即使在扩容、改造后，仍然无法跟上时代的步伐。近年来，传统的数据中心消耗着大量的能源、空间和其他成本，并且消耗量日益膨胀，这促使传统数据中心面临着一场巨大的挑战，这些挑战主要来自以下六个方面（胡雄伟等，2013）。

1. 数据量急速膨胀

在大数据时代来临前，一般企业的数据量只有几 TB，然而随着信息化应用的不断深入以及数据、应用系统的逐步集中，一些企业的数据量已增长到几百 TB 甚至达到 PB 级，并且这样的企业仍然在增多。而且，由于很多法规都要求业务数据保存时间要长达数年，甚至有些行业企业的业务数据需要保存几十年，庞大的数据量和未来的增长需求使传统数据中心的场地和设备面临非常大的压力。很多企业的数据中心场地中已经塞满服务器，但还是远远不能满足未来的需求（马建勋，2014）。

2. 能耗压力

目前，在国内大部分数据中心的运营成本中，电费通常占数据中心实际运营成本的 70% 以上，而电费成本的大部分是被无效的空调用电消耗的。这导致数据中心的电源使用效率（power usage effectiveness，PUE，即数据中心消耗的所有能源与 IT 负载使用的能源之比）偏高，为 2.5 ~ 3，而国外高水平的绿色数据中心的 PUE 值往往小于 2。

另外，国内传统数据中心在物理环境方面往往存在以下几方面的问题：①整体布局不合理，制冷系统不能按实际设备的需要进行分配，导致总体能源浪费高且存在局部过热的问题；②在 IT 设备方面，IDC 的统计数据结果显示，亚太地区数据中心服务器电力消耗以每年 23% 的速度递增，远远超出世界平均增长水平 16%。

3. 管理成本压力

目前，除金融、电信等行业外，其他行业的大部分企业的数据中心面积都在几百平方米，上千平方米、上万平方米的数据中心非常少，而且大部分都紧邻办公区域，通过对办公环境进行简单装修而成。但为了保证这些小型数据中心的正常运行，企业同样需要配备发电机组、不间断电源

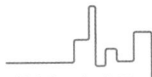

（uninterruptible power system，UPS）、灭火器、精密空调设备等，因此这种数据中心的运行成本非常高。

另外，多数企业的数据中心已经陷入了成本危机：一方面，能源成本高，电力和冷却能力低，无法满足新一代高密度服务器和存储设备的需求；另一方面，IT 基础设施容量受到场地和空间的严重制约。

4.　高可用性压力

目前，部分企业的数据中心服务器虽然多，但是利用率非常低，传统数据中心服务器的平均使用率还不到 30%。另外，大多数企业的数据中心都无法根据业务部门的需要做到快速、灵活、动态调配，因此，来自业务部门的压力以及数据中心本身的可用性压力与日俱增。

5.　合规压力

传统数据中心大多是基于 1993 年颁布的数据中心标准进行建设的，但是该标准早已过时，不符合新的发展形势和需要。如果按照国际上最新的数据中心标准衡量，国内绝大多数的数据中心都不符合标准。

国际上比较公认的 TIA/EIA-942 标准将数据中心分为四个等级，包括最低级 T1 级基础性数据中心和最高级 T4 级容错数据中心。如果以该标准来衡量数据中心，国内大部分数据中心都处在 T1 级和 T2 级，电力保障能力和可用性非常低。

6.　业务连续性压力

企业数据中心承载着大量的服务器、存储设备、应用系统和数据。但目前除了金融、电信、航空行业外，其他大部分行业的企业在灾难恢复时间目标和灾难恢复点目标上并没有严格的规定，也没有进行必要的信息系统灾难恢复建设。即使在那些已经进行信息系统灾难恢复建设的企业当中，很多企业也都只做了同城的灾难备份，缺乏预防和应对大规模、大范围灾难的能力。并且，部分企业缺乏专项的应急演练和灾难恢复预案的变更、维护，无法真正反映信息系统和数据中心的灾难恢复能力。如果遇到地震、海啸、洪水、火灾、电力中断等突发状况，这些企业的数据中心和信息系统能否快速恢复十分令人怀疑。

（二）数据中心的发展趋势

数据中心作为整个信息化建设的重要基础设施，其建设目标是要建成一个高速、开放、智能的计算机信息网络平台，公共服务体系和各种基础设施建设总体技术达到世界先进水平。到如今，数据中心建设主要经历了三个阶段。

（1）数据中心 1.0 时代。数据中心 1.0 时代主要是应用非常集中化的阶段。在本阶段，企业主要使用 IBM 主机系统和终端；信息系统是计算与存储一体化，计算资源与存储资源紧密结合在一起；存储和网络的关系并不大，但是系统在这一阶段遇到一些问题，例如，如何进行业务连续性保障（灾难备份），空间不够用时如何进行空间扩展，如何实现多系统间的统一数据管理共享。因此，随着信息技术的快速发展，一体化技术已经难以满足企业信息化发展的需求。

（2）数据中心 2.0 时代。数据中心 2.0 时代以分离为核心，主要为了解决 1.0 时代共享、保障、扩展等问题，主要在绿色环保、虚拟化和云计算、数据中心资源整合、数据中心模块化、加速数据中心灵活性等方面有着重要发展。在这一阶段，存储和计算已经分离为两个独立的部分，独立进行扩展和维护。在计算和存储分离之后，早期系统在容量、共享方面存在的问题可以得到一定程度的解决，并能提供一定的数据安全保护，但同时也带来了新的问题，例如：多种异构技术相互无法兼容；多套系统相互独立，难以统一管理，操作复杂；存储空间利用率仍然较低，多套系统间存储空间无法进行整合；为多套系统提供数据的保护成本较高，甚至无法实现；需要为服务器提供多种适配器才能够接入存储网络和前端网络，对电源和冷却造成压力，能耗很高。

（3）数据中心 3.0 时代。随着大数据时代的到来，数据中心中越来越多的设备需要执行大数据任务，所以新一代数据中心将要具备处理 PBps 级的数据能力，以确保计算、存储和网络的高吞吐量，适应多变的资源需求，全天候保证大型服务覆盖范围，并支持高并发访问以及快速部署和资源配置。
2014 年 7 月 23 日，华为香农实验室面向全球发布了的数据中心 3.0 架构白皮
书，其中指出现有数据中心应对未来大数据处理面临一系列挑战，主要包括
PBps 的实时数据处理、按需动态资源分配及调整、大规模系统的能效提升等
问题（徐继华等，2014）。

　　数据中心经过十几年的演变，已从最初的数据中心 1.0（紧密耦合的服务
器）时代进化到数据中心 2.0（软件虚拟化）时代，正在进入数据中心 3.0 时
代（见图 6.1）。

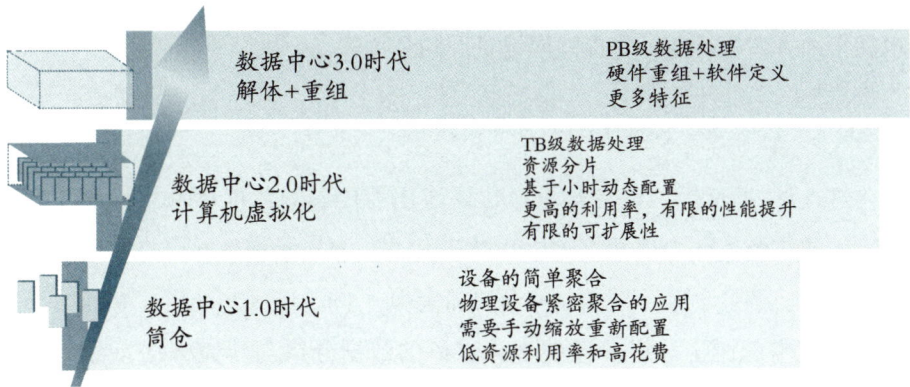

图 6.1　数据中心演变史

　　为了克服数据中心 2.0 在吞吐量、资源利用、可管理性和能源效率方面
的局限性，满足时下大数据的需求，数据中心 3.0 应运而生，它具备了以下
五个特点。

　　（1）面向大数据。数据中心 3.0 的设计概念不同于传统数据中心的集散
控制系统。数据中心 3.0 会提供优化快速的传输机制，实现海量数据的高度
并行处理，让大数据分析应用具备不同的特点。

　　（2）高适应性和高灵敏度。资源需求的变化促使大数据分析应用随之发
展，为此，应用程序资源使用的优先需要也将会不同。数据中心 3.0 对大数
据任务的变化和适应具有很高的灵敏度。

　　（3）智能管理。数据中心 3.0 涉及大量的硬件资源和高密度计算，需要
更高程度的智能化管理。此外，服务水平协议（service-level agreement，SLA）

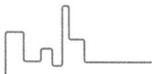

在数据中心复杂的计算里，也需要低开销的、自我运行的管理解决方案。

（4）高扩展性。大数据的应用程序需要在分布式控制系统中以高吞吐量、低时延的环境下访问。在同一时间里，高密度的数据通过分布式控制系统被纳入数据中心，所以需要足够的处理能力。

（5）开放的、基于标准和灵活的服务层。由于存储用户界面（user interface，UI）存在于不同的协议层，往往企业的输入输出没有统一的动态资源管理，导致无法动态分配资源。另外，基于抽象和分层的一般原则，SOA标准已被证明是有效的，这使得各种规模的企业和开发企业应用程序进行集成，从而匹配日益增长的业务需求和不断进步的技术需求。而软件定义网络也在帮助谷歌等行业巨头提高网络资源的利用率。

（三）智能城市数据中心的发展需求

进入 21 世纪后，以大数据、数据活化为代表的数据科学与技术开始受到人们的广泛关注。以数据为中心的研究方法与技术理念在信息、生物、能源、医药、社会学等不同的学科领域都得到了广泛应用与认可，并促成了大量科研成果的诞生。以信息技术为支撑的数据分析与研究方法正深刻地改变着传统科学探索的工作方式，成为人类科技发展与知识获取的一种新兴模式。在城市信息化浪潮与数据科学崛起的共同推动下，智能城市在全球范围内成为下一代城市化发展的新理念和新实践。智能城市是一种以新一代信息技术为基础，通过对城市各部分数据进行动态监测、分析、整合和利用，实现对城市生活环境的透彻感知、对城市资源的全面调控、城市中各个部分协调配合、城市方方面面便捷运作、人和城市之间和谐共赢的新型城市形态。世界各国尤其是欧、美、日、韩等发达国家和地区都在积极开展相关的理论研究与技术探索，发掘城市的数据资源，研发城市智能应用系统，开展相应的城市试点。在我国，从中央到地方也都在积极探讨发展和建设智能城市（李丹等，2014）。

智能城市是由多应用、多行业、复杂系统组成的综合体。多个应用系统之间存在信息共享、交互的需求，各个不同的应用系统需要共同抽取数据综

合计算和呈现综合结果。如此繁复的系统需要多个强大的信息处理中心进行各种信息的处理，要从根本上支撑庞大系统的安全运行，需要考虑基于云计算的网络架构，建设智慧城市云计算数据中心。云计算数据中心是智能城市的重要基础设施之一，云计算数据中心的建设应结合城市的实际情况，重点投入并打造高质量、开放式的云计算数据中心，打造符合城市实际需求的 IaaS 平台以提供虚拟计算和虚拟存储服务，不断积累经验并扩大云计算的应用范围。又由于主要为企业服务，还需同时着手考虑 PaaS 和 SaaS 平台的引入。

云计算数据中心的突出特点是具备大量的基础软硬件资源，实现了基础资源的规模化，提高了资源的利用率，降低了单位资源的成本。云计算中心的建设使我们能够有效整合计算资源和数据，支撑更大规模的应用，处理更大规模的数据，并且能够对数据进行深度挖掘，从而为政府决策、企业发展、公众服务提供更好的平台。云计算数据中心实现了资源的多租户应用，通过业务的历史统计信息，配合业务 / 资源调度管理，可以有效提高资源的利用率。云计算数据中心通过将数据集中存放，降低了数据在个人手中遗失或者泄露的风险。同时，云计算数据中心还采用了多种安全手段和容灾备份手段，保证数据不会丢失，也不会被非法篡改。

目前云计算数据中心正朝绿色、软件定义的方向发展，同时更加注重数据中心的互联以及对大数据的处理。建设大规模商业化云计算中心需要构建包括计算处理、数据存储、系统灾备、网络接入的共享资源池，以及集约建设、弹性扩展、动态配置资源、按需付费的商业模式，向公共管理、企业运营、行业服务等领域提供 IaaS，并支持 SaaS、PaaS 等业务构建。重点发展面向企业服务、物流交通、工业设计、文化创意、劳动社保、公共安全、科技教育、医疗卫生、城市管理、政务服务等领域的应用服务。图 6.2 给出了新一代数据中心的解决方案。

总之，目前全球许多城市都在进行智能城市的试点，我国已有近 50 个城市或地区提出了有关建设智能城市的目标，智能城市相关的市场规模也已超过 1 500 亿元。大量新城区的建设以及城市企业信息化发展的各类新趋势驱动了智能城市市场。随着城市化进程越来越高，我国已经从国家层面对智能城市建设提出了整体要求，智能城市是城市信息化向智能化发展的必经阶段，而由城市数字化到城市智能化，关键是要实现对数字信息的智能处理，其核心是引入大数据处理技术。大数据技术必将成为智能城市建设的新引擎。

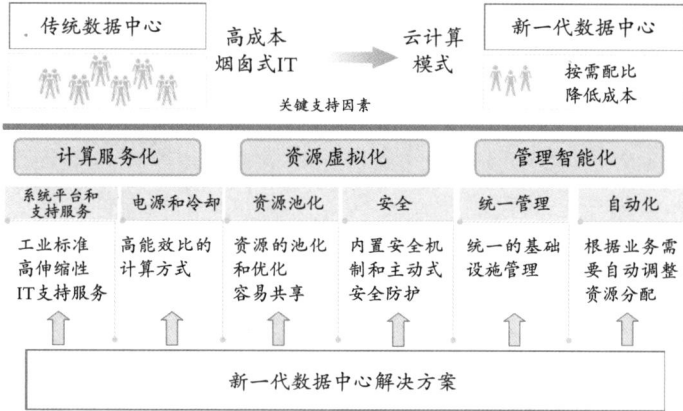

图6.2 新一代数据中心解决方案

二、面向大数据的新一代云计算数据中心

云计算可以将计算分布在大量的分布式计算机上，数据中心的运行能够让资源切换到需要的应用上，使用云计算所带来的便利。

（一）云计算数据中心

1. 云计算数据中心的构成

云计算数据中心本质上是由云计算平台和云计算服务构成的。云计算服务包括通过各种通信手段提供给用户的应用、软件、工具以及计算资源服务等；云计算平台包括用来支撑这些服务的安全可靠和高效运营的软硬件平台。通过云计算平台将一个或多个数据中心的软硬件整合起来，形成一种分层的虚拟计算资源池，并提供可动态调配和平滑扩展的计算、存储和网络通信能力，用以支撑云计算服务的实现。

云计算服务是云计算中心的外在实现，包括因特网、SaaS、PaaS、IaaS 等

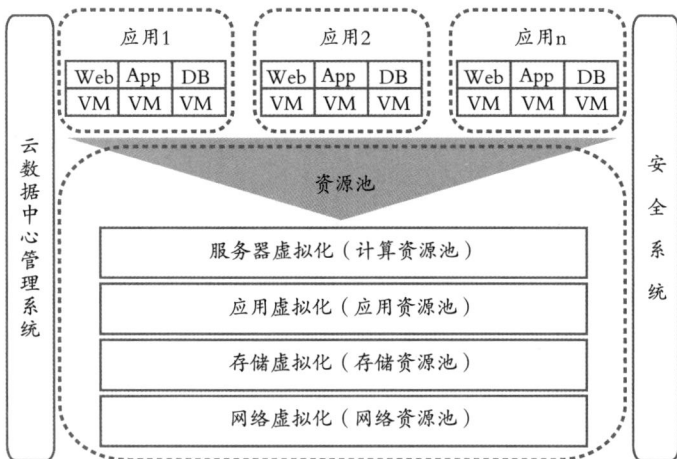

图 6.3　云计算平台逻辑拓扑

服务，其特点是无须前期投资、按需租用服务、获取方式简单、使用安全可靠等，不同规模的用户可以根据需要动态地扩展其服务内容。

云计算平台是云计算中心的内部支撑，处于云计算技术体系的核心，其逻辑拓扑如图 6.3 所示。它以数据为中心，以虚拟化和调度技术为手段，通过建立物理的、可缩放的、可调配的、可绑定的计算资源池，整合分布在网络上的服务器集群、存储群等，结合可动态分配和平滑扩展资源的能力，提供安全可靠的各种应用数据服务。云计算数据中心管理系统主要由统一门户、运维、服务管理、资源部署调度、资源管理等几个模块组成，其功能架构如图 6.4 所示。

2. 云计算数据中心的特点分析

自云计算出现以来，数据中心进入了一个新的时代——云计算数据中心，用户可以在任何时间通过多种接入方式获取数据中心的服务，包括计算服务、存储服务、平台服务和应用服务。云计算数据中心具有以下几个方面的特点。

（1）资源虚拟化。云计算数据中心的服务器、存储、网络等资源将以资源池形态出现，应用按需从资源池中提取或释放，资源利用率高，可实现快

图 6.4　云数据中心管理系统功能架构

速高效弹性扩展。

（2）模块化建设。云计算数据中心采用模块化建设模式，预装融合的服务器、存储、网络、应用软件、服务管理系统等，可大大减少数据中心的建设周期。

（3）智能化管理。云计算数据管理平台采用统一的管理界面，实现业务自动部署和 IT 系统主动管控，提供更多的用户自助功能、趋势和业务智能分析、基于知识库的专家建议等。

（4）安全可信。云计算数据中心的虚拟化通过隔离、数据加密等手段为应用提供较好的安全特性，提供的身份可信、服务可信、数据传输可信等。

因此，云计算数据中心提高了数据中心的资源利用率，降低了数据中心能耗，可以灵活应对业务高峰和低谷，提供快速的自助服务和按需付费服务。

3. 云计算数据中心的关键技术

云计算数据中心的构建集成了多种关键技术，主要包括以下几个方面。

（1）虚拟化技术

虚拟化技术的应用领域涉及服务器、存储、网络、应用和桌面等多个方面，不同类型的虚拟化技术从不同角度解决不同的系统性能问题。

□ 服务器虚拟化对服务器资源进行快速划分和动态部署，从而降低了系统的复杂度，消除了设备无序蔓延，并达到减少运营成本、提高资产利用率的目的。

□ 存储虚拟化将存储资源集中到一个大容量的资源池并进行统一管理，无须中断应用即可改变存储系统和数据迁移，提高了整个系统的动态适应能力。

□ 网络虚拟化通过将一个物理网络节点虚拟成多个节点以及将多台交换机整合成一台虚拟的交换机来增加连接数量并降低网络复杂度，实现网络的容量优化。

□ 应用虚拟化通过将资源动态分配到最需要的地方来帮助改进服务交付能力，并提高了应用的可用性和性能。

云计算数据中心利用上述虚拟化技术实现了跨越 IT 架构的全系统虚拟化，对所有资源进行统一管理、调配和监控，在无须扩展重要物理资源的前提下，简单有效地将大量分散的、没有得到充分利用的物理资源整合成单一的大型虚拟资源，使其能够长时间高效运行，从而使得能源和资源利用率达到最大化。

（2）弹性伸缩和动态调配

弹性伸缩可以从纵向和横向两个方面考虑。纵向伸缩性是指在同一个逻辑单元内增加资源来提高处理能力，例如在现有服务器上增加 CPU 或在现有的 RAID/SAN 存储中增加硬盘等。横向伸缩性是指增加更多逻辑单元的资源，并整合成一个单元来工作。而动态调配是根据需求的变化，对计算资源自动地进行分配和管理，实现高度"弹性"的缩放和优化使用，而使用者不介入具体操作流程。

（3）高效、可靠的数据传输交换和事件处理

数据传输交换和事件处理系统是云计算中心消息和数据的传输交换枢纽，不能仅采用组播协议来追求速度，也不能仅采用 TCP 来追求可靠性，而需要结合多种协议的优势，有效控制分布在网络上的众多组件之间的数据流向，保证数据通道的畅通性、信息交换的可靠性和安全性。同时，为了满足系统应用的多样性和业务实时性要求，设计中也要考虑点对点、点对多点、多点对多点等多种连接方式。

（4）海量数据的存储、处理和访问

分布式海量数据存储系统包括分别用来处理结构化和非结构化数据的分布式数据库和分布式文件存储两个子系统，以及一系列兼容传统数据库和存储产品的适配工具，保证在不同环境下实现海量数据的存储、访问、同步以及实时迁移、复制、备份等功能。

（5）智能化管理监控和"即插即用"式的部署应用

智能管理监控系统结合事件驱动及协同合作机制，对大规模计算机集群进行自动化智能的管理，它不仅为所有服务器上运行的软件服务提供自动部署、自动升级、自动配置、可视化管理和实时状态监控，而且还会根据环境和需求的变化或异常情况的出现，对其进行动态调度和自动迁移。同时在系统层面上对整个分布式集群的每个组成部分——无论是硬件还是软件——真正实现实时的、全自动化的"即插即用"式管理。

（6）并行计算框架

并行计算框架就是在整合大规模服务器集群的基础上，结合设计完整的网格计算框架，保证不同节点及单个节点不同进程间的协同工作能力，从而把分散的 IT 基础设施以结构化的方式整合在一起，实现具有高可靠性、高性能的强大的数据处理和计算分析能力。系统根据计算任务需求和相关的数据，自动安排和处理支撑分布式计算所需的复杂工作，解决诸如商业智能、经营分析、日志分析等各种需要强大计算能力的复杂 IT 问题。

（7）多租赁与按需计费

多租赁是指采用 SLA 设置手段，根据实际业务特点和需求，通过自定义策略对整个系统的性能和安全性进行优化配置，从而在不同的粒度上对系统所提供的资源进行处理，形成面向不同用户和不同使用目的、表现形态各异的特性服务。

按需计费是指在资源统一调配的基础上，通过监控管理机制保持对用户资源使用情况的跟踪和记录并实时反馈，以此实现用户资源使用计量和相关服务的付费，节省大量的建设费用和运维管理成本。

4. 云计算数据中心的实施过程

云计算数据中心的实施不是一个简单的软硬件集成项目，在实施之前需要谨慎评估和整体规划，充分考虑云计算数据中心的管理模式，并将未来的运营模式纳入整体规划中，这样才能充分发挥云计算平台的作用。

结合对云计算中心用户需求的调研和国外的实施经验，目前云计算数据中心基础架构实施主要分为以下五个阶段。

（1）规划阶段。要将云计算中心建设作为战略问题来对待，管理高层要给予极大的重视和支持，并明确每一阶段所要实现的目标，从业务创新和 IT 服务转型的高度进行规划和部署。

（2）准备阶段。根据本行业特性，充分了解用户采用云计算数据中心想要获得的服务与应用需求，并对云计算平台进行充分的评估，选择合适的技术架构。同时，充分考虑系统扩展和迁移的可操作性，保证基础设施平台技术的连续性和核心业务的连续性。

（3）实施阶段。资源虚拟化是云计算中心的基础。构建支持异构平台的虚拟化平台，可以满足安全性、可靠性、扩展性、灵活性等各方面的服务需求。

（4）深化阶段。在实现平台架构虚拟化的基础上，还要实现各种资源调度和分配的自动化，为全面管理和自助服务打好基础。

（5）应用和管理阶段。云计算的基本特征是开放性，云计算平台应能提供标准的应用程序编程接口（application programming interface，API）实现与现有应用兼容。所有的应用移植是渐进过程，云计算基础架构要很好地支撑核心应用，而并不仅仅是满足新增的需求。同时，云计算平台建设是个闭环的过程，需要不断进行改进。

（二）大数据技术概述

"大数据"这个术语最早期的引用可追溯到 apache.org 的开源项目 Nutch[1]。当时，大数据被描述为更新网络搜索索引需要同时进行批量处理或分析的大

---

[1] 详见 http://www.pattek.com.cn/solutionInfo-205.html。

量数据集。随着谷歌的 MapReduce 和 Google File System（GFS）的发布，大数据不仅限于描述大量的数据，还涵盖了处理数据的速度。

早在 1980 年，著名未来学家阿尔文·托夫勒便在《第三次浪潮》(*The Third Wave*）一书中，将大数据热情地赞颂为"第三次浪潮的华彩乐章"。不过，大约从 2009 年开始，"大数据"才成为互联网信息技术行业的流行词。2013 年，美国互联网数据中心指出，互联网上的数据每年增长 50%，每两年便翻一番，而目前世界上 90% 以上的数据是最近几年才产生的。此外，数据又并非单纯指人们在互联网上发布的信息，全世界的工业设备、汽车、电表上有着无数的数码传感器，随时测量和传递着有关位置、运动、震动、温度、湿度乃至空气中化学物质的变化，也产生了海量的数据信息。

相比于传统的数据仓库应用，大数据分析具有数据量大、查询分析复杂等特点。其主要具有四个方面的特点，业界将其归纳为 4 个"V"：①数据体量巨大（volume），如企业数据中心数据量从 TB 级别跃升到 PB 级别；②数据类型繁多（variety），包括短信文本信息、呼叫中心投诉信息、网络日志等结构化与非结构化数据；③处理速度快（velocity），大数据的 1 秒定律说的就是在秒级时间内即可从各种类型的数据中快速获得高价值的信息，这也是大数据技术和传统的数据挖掘技术有着本质不同的地方；④价值密度高（value），只要合理利用数据并对其进行正确、准确的分析，将会产生很高的价值回报。

大数据技术是指从各种各样类型的巨型数据中，快速获取有价值信息的技术。对大数据的处理可以定义为在合适工具的辅助下，对广泛异构的数据源进行抽取和集成，按照一定的标准统一存储结果。利用合适的数据分析技术对存储的数据进行分析，从中提取有益的知识，并利用恰当的方式将结果展现给终端用户。大数据的整个处理流程可以概括为四步：采集、导入和预处理、统计和分析、数据挖掘。大数据时代的到来对数据的存储、处理和分析提出了新的挑战，但总的发展趋势是通过分布式计算来解决"瓶颈"问题。以 MapReduce 和 Hadoop 为代表的非关系数据分析技术凭借其适合非结构处理、大规模并行处理和简单易用等优势成为主流技术。

1. Hadoop

Hadoop 不仅是一个分布式计算架构，更是一个可扩展的生态系统（见图 6.5），像 IBM、EMC、亚马逊、微软、Oracle 等大型 IT 公司都已经有了基于 Hadoop 的商业化大数据产品。虽然现在还有比 Hadoop 更先进的分布式架构（如 Dremel、DataFlow 等），但也都是基于 Hadoop 的改进升级。因此，Hadoop 是大数据的基础，基础稳固与否决定着未来能走多远。

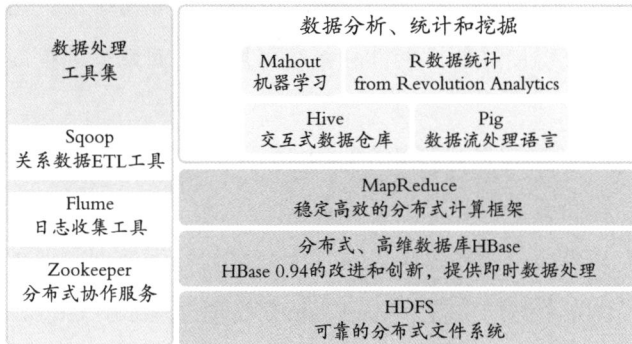

数据处理 工具集	数据分析、统计和挖掘	
	Mahout 机器学习	R 数据统计 from Revolution Analytics
	Hive 交互式数据仓库	Pig 数据流处理语言
Sqoop 关系数据ETL工具	MapReduce 稳定高效的分布式计算框架	
Flume 日志收集工具	分布式、高维数据库HBase HBase 0.94的改进和创新，提供即时数据处理	
Zookeeper 分布式协作服务	HDFS 可靠的分布式文件系统	

图 6.5　Hadoop 系统架构

Hadoop 是一个大家族，是一个开源的生态系统，是一个分布式运行系统，是基于 Java 编程语言的架构。它最高明的技术是 Hadoop 分布式文件系统（hadoop distributed file system，HDFS）和 MapReduce，使得它可以分布式处理海量数据。

2. MapReduce

MapReduce 是非关系数据管理技术的代表。关系数据库技术已成为一门成熟的、仍在不断演进的主流数据管理和分析技术。关系数据管理技术的主流应用包括联机事务处理（on-line transaction processing，OLTP）应用、联机分析处理（on-line analytical processing，OLAP）应用、数据仓库等。结构化查询语言(structured query language，SQL）作为存取关系数据库系统的语言，得到了标准化，经过不断扩充，其功能和表达能力不断增强。但是，关系数据管理技术在大数据时代丧失了互联网搜索这个机会，其主要原因是关系数据管理系统（并行数据库）的扩展性遇到了前所未有的障碍，不能胜任大数据分析的要求。面向超大数据的分析需求，纵向扩展（scale-up）系统（即通过增加或者更换 CPU、内存、硬盘以扩展单个节点的能力）终将遇到瓶颈；而横向扩展（scale-out）系统（即通过增加计算节点连接成集群，并且改写软件，使之在集群上并行执行）才是经济的解决办法。使用大规模集群实现大数据的管理和分析，需要应对的挑战很多，其中，系统的可用性处于非常重要的位置。在分布式系统中，一致性、可用性、容错性三者不可兼得，追求其中两个目标必将损害另外一个目标。并行数据库系统追求高度的一致性和容错性，无法获得良好的扩展性和系统可用性，而系统的扩展性是大数据分析的重要前提。

2004 年，谷歌公司最先提出 MapReduce 技术，作为面向大数据分析和处理的并行计算模型，引起了工业界和学术界的广泛关注。MapReduce 最初致力于通过大规模廉价服务器集群实现大数据的并行处理，把扩展性和系统可用性放在了优先考虑的位置。MapReduce 处理过程如图 6.6 所示。

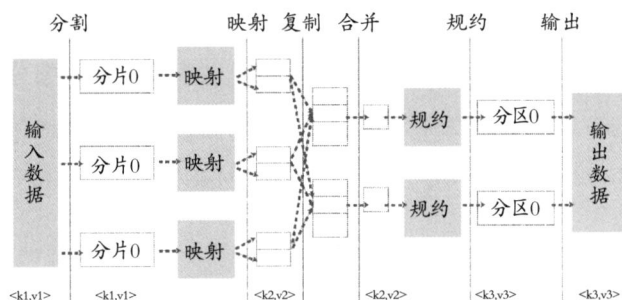

图 6.6　MapReduce 处理过程

MapReduce 技术框架包含三个层面的内容：分布式文件系统、并行编程模型和并行执行引擎。

分布式文件系统运行于大规模集群之上，集群由廉价的机器构建。数据采用键 / 值对（key/value）模式进行存储。整个文件系统采用元数据集中管理、数据块分散存储的模式，通过数据的复制（每份数据至少 3 个备份）实现高度容错。采用大块存储（64MB 或者 128MB 为 1 块）的办法，可方便地对数据进行压缩，节省存储空间和传输带宽。

并行编程模型把计算过程分解为两个主要阶段：Map 阶段和 Reduce 阶段。Map 函数处理键 / 值对，产生一系列的中间键 / 值对；Reduce 函数用来合并所有具有相同键值的中间键 / 值对，计算最终结果。复杂的任务可以转换为多轮 MapReduce 任务执行。

MapReduce 技术是一种简洁的并行计算模型，它在系统层面解决了扩展性、容错性等问题，通过接受用户编写的 Map 函数和 Reduce 函数，自动地在可伸缩的大规模集群上并行执行，从而可以分析和处理大规模的数据。

MapReduce 运行框架结构如图 6.7 所示，MapReduce 作业的执行涉及四个独立的实体。

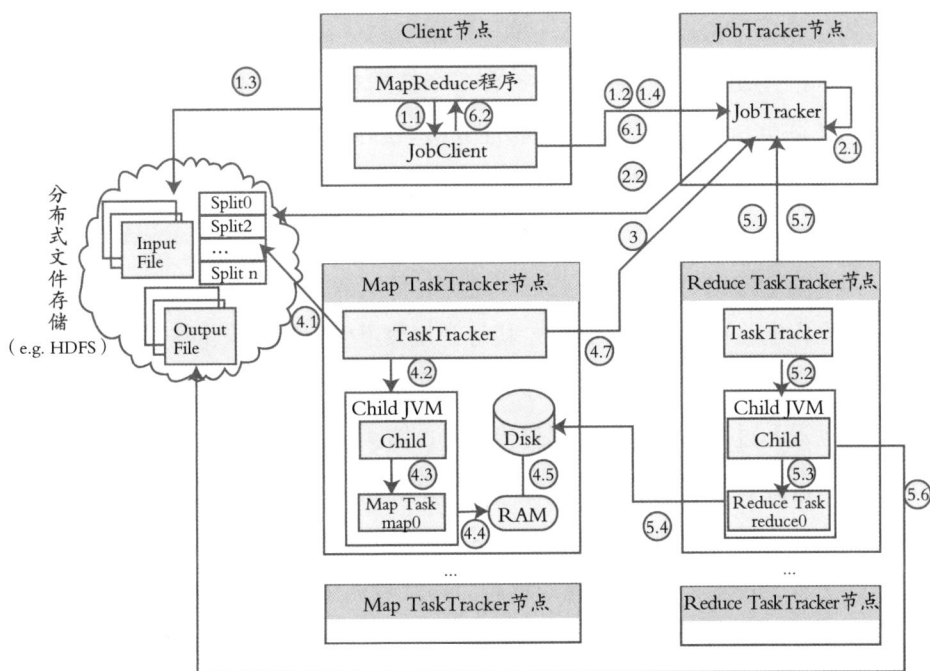

图 6.7 MapReduce 运行框架结构

①客户端（client）：编写 MapReduce 程序，配置作业，提交作业；②JobTracker：初始化作业，分配作业，与 TaskTracker 通信，协调整个作业的执行，同时负责资源调度；③TaskTracker：保持与 JobTracker 的通信，在分配的数据片段上执行 Map 或 Reduce 任务；④HDFS：保存作业的数据、

配置信息等，保存最后的作业结果。

（三）面向大数据的云计算数据中心建设

随着物联网、大数据、云计算等现代化信息技术的高速发展，几乎所有在建的智能城市及多数大中型企业机构已有的数据中心平台只能够满足日常业务的需求，大数据时代对传统数据中心的数据存储能力、数据处理能力、数据交换能力、数据展现能力以及数据挖掘能力都提出了更高的要求，从而对传统数据中心提出了新的挑战。

1. 大数据时代数据中心面临的挑战

传统数据中心商务智能专注单一数据集的分析处理，这造成了不同类型数据之间的割裂。而大数据分析聚合多个数据集，注重不同类型数据的融合集成与关联分析，是一种综合关联性分析。因此，传统数据中心分析处理架构已无法适应大数据时代的分析要求。大数据时代的数据中心具有如下几个方面的要求。

（1）非结构化数据的重要性越来越大。传统数据中心的数据一般来源于用户通过个人电脑、移动终端、POS 机等常规渠道生成的结构化数据，而大数据时代的数据类型多样化，半结构化数据和非结构化数据呈现爆发式增长，且增长速度远远超过结构化数据。通过传感器、监测仪、机读仪器等机器设备产生的天气、位置、音频、文本等海量复杂数据越来越多，企业开始使用这些数据来改进产品、提高效率、寻找缺陷，这类数据的重要性将会越来越大。

（2）数据的时效性要求越来越高。传统数据中心的数据更新周期基本为日、周、月，辅以少量的实时数据更新，商务智能也基本以日、周、月、季度和年为时间维度分析静态数据。大数据时代对数据的处理速度和数据的时效性提出了更高要求，而当今社会日益加剧的商业竞争让每个企业都希望能通过实时分析报表和结果数据随时掌握企业运营状况，并迅速做出决策和判断。以电力电量平衡测算为例，需要实时采集电网数据并实时分析、计算，快速测算结果，反馈至电力调度部门，从而进行有序用电执行预案的实时决策。如果相关数据获取不及时，则会大大影响调度部门对有序用电的分析和决策。

（3）大数据改变数据分析模式。传统数据分析以结构化数据分析为主，业务分析更是以被动式信息接受为主。在大数据时代，随着数据的累积和增加，可做的分析和对比也越来越多。通过对大量的数据进行分析，从而揭示数据之间隐藏的关系、模式和趋势；通过结构化数据、半结构化数据、非结构化数据的融合关联分析，实现文本分析、数据挖掘、图形分析、空间分析等数据分析模式，为决策者提供不同角度、不同形式的分析判断依据。

（4）大数据影响信息基础架构。目前电力企业数据中心主要由以 Unix 为代表的操作系统服务器硬件平台、以 Oracle 关系型数据库为代表的企业级数据存储平台和以数据仓库（business warehouse，BW）与业务对象（business object，BO）为代表的企业级商务智能分析平台组成。

IDC 预测，到 2020 年，全球所有 IT 部门拥有服务器的总量将会比现在多出 10 倍（包括虚拟机和物理机），所管理的数据将增长 50 倍，而 IT 管理人员的总数增长幅度仅仅只会向上浮动 1.5 倍。大数据高效存储、有效提取的需求正在敦促传统数据中心向满足云计算应用条件的数据中心转型。

2. 大数据时代数据中心必备的能力

针对大数据时代对传统数据中心所提出的挑战，建设新一代数据中心要着重面向大数据处理技术，重点建设数据中心的数据存储能力、处理能力和挖掘能力。

（1）数据中心的大数据存储能力。存储能力是数据中心的核心基础能力，是数据中心数据访问的最终承载。数据有很多分法：有结构化、半结构化、非结构化，也有元数据、主数据、业务数据，还可以分为 GIS、视频、文件、语音、业务交易类。传统的结构化数据库已经无法满足数据多样性的存储要求。存储虚拟化架构可以实现对不同结构的存储设备进行集中化管理，统一整合形成一个存储池，向服务器层屏蔽存储设备硬件的特殊性，虚拟化形成统一的逻辑特性，从而实现存储系统集中、统一而又方便的管理。云存储的技术部署，通过集群应用或分布式文件系统等功能，使网络中大量各种不同类型的存储设备通过应用软件集合起来协同工作，共同对外提供数

据存储和业务访问功能的一个系统，保证数据的安全性，并节约存储空间。新一代数据中心要运用云存储、虚拟化存储、大数据等相关技术，支撑起多样海量数据类型的存储能力。

（2）数据中心的大数据处理能力。大数据的处理模式分为流处理和批处理两种。流处理是直接处理，批处理是先存储再处理。流处理将数据视为流，源源不断的数据形成数据流。当新的数据到来时，立即处理并返回所需的结果。大数据的实时处理是一项极具挑战性的工作，数据具有大规模、持续到达的特点。因此，如果要求实时处理大数据，必然要求采用分布式的方式，在这种情况下，除了应该考虑分布式系统的一致性问题，还将涉及分布式系统网络时延的影响，这都增加了大数据流处理的复杂性。建设数据中心的数据处理能力，要重点解决数据存储出现分布式后带来的数据处理上的复杂度，满足海量存储带来的数据处理的时效性要求，这些都是数据处理层要解决的问题。

（3）数据中心的大数据挖掘能力。新一代的数据中心不仅要提高数据中心存储处理能力，还要具有大数据分析与挖掘能力，通过算法从大量的数据中挖掘隐藏于其中的信息与知识。大数据分析包括五个基本方面。①可视化分析：可视化可以直观地展示数据，让数据自己说话，让观众听到结果。②数据挖掘算法：通过集群、分割、孤立点分析以及其他的算法进入数据内部，挖掘价值，这些算法不仅要处理大数据的量，也要处理大数据的速度。③预测性分析能力：预测性分析可以让分析员根据可视化分析和数据挖掘的结果做出一些预测性的判断。④语义引擎：由于非结构化数据的多样性带来了数据分析的新的挑战，需要一系列的工具去解析、提取、分析数据。⑤数据质量和数据管理：数据质量和数据管理是一些管理方面的最佳实践，通过标准化的流程和工具对数据进行处理，可以保证一个预先定义好的高质量的分析结果。

建设面向大数据处理的未来云计算数据中心要以绿色节能为宗旨，建设绿色数据中心。随着数据中心大规模海量数据的存储与处理能力的发展，如何保证数据中心绿色节能是一个很大的议题。现阶段，我国提倡创新发展模式，将节能减排作为加快经济转型和经济增长方式，可持续发展已成为我国的基本国策。因此，构建绿色数据中心可以提高 IT 设备的使用效率并有效降低电力消耗，进而达到节能的目的。建设面向大数据的新一代云计算数据中心要兼顾发展与绿色节能。因此，绿色数据中心是数据中心发展的必然趋势要求。

在大数据背景下，企业级数据中心体系结构如图 6.8 所示。总体结构分四层，其中，横向分为数据聚合层、数据服务层和开放式应用层，纵向为数据管理层。该企业级数据中心与内外部各系统双向互通，为企业内外部用户业务创新和业务增值创造条件。同时，该体系结构充分考虑了数据协同、系统协同、专业部门协同，适应大数据背景下企业的差异化分析需求。

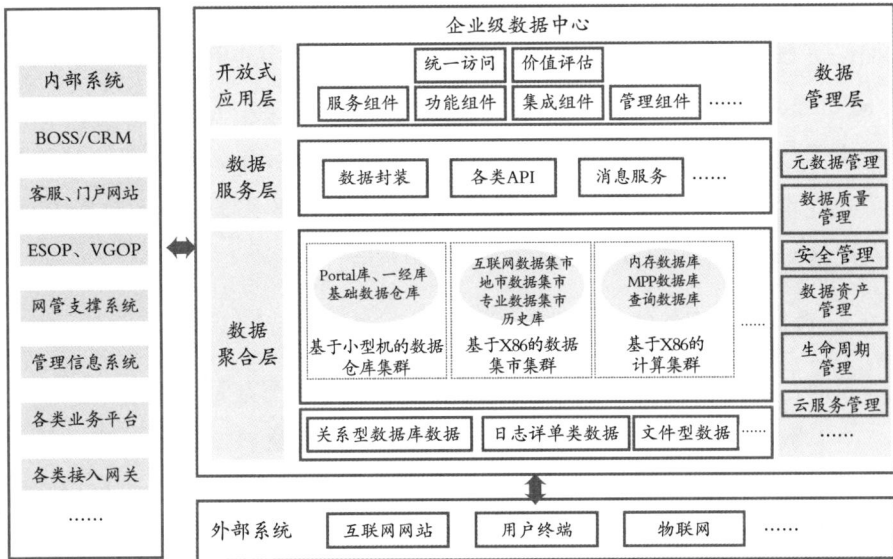

图 6.8 企业级数据中心体系结构

三、基于 SDN 技术的云计算数据中心网络

由于以云计算为基础的数据中心网络快速发展，并且国内运营商和互联网企业建设的数据中心规模与数量十分庞大，基于 SDN 技术的云计算数据中心网络越来越多地被用来改善数据中心互联的问题。

（一）数据中心网络建设

互联网的高速发展，促使互联网数据中心也迅速发展，尤其作为云计算的基础设施，数据中心在近年来得到学术界和工业界的关注。数据中心网络是连接数据中心大规模服务器进行大型分布式计算的桥梁，更是研究热点中的热点。主要原因有：①云计算的核心价值之一在于大数据的集中处理；②云计算的另一重要特点是资源的统计复用，因此虚拟化技术在云计算中尤其重要；③作为可控可管的大规模网络环境，云计算数据中心为网络技术发展提供了良好的创新平台。

在标准化工作方面，国际互联网工程任务组（The Internet Engineering Task Force，IETF）成立了以数据中心网络为主要应用场景的工作组 SDN（Software Driven Networks），IEEE 也成立了针对数据中心网络的任务组 DCB（Data Center Bridge）。在工业界，思科、瞻博（Juniper）、华为等设备厂商先后推出了数据中心交换机产品；亚马逊、谷歌、微软、Facebook 等云计算提供商也在世界各地修建能容纳数万台甚至数十万台服务器的大型数据中心，并在网络架构、性能示范等方面进行了大胆革新。

1. 数据中心网络的研究现状

目前，数据中心网络的研究现状主要包括以下几个方面。

（1）数据中心网络拓扑设计。传统数据中心网络普遍采用树型拓扑方案。典型的拓扑由三层交换机互联构成，分别是接入层交换机、汇聚层交换机和核心层交换机。但实践证明，这种拓扑方案已经不能很好地适应当前云计算数据中心的业务需求，主要原因有：①树型拓扑对顶层网络设备的要求高，尤其当网络规模较大时；②网络存在单点失效问题，容错性差；③树型拓扑的网络带宽不足，无法较好地支持以"东西流量"为主的数据中心分布式计算。当前提出的新型数据中心网络拓扑方案可以分两类，分别是以交换机为核心的拓扑方案和以服务器为核心的拓扑方案。其中，在以交换机为核心的拓扑中，网络连接和路由功能主要由交换机完成。在以服务器为核心的拓扑中，主要的互联和路由功能放在服务器上，交换机只提供简单的纵横式

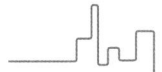

（crossbar）交换功能。

（2）数据中心网络传输协议。当前数据中心网络仍然广泛采用 TCP 传输数据。但一方面由于数据中心网络应用的特殊性，在特定情况下 TCP 会遭遇性能急剧下降（典型的现象是 TCP incast）；另一方面，数据中心网络链路资源比互联网丰富很多，而传统的单路径传输层协议不能很好地利用拓扑中丰富的链路资源，导致网络资源的浪费。此外，数据中心不同的应用可能需要不同的传输协议，为数据中心特定应用定制相应的传输协议，这也是近来的研究热点。与此同时，数据中心网络的很多应用都具有典型的组通信模式（如分布式文件存储系统、软件升级等），而组播技术在互联网部署时遭遇的缺乏合理计价机制、安全性不足等问题在数据中心的集中可控环境中不复存在，因此数据中心也为组播提供了一个很好的应用平台。目前数据中心网络的设计趋势是使用低端交换机进行网络互联，而用户需求可能导致大量的组播组，超过低端交换机的硬件限制。此外，云计算服务的服务质量需求对组播数据传输的可靠性也提出了较高的要求。

（3）数据中心无线通信技术。由于传统数据中心普遍采用以太网静态链路和有线网络接口，大量的高突发流量和高负载服务器会降低数据中心网络的性能，而无线网络的广播机制可以顺利克服这些限制。把 60GHz 无线通信技术应用在数据中心网络还有其他几个优势：① 7GHz 的可用频谱（57GHz ～ 64GHz）使 60GHz 无线通信技术能够提供 Gbps 量级速度的多条链接；② 60GHz 频段在减少无线信号干扰的同时也减少了被监听的机会；③无线网络更益于数据中心网络的扩容和提升；④无线网络可以按需建立，它能动态改变数据中心网络的拓扑结构，使其更适合当前的网络环境。

（4）数据中心网络虚拟化。数据中心有海量的计算和存储资源。随着技术的进步，计算资源和存储资源已经分别完成虚拟化。通过虚拟机技术，云计算租户（tenant）可以使用数据中心的计算资源而不用担心物理计算机的管理、维护和升级。通过网络存储技术，用户可以在数据中心存储几乎无限量的数据，而不用担心数据的备份和安全。通过这种计算和存储的虚拟化，按需使用、按需付费的理念正在变成现实，并成为未来人们使用数据中心的主要方式之一。数据中心网络虚拟化面临的技术挑战主要包括如下几个方面。①虚拟网络隔离。出于安全考虑，不同租户的虚拟机所形成的虚拟网络需要进行隔离，属于不同虚拟网络的虚拟机在缺省配置下应不能互相通信。不同租户可能使用相同的 IP 地址或 MAC 地址。②虚拟机迁移。为适应数据中心资源共享和服务器整合的需要，虚拟机应该具备实时迁移的能力。基于二层网络的虚拟机迁移方案受二层网络的规模限制，难以扩展；基于三层网络的传统移动 IP 机制实现开销过大，难以适应大规模数据中心较为频繁的虚拟机实时迁移。③带宽共享和保障。由于不同的虚拟网络共享同一个物理网络，设计公平而高效的带宽共享机制非常重要。

（5）数据中心网络节能机制。数据中心日益增长的规模虽然满足了用户的需求，但同时大幅增加了数据中心网络的能耗。据思科公司提供的数据，2009 年，美国境内所有的数据中心网络支付的电费高达 33 亿美元。目前对数据中心网络节能机制的研究成果大致可以分为两类：通过降低硬件设备的能耗达到节能目的和通过设计新型的路由机制降低能耗。

2. 数据中心网络面临的要求

数据中心规模的快速增长以及云计算的部署，在网络的管理、业务的支撑、绿色节能等方面对数据中心网络提出了很高的要求。

（1）集中高效的网络管理要求。大型云计算数据中心普遍具有数万台物理服务器和数十万台虚拟机。如此大规模的服务器群需要数千台的物理网络设备、数万台的虚拟交换机（vSwitch）进行连接和承载。这样大规模的数据中心网络需要集中统一管理，以提高维护效率；需要快速的故障定位和排除，以提高网络的可用性。

（2）高效灵活的组网需求。云计算数据中心网络规模大，组网复杂。在网络设计时，为了保障网络的可靠性和灵活性，需要设计冗余链路和保护链路，部署相应的保护机制。在现有数据中心组网中大量采用的虚拟路由器冗余协议（virtual router redundancy protocol，VRRP）、双链路上联、最短路径树（shortest path tree，SPT）等技术，存在着网路利用率低、容易出现故障、仅能实现局部保护等问题。

（3）虚拟机的部署和迁移需求。云计算数据中心部署了大量的虚拟机，并且虚拟机需要根据业务的需要进行灵活的迁移。这就要求数据中心网络能够识别虚拟机，根据虚拟机的部署和迁移，灵活配合部署相应的网络策略。

（4）虚拟多租户业务支撑要求。云计算数据中心需要为用户提供虚拟私有云租用服务，租户可以按需配置自己的子网、虚拟机 IP 地址、访问控制列表（access control list，ACL），管理自己的网络资源。这就要求数据中心网络支持虚拟多租户，支持大量的租户部署，实现租户的隔离和安全保障。

（5）全面的数据中心 IaaS 要求。在云计算数据中心中，云计算技术的引入实现了计算资源和存储资源的虚拟化，为用户提供了计算资源和存储资源的 IaaS 服务。但目前网络资源还无法虚拟化按需提供，难以提供"计算资源 + 存储资源 + 网络资源"的全面 IaaS 服务。

3. 数据中心网络的技术方案

为解决以上数据中心面临的问题，各方提出了很多的技术方案，以下是若干有针对性的技术方案。

（1）多链接透明互联（transparent interconnection of lots of links，TRILL）技术与最短路径桥接（shortest path bridging，SPB）技术。TRILL 技术和 SPB 技术最初主要针对数据中心的多路径转发和灵活部署的需求，解决数据中心部署 SPT 带来的链路利用率降低、网络稳定性降低、部署三层路由等复杂性问题。TRILL 技术和 SPB 技术基于中间系统到中间系统（intermediate system-to-intermediate system，IS-IS）协议实现链路计算，从而避免了环路；采用等价多路径技术，实现了多路径转发，保证负载均衡，从而提高了网络利用率和可靠性，使得网络部署更加灵活。但 TRILL 技术和 SPB 技术并没有考虑如何解决网络的集中管理、虚拟机的部署和迁移、IaaS 等问题。

（2）边缘虚拟桥（edge virtual bridging，EVB）技术。EVB 技术，由 IEEE 802.1Qbg 所定义，制定了边缘中继、虚拟边缘网桥以及虚拟边缘端口聚合器技术，可满足多虚拟机的标识和承载以及虚拟机部署的需求；同时 EVB 还通过 VMware 数据保护（VMware data protection，VDP）等协议支持虚拟机动态创建和迁移的发现，以及相应网络参数的自动配置，满足虚拟机动态迁移的需求。但 EVB 技术无法解决数据中心集中化管理、多路径转发、虚拟多租户、IaaS 等问题。

（3）虚拟可扩展局域网（virtual extensible local area network，VXLAN）技术。VXLAN 技术是为了解决数据中心虚拟多租户和虚拟机迁移的问题而设计的。VXLAN 技术采用了 L2 over L3 技术，在原有的数据报文封装中增加了 VXLAN 封装，并增加了 IP 封装，使得原有的 L2 报文可以穿越 L3 网络，扩大了二层网络的范围，使得虚拟机迁移可以灵活跨越三层部署。同时，VXLAN 封装大大扩展了租户 ID 字段，避免了采用虚拟局域网（virtual local area network，VLAN）方式受到 4K 容量的限制。但是，VXLAN 技术在设计时，并没有过多地考虑网络集中化管理、IaaS 等问题。

（4）通用路由封装的网络虚拟化（network virtual generic routing encapsulation，NVGRE）技术。NVGRE 技术也是为了解决数据中心虚拟多租户和虚拟机迁移的问题应运而生的。虽然同样采用 L2 over L3 的方式，但与 VXLAN 技术不同，NVGRE 技术采用通用路由封装（generic routing encapsulation，GRE），通过租户 ID 与 GRE 隧道对应的方式，实现租户虚拟多租户业务承载。NVGRE 技术也缺少对网络集中化管理、IaaS 等问题的考虑。

可见，目前主要的数据中心网络技术，主要是针对数据中心的特定需求而设计的，只能解决部分问题，还只停留在"头痛医头，脚痛医脚"的层面，尚无一种技术能全面满足数据中心网络的需求。

（二）基于 SDN 的未来数据中心网络建设

目前国内运营商和互联网企业建设的数据中心规模与数量均很庞大，不少企业、行业对数据中心的互联表现出比较强烈的需求，这刺激了包括 SDN 在内的一系列用于改善数据中心互联问题的新技术。

其中，大型的互联网公司、电信运营商均表现出非常强烈的数据中心互联需求，比如腾讯、阿里巴巴、中国电信等。主要的业务需求主要集中在多数据中心的资源整合和统一优化、网络流量的优化、业务的灵活疏导和备份、数据中心容灾等方面。

SDN 具有集中控制、网络虚拟化和网络开放化的特点，很好地契合了数据中心互联的需求。①集中控制真正体现了数据中心物理分散、逻辑集中的需求，真正实现了统一的控制和集中的优化；②网络虚拟化的特点可以让数据中心互联业务获得更多的网络和服务的创新；③网络开放化可以让数据中心互联应用创新更加便捷。

1. 基于 SDN 的未来数据中心网络方案

基于 SDN 的未来数据中心网络的典型方案如图 6.9 所示。基于 SDN 的未来数据中心网络方案主要有三大组件：SDN 控制器、VM 管理器和数据中心（data center，DC）管理器。其中，SDN 控制器主要用于实现对网络设备（包括驻留在服务器的 vSwitch）的集中管理和控制；VM 管理器主要用于实现 VM 的管理，包括 VM 的创建、部署和迁移等；DC 管理器主要用于实现整体的协同和控制，主要实现 VM 管理器与 SDN 控制器的协同，以及数据中心计算资源、存储资源、网络资源的统一协调和控制。此外，虚拟机监控（virtual machine monitor，VMM）负责管理虚拟机的资源，并拥有所有虚拟机资源的控制权，包括切换虚拟机的 CPU 上下文等。

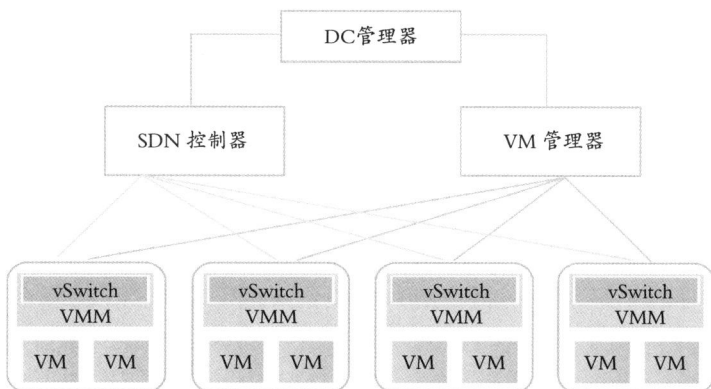

图 6.9　基于 SDN 的未来数据中心网络的典型方案[1]

基于 SDN 的未来数据中心网络方案主要有以下特点和优势。

（1）集中高效的网络管理和运维。SDN 采用转发与控制分离、控制逻辑

---

[1]　图示架构来自中兴通讯基于 SDN 的未来网络数据中心方案。

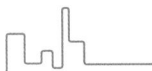

集中的方式，由 SDN 控制器实现网络的集中全面控制。SDN 控制器拥有全网的静态拓扑，能动态转发信息，可实施全网的高效管理和优化，更有利于网络故障的快速定位和排除。例如，可开发专用的故障诊断工具，实时模拟网络的实际转发过程，可实现故障的快速定位和处理，极大地提高运维效率。

（2）灵活组网与多路径转发。基于 SDN 的数据中心网络采用统一的 SDN 控制器实施控制，网络的转发规则和动作由 SDN 控制器统一控制和下发，能有效避免环路，能根据业务的需求，通过转发流表的控制，实现多路径转发和负载均衡，大幅提高网络的可靠性和利用率。

（3）智能的虚拟机部署和迁移。虚拟机的部署和迁移需要网络的配合。在基于 SDN 的未来数据中心网络方案中，通过 SDN 控制器、VM 管理器和 DC 管理器协同实现虚拟机的智能化部署和迁移。当某台虚拟机需要迁移时，VM 管理器首先感知到此需求，并向 DC 管理器发出请求，提出网络配合请求；DC 管理器收到网络配合请求后，向 SDN 控制器发送网络配合请求；SDN 控制器实施网络控制，将相应的网络策略下发到虚拟机迁移的目的网络设备，并撤销虚拟机原来所在网络设备对应的网络策略，从而实现了虚拟机和网络的无缝协同，实现了虚拟机迁移的自动化和智能化。

（4）海量虚拟租户支持。针对海量租户的承载需求，中兴通讯基于 SDN 的未来数据中心解决方案采用扩展标签的方式，利用现有的多协议标签交换（multi-protocol label switching，MPLS）实现租户的标识，20bit 的 MPLS 可满足超大容量的租户承载需求。同时，SDN 控制器可实现租户的隔离，为租户提供虚拟网络视图、资源控制和安全保障。

（5）"计算＋存储＋网络"的 IaaS 服务。基于 SDN 控制器，可实现网络资源的虚拟化；同时结合 DC 管理器实现了 SDN 控制器与 VM 管理器的协同，从而实现了计算资源、存储资源与网络资源的无缝协同，向用户提供按需的"计算＋存储＋网络"的 IaaS 服务。

2. B4 网络架构

在全球范围内，SDN 助力数据中心互联已成趋势，例如谷歌就已采用了 SDN 统一控制和优化的特点，实现了多数据中心之间网络利用率的大幅提升，从而大大降低了数据中心互联网络的建设和维护成本。

谷歌后端网络的增长迅速超越了其前端面向用户的网络。这种增长非常昂贵，因为网络并不能像存储和计算一样以符合成本效益的方式来扩展。计算和存储的运营成本会随着规模的扩展而更加便宜，但网络并不是如此。谷歌选择 SDN 的理由主要有三点：①通过从软件分离硬件，该公司可以基于所需的功能选择硬件，同时能够对软件时间线进行创新和部署；②它提供逻辑上的集中控制，这将会更具确定性、高效性和容错性；③自动化允许谷歌分离、监控、管理和操作。

谷歌基于 SDN 的 B4 网络架构如图 6.10 所示。B4 网络一共分为三个层次：物理设备层（switch hardware）、局部网络控制层（site controllers）和全局控制层（global）。一个区域（site）就是一个数据中心。第一层的物理交换机（OFA switch）和第二层的控制器在每个数据中心的内部出口的地方都有部署，而第三层的 SDN 网关和流量工程（traffic engineering，TE）服务器则是在全局进行统一的控制。

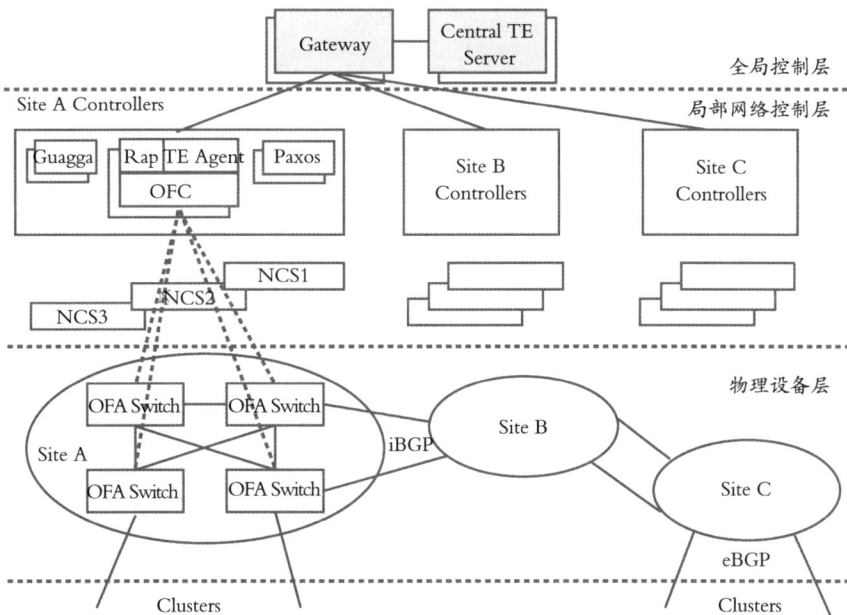

图 6.10　谷歌基于 SDN 的 B4 网络架构

经过 B4 项目的改造后，谷歌数据中心网络的链路带宽利用率提高了 3 倍以上，接近 100%，链路成本大大降低。网络更稳定，对路径失效的反应更快，管理大大简化，也不再需要交换机使用大的缓存来存储数据包。

3. Smart TE

Smart TE 是华为采用 SDN 架构实现的一套集中式流量工程（TE）管理数据中心互联（data center interconnect，DCI）多租户流量路径的系统（见图 6.11），采用全新的开放约束路由算法，结合全局资源信息与全局需求信息，计算出全网最优的流量路径部署方案。

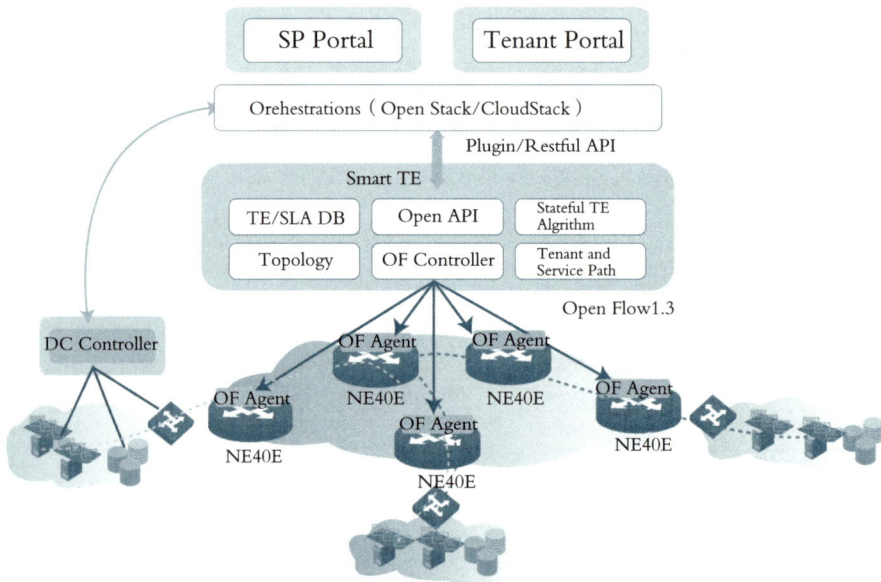

图 6.11　Smart TE 架构

4. 虚拟私有云

虚拟私有云（virtual private cloud，VPC）是一个公共云计算资源的动态配置池，需要使用加密协议、隧道协议和其他安全程序，在民营企业和云服务提供商之间传输数据。一个 VPC 基本上把提供商的多租户架构变成单租户架构。

虚拟私有云在概念上类似于虚拟专用网（virtual private network，VPN）。一个 VPN 可以被用于公共网，比如在互联网上通过专用隧道发送数据，该隧道中不能输入未进行适当加密的数据。安全的附加级别既包括对数据进行加

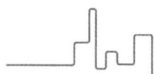

密，也包括对产生和接收的网络地址进行加密。

5. 基于 SDN 的未来数据中心网络展望

SDN 技术能很好地契合数据中心网络的集中网络管理、灵活组网多路径转发、虚拟机部署和智能迁移、虚拟多租户、IaaS 等方面的需求，非常适合在数据中心网络中应用。因此，基于 SDN 的云计算数据中心网络方案是未来数据中心网络的趋势。

虽然具备上述优势，基于 SDN 的未来数据中心网络方案能充分满足数据中心的规模部署和运营需求，具有很大的优势。但由于目前 SDN 技术尚处于发展阶段，还不够成熟，基于 SDN 的未来数据中心网络方案需要考虑以下问题：① SDN 控制器、VM 管理器、DC 管理器之间的协同，三者可能由不同的厂商提供，如何实现无缝的互通是关键；②如何实现现有数据中心网络向基于 SDN 的数据中心网络演进，是网络部署面临的直接问题；③ SDN 目前处于高速发展阶段，技术方向和路线是否会出现大的变化，是需要持续关注的问题。

通过以上分析，可见基于 SDN 的未来数据中心网络是未来的发展方向，针对以上的问题，有三点建议：①推进 SDN 控制器、VM 管理器、DC 管理器之间协同接口的标准化和规范化，满足无缝协同的要求；②在数据中心网络演进的过程中，可部署支持多模式转发的网络设备，即既可支持现有的转发方式，也可支持 SDN 架构的转发控制方式，以满足后续演进的需求；③持续关注 SDN 技术和架构的演进，参与国际标准制定，保证 SDN 架构的延续性和不同版本之间的兼容性。

相信不久的将来，基于 SDN 的未来数据中心将得到蓬勃发展，极大地促进互联网和互联网应用的发展和丰富。

四、智能城市数据中心建设的其他方面

智能城市数据中心建设所涉及的方面很多，伴随着智能城市的实现，数据中心的建立要在统一的标准规范中实现，因此，建立统一的应用数据标准

就成为智能城市数据中心建设很重要的一个环节。除此之外，大数据时代的到来向数据安全提出了巨大的挑战，智能城市数据中心的建设也需要面对这个问题。

（一）数据标准

信息资源体系是智能城市的统一公共信息共享平台（见图6.12）。这个平台有两层含义：一是对分散在各个专业业务系统中的原始信息资源进行集中整合，形成统一的信息资源体系；二是对各种信息资源进行适当封装，以组件化的模式，向包括决策层领导、各部门管理人员和广大社会公众在内的不同层次用户提供内容丰富、形式多样的综合信息服务。

图6.12　智能城市信息资源体系

从业务内容角度来看，智能城市信息资源体系是一个分层的树状结构，包括元数据资源、数据资源、服务资源三大类。元数据资源是整个智慧城市信息资源体系的核心和基础，它的作用是建立了一个横跨数据资源和服务资源的统一标准，它既是构建数据资源体系的标准，同时又是服务"资源化"的标准与描述及服务的管理标准。元数据资源包含三类描述不同层面内容的元数据：①业务元数据，即与用户业务紧密联系的反映业务实体对象的本质业务含义的元数据；②技术元数据，即与技术实现相关的反映业务实体对象的技术属性的元数据；③数据元数据，即描述与业务实体对象的数据信息相关的业务特征与技术特征的元数据，偏重于描述数据本身的特点。

元数据资源提供了对数据追踪与描述手段的支持，是信息共享的基础。

它提供了对数据与服务两个体系的全面、细粒度描述，抽象了数据和服务资源最细粒度、最稳定的成分，从而为管理精细化提供了基础支持。元数据涉及系统的所有资源和所有业务阶段，对系统及组成系统的各种资源的管理很大程度上是通过对元数据的管理来实现的。

数据资源是智能城市信息资源体系中各种数据资源的总集合，集数据的"累积"和"管理"于一身。数据资源体系不断地"汇聚"各式各样的数据，把它们转化为统一标准的数据并"累积"下来，统一以资源的形式进行信息的管理与组织。数据资源按不同的服务需要被组织成不同粒度的"数据集"，这些"数据集"既是资源管理单元也是资源服务的信息提供单元。无论是外部获取的原始数据还是在自身体系内产生的新信息，都基于统一资源体系标准进行存储与管理。

服务资源是基于数据资源可为用户提供的信息服务的集合，其作用是展现数据资源体系现有价值，深入挖掘数据资源体系的潜在价值，有针对性地为各类用户提供信息服务。在服务资源体系中，通过将服务"资源化"，实现服务的重用与组合，从而把有限的服务资源的潜力发挥到极致。服务资源包括各种基础服务构件，基于这些基础服务构件进行组合、连接而形成的复合服务构件以及各种应用服务功能。

总之，智能城市的实现，需要建立在标准规范的智能城市信息资源体系及信息服务平台上，通过统一的应用支撑基础平台建立各种业务管理和服务应用系统，包括数字城管、应急管理、环保监测等各类综合应用。智能城市信息资源体系将打破原有的按职能部门条块分割的信息架构，利用统一的信息标准和数据规范，整合不同的信息资源，实现跨地域、跨部门、跨层次的综合信息资源体系，实现智能城市要求的互联互通和信息资源的共享与交换，满足智能城市的高效城市管理和智能信息服务的综合要求。

（二）数据安全

《第 35 次中国互联网络发展状况统计报告》数据显示，截至 2014 年 12 月，中国网民规模达 6.49 亿，其中手机网民规模为 5.57 亿，居全球首位，我

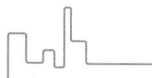

国已进入网络大国和信息化大国行列。美国 Verizon 发布了《2014 年度数据泄露调查报告》，其中回顾了 63 737 起信息安全事件和 1 367 起已经确认的数据泄露事件。数据显示，由于数据库原因产生的信息泄露比例高达 25%，例如棱镜门事件、韩国 2 000 万条信用卡信息泄露引发"销户潮"、土耳其黑客入侵本国电力系统、2014 年春运第一天 12306 用户信息泄露漏洞等。实际上，还有许多泄密事件，或正在调查，或无从确认，或无法公开。可以预见，未来几年可能出现更为严重的信息泄露事件。

数据安全是智能城市信息网络数据中心建设中一个非常重要的问题。目前全球根域名服务器由美国、欧盟、日本等控制，这对我国数据安全而言是严重威胁。从保障国家安全角度，亟须对我国智能城市建设中的数据安全和管理体系予以高度重视。在大数据时代，无处不在的智能终端、互动频繁的社交网络和超大容量的数字化存储已经渗透到各个行业领域，逐渐成为一种生产要素，发挥着重要作用，成为未来竞争的制高点。大数据所含信息量较大，虽然相对价值密度较低，但是随着快速处理和分析提取技术的发展，该技术可以从蕴藏的信息中快速捕捉到有价值的信息以提供参考决策。然而，大数据在掀起新一轮生产率提高和消费者盈余浪潮的同时，信息安全的挑战也接踵而至。

预计 2012—2016 年间，大数据在中国市场复合增长率达 51%，安全一定是不可回避的话题[1]。虽然大数据尚处于初级阶段，但在构建数据库和数据中心云的时候都必须有安全的考虑。虽然业界普遍关注安全问题，但往往都是在实施后或者在实施过程中才开始考虑。如今必须要在启动大数据项目之前考虑安全问题，积极部署容灾中心，大力保障数据的安全。

目前，大数据的安全存储采用虚拟化海量存储技术来存储数据资源，涉及以下几个方面。

（1）数据加密。在大数据安全服务的设计中，大数据可以按照数据安全存储的需求，被存储在数据集的任何存储空间，通过安全套接层（secure socket layer，SSL）加密，实现数据集的节点和应用程序之间移动保护大数据。在大数据的传输服务过程中，加密为数据流的上传与下载提供有效的保护。

---

① 详见 http://www.techweb.com.cn/data/2012-10-29/1250483.shtml。

（2）分离密钥和加密数据。使用加密把数据使用与数据保管分离，把密钥与要保护的数据分离。同时，定义产生、存储、备份、恢复等密钥管理生命周期。

（3）使用过滤器。通过过滤器的监控，一旦发现数据离开了用户的网络，就自动阻止数据的再次传输。

（4）数据备份。通过系统容灾、敏感信息集中管控和数据管理等产品，实现端对端的数据保护，确保大数据损坏情况下有备无患和安全管控。

随着政府和企业的信息化建设不断深化，人们已经意识到重要数据资产一旦丢失所带来的危害越来越难以承受。特别是近几年一系列灾难事件（如地震、火灾等）的发生，使得国内各级政府单位及大型企业充分认识到了容灾备份（灾备）的必要性。伴随着中央和地方政府的指导性灾难建设文件的出台，相关的标准日益清晰。但是一套灾备系统牵涉的基础设施建设、灾备设备资源以及经验丰富的运维人员众多，往往需要大量的资金投入。如何更为集约化地建设灾备系统，如何更为简单地管理和维护复杂的灾备系统，是我们必须面对和解决的难题。积极部署云容灾中心，为用户的数据中心提供异地容灾服务（包括容灾的建设与托管以及在线数据级容灾服务）也日益迫切。

在云计算中心为用户建立远程的容灾系统，该系统是用户本地关键应用数据的一个可用副本（见图 6.13）。在用户数据中心出现灾难时，远程保存有一份可用的数据副本，可快速提供灾难恢复。

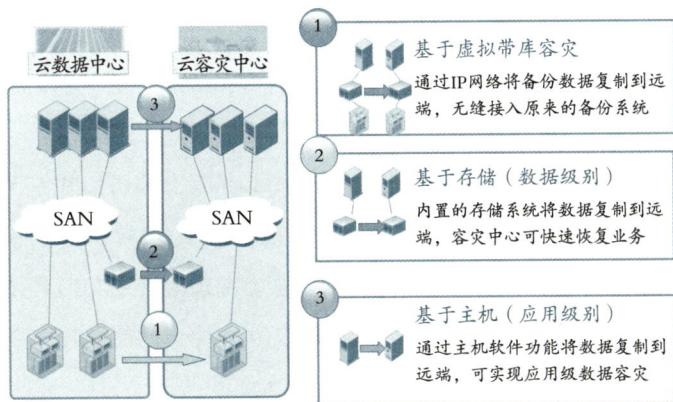

图 6.13　数据安全与容灾

虽然大数据时代的到来向数据安全提出了更大的挑战，但同时大数据也为数据安全的发展提供了新机遇。大数据正在为安全分析提供新的可能性。对海量数据的分析有助于更好地跟踪网络异常行为，对实时安全和应用数据进行预防性分析可防止诈骗和黑客入侵。网络攻击行为总会留下蛛丝马迹，这些痕迹都以数据的形式隐藏在大数据中，从大数据的存储、应用和管理等方面层层把关，可以有针对性地应对数据安全威胁。

日益尖锐的数据安全问题不仅给我国大数据产业发展带来严重威胁，还时刻影响着国家安全和社会稳定。仅仅依靠电信运营商自己的力量很难彻底解决，需要通过国家立法、行业自律、推动产业繁荣和提高国民安全意识等多方面协同努力，加快建设大数据时代数据安全保护体系。

（三）数据开放

自 2012 年以来，大数据越来越显示出非凡的发展潜力和广泛的应用前景。大数据是基于对海量数据的分析产生价值的，因此数据开放是大数据真正落地最不可或缺的一个环节。现在推进数据开放更为重要的是通过数据共享来产生更多的价值。

从全球来看，数据开放已经成为一种趋势。从目前全球参与开放数据运动的国家来看，既包括美国、英国、法国、奥地利、西班牙等发达国家，也包括印度、巴西、阿根廷、加纳、肯尼亚等发展中国家。欧盟（European Union，EU）、经济合作与发展组织（Organization for Economic Co-operation and Development，OECD）、联合国（United Nations，UN）、世界银行（World Bank，WB）等国际组织也加入了开放数据运动，建立了数据开放门户网站。数据开放是面向社会大众的开放，任何人只要有能力都可以用它来创造新的商机，激发巨大的商业价值。今天，美国的数据开放为其带来了更大的价值。以政府数据开放的先行者美国为例，通过数据开放，2013 年美国在政府管理、医疗服务、零售业、制造业、位置服务、社交网络、电子商务七个重点领域产生的潜在价值已经达到了 2 万亿美元[①]。

[①] 详见 http://finance.sina.com.cn/review/mspl/20150906/085623164689.shtml。

　　在数据开放过程中，政府数据的开放具有更加重要的意义。政府收集大量有价值的数据，通过开放数据，可以更好地了解国家自然资源使用情况、政府开支情况、土地交易和管理情况等等。这将强化政府责任，提升治理能力，有效预防腐败，还可以提高政府资金支出的效率，为大众提供更多更好的服务选择。正是因为意识到了开放数据带来的众多好处，美国、英国、法国等国政府纷纷发布相应的行动计划，主动做出开放数据的各项承诺，逐步开放数据资源。

　　美国政府在其 2013 年 12 月 5 日发布的《开放政府合作伙伴——美国第二次开放政府国家行动方案》中提出，在成功实施第一次行动方案中的开放数据承诺的基础上，第二次行动承诺要让公众能够更方便地获取有用的政府数据。通过这些承诺，美国政府将按照战略资产来管理政府数据，对 data.gov 门户网站进行改进，开放农业和营养方面的数据，开放自然灾害相关数据以支持响应和恢复工作。

　　英国政府在其 2013 年 11 月发布的《八国集团开放数据宪章 2013 年英国行动计划》中做出了六项承诺：①英国将发布《八国集团开放数据宪章》中明确的高值数据集；②确保所有的数据集都通过国家数据门户网站 data.gov.uk 发布；③通过与社会、机构、公众沟通，明确应优先公布哪些数据集；④通过分享经验和工具，支持国内外开放数据创新者；⑤为英国的开放数据工作设定一个清晰的前进方向，所有政府部门将在 2014 年 6 月前更新其部门的开放数据战略；⑥政府数据建立一个国家级的信息基础设施。

　　法国政府在 2013 年 11 月 6 日发布《八国集团开放数据宪章法国行动计划》，做出四项承诺：①朝着默认公开发布数据的目标前进，支持高价值数据集的发布；②建立一个开放平台以鼓励创新和提高透明度；③通过征求公众和社会意见，完善开放数据政策；④支持法国和全球的开放式创新。

　　2013 年，英国的开放知识基金会（Open Knowledge Foundation，OKF）发布了 2013 年的开放数据指数，英国、丹麦、美国、挪威等发达国家领先全球，我国在 60 个国家和地区中排名第 38 位[①]。由于我国在 10 个关键数据集

---

① 详见 http://index.okfn.org/place/2013。

的开放上并未有进步，再加上大量新国家加入开放数据指数排名，且若干国家有了大幅度进步，2015 年我国在 122 个国家和地区中排名第 93 位[①]。由此可见，我国数据开放程度仍远不及世界发达国家。

在大数据应用日益重要的今天，数据资源的开放共享已经成为在数据大战中保持优势的关键。推进我国大数据发展，做好数据开放工作，首先要打造政府数据开放的统一平台。把存储在不同政府部门的数据在统一平台上开放，促进数据创新应用，充分发掘政府信息的经济附加值。在数据开放过程中，不仅要重视政府内部各个层级以及跨部门的协调性和整体性，更要加强与社会征信、商业资讯、学术研究等各项社会性信息源的协同，以推动形成广域的信息共享，盘活整个大数据世界。其次要完善政策法规，促进商业数据和个人数据的开放与共享。这不仅能促进相关产业的飞速发展，产生巨大的经济价值，也将给我们的生活带来巨大的便利。

---

① 详见 http://index.okfn.org/place/china。

第7章

iCity 丰富的智能业务应用

智能城市在教育、医疗、交通、旅游、物流、环保、市政以及公共安全等各方面都有强劲需求，反过来，传统产业又可以把握住智能城市的发展契机，将信息网络与智能城市产业相结合，实现企业经营的跨越式发展及盈利模式的颠覆式转变。

随着社会的不断发展，丰富多彩的新型智能应用大量涌现，这便对传统的技术提出了挑战。于是，以应用需求为导向、以技术研发为支撑、以造福人类生活为目的的新局面正迅速形成。下面将具体介绍当下几个最热门的智能城市应用。

一、家庭信息网络

家庭信息网络的主要功能是提供资源共享（包括信息资源与硬件资源）和高速通信，从远程或本地对各种硬件设备进行控制管理，从而为用户提供更加方便舒适的生活环境。

（一）家庭信息网络的背景

近年来，在家庭信息网络应用领域的典型代表有小米盒子、极路由、Femtocell、海尔 U-home 智能家居等。

小米盒子是一款高清互联网电视盒，同时能将小米手机、iPhone、iPad、电脑内的照片和视频通过 Wi-Fi 投射到电视上。小米盒子拥有丰富的内容资源及应用，采用安卓（Android）系统，支持 1080P 高清输出及数字生活网络联盟（Digital Living Network Alliance，DLNA）和 AirPlay 视频流输出，系统软件每周更新。在视频接口上，小米盒子采用了高清晰多媒体接口（high definition multimedia interface，HDMI）和复合视频广播信号（composite video broadcast signal，CVBS），能够覆盖绝大多数用户的使用需求。除了拥有视频接口和局域网络（local area network，LAN）口以外，小米盒子还配有 Micro USB 接口，支持 OTG 功能，可以扩展小米盒子的存储空间。

极路由是一款高速智能无线路由器。软件部分首创 1+X 加速引擎，内置 8G/16G 存储空间，提供完美的加速服务，首创市场平台，聚合各类应用，使得路由器真正智能化。极路由具有手机远程控制、实时流量监控、去广告、App Store 加速、Google Play 加速、APTV、单线程下载加速等功能。

Femtocell 是顺应 3G 发展和移动宽带化趋势而推出的超小型蜂窝移动基站，使用 IP 协议，通过宽带接入（如 DSL、有线电缆、光纤）连接到运营商的网络，整合 2G、3G、Wi-Fi 于一机。它也是一个低功耗的无线接入点，工作在移动运营商的无线频谱上，可以为手机或其他移动终端提供高速的网络连接，为用户提供室内的高质量的语音和数据服务。用户通过一个 Femtocell 终端就能实现其所有的通信需求，并享受业务在不同接入模式中的融合漫游，因此 Femtocell 是真正将移动、固定、宽带融合在一起的产品。Femtocell 具有安装方便、自动配置、自动网规、即插即用的特点，覆盖 GSM、CDMA、UMTS 等各种标准，其大小与 ADSL 调制解调器相似，具有 1 个载波，发射功率为 10～100 毫瓦（与 Wi-Fi 的检索点差不多），覆盖半径为 50～200 米，支持 4～6 个活动用户，允许的最大用户运动速度为 10 公里/小时。

海尔推出的 U-home 高端住宅智能化解决方案是一个先进、开放的平台，该方案围绕安全、便利、舒适、愉悦四大生活主题，融合了安防报警、视频监控、可视对讲、灯光窗帘、家电管理、环境监测、背景音乐、家庭影院等功能模块，将家中的所有设备通过一个智能化平台统一管理，通过集中管理、场景管理和远程管理，实现智能家居的美好生活。

（二）家庭信息网络的关键技术

家庭信息网络相关技术的不断进步以及与物联网的结合造就了其在各方面的普及和研究热潮。下面选取了其中一些关键技术进行简要介绍。

1. 网络结构

智能家居组网结构分为两种：以智能家居网关为中心的集中式组网和无中心的分布式组网。在集中式组网中，家庭内部的各设备通过有线或无线的方式与智能家居网关相连，智能家居网关可通过内部网络地址或标识找到每个设备，因此，这样只需要智能家居网关对外有一个地址标识，即可找到家庭内的所有设备。在分布式组网中，每个设备可独立被寻址，用户在远程可直接连接到特定设备进行控制，这就要求每个设备有独立的地址标识。与分布式组网相比，集中式组网节约公网地址，并可在网关上做统一门户，从而可以直观、方便地实现智能家居设备的控制，但每个设备都要与智能家居网关相连，需要有设备间的互相发现和关联技术，同时，网关的复杂度较高，需要具备足够强的能力以支持各类设备和应用。分布式组网组织灵活，不要求某个核心设备具备所有功能，扩展性较好，但需要更多的地址，且无法提供统一的入口。

2. 组网与控制技术

智能家居内部各设备的互联需要通过各种有线、无线的通信技术来实现，其远程控制的实现也需要各种通信技术来支撑。

有线组网技术通常采用预布的五类线、总线或电力线传输控制信号。遥控功能通过无线或红外接入点，把遥控指令转化为有线控制指令传输给受控家居的智能模块。其中，总线方式采用强弱电分离的机制，系统比较稳定，对负载的适应性很强，但缺点是需要预布控制线，需要的辅助设备比较多，难安装、难调试、难维护，系统出现故障后往往会导致整个系统瘫痪。电力载波方式利用一个或多个直接接入强电的无线接入点，以交流强电作为载波传输控制信号，缺点是控制信号直接在强电网上传输，信号不稳定，极易受外界干扰，在应用中表现出很大的地区差异性。

无线组网方式的灵活性、移动性和可扩展性是有线组网方式所无法具备的，因此，无线组网方式能更好地适应各种应用环境的需要。每个家居的智能感应模块都是一个无线接入点，彼此互不干扰。无线组网方式所需要解决的难题也很多，如频谱资源分配、功率大小、传输的可靠性等。目前应用的各种无线技术包括 Wi-Fi、ZigBee、蓝牙、GSM、3G 等，这些技术相对成熟，前三种技术适用于房间内设备组网，后两种技术则适用于远程接入。

3. 传感器终端

传感器在系统中处于最前端，负责采集特定信号和数据，包括对家庭有毒气体浓度、温度湿度和入侵人员的监控。家庭内部的应用不同，使用的传感器也不同：在视频监控应用中，需要摄像头来进行视频的录制；在家庭安防应用中，需要利用磁感传感器来监控门窗的闭合，需要红外、压感传感器来实现门厅非法闯入的报警，需要热感、烟感传感器来检测室内的火灾或有毒气体泄漏情况；在智能家庭保健应用中，需要血压、心跳等医学传感器来感知人的生理指标；在智能家庭生活应用中，需要热感传感器监控室内温度来调节中央空调的冷热，需要光感传感器探测室内光线来调节照明亮度的强弱，智能冰箱还需要通过 RFID 来识别放入物品的种类和保质期限。可以说，智能家居的每个应用都离不开传感器设备的工作。

目前我国的传感器产业发展存在一定的瓶颈，传感器产业化水平较低，量产产品种类不全，高端产品被国外厂商垄断，RFID 等高端芯片无法产业化，因此，适用于智能家居系统的各类传感器（包括传感器芯片的设计和生产）还需要各方协同，加强产业发展。

4. 中间件平台

在现有的智能家居系统中，应用程序和下层操作系统、硬件平台的联系非常紧密，甚至集成为一个过程。但是随着技术和业务的不断发展，网关中间件的功能还需要进一步扩展，以适应不断涌现的各种新应用。

中间件是设备操作系统和底层硬件之间的一个垫层，定义了标准的对上和对下接口，将各种应用的共性部分抽象出来，给用户提供统一的操作界面，屏蔽应用程序和硬件平台的高度异构性。中间件技术使服务提供商可以基于现有设备的硬件平台，灵活、高效地开发新的应用，具有很强的可扩展性。

目前，国内对智能家居中间件平台的研究还比较有限，只有部分电信运营商在开展家庭网络业务时制定了家庭网关中间件规范，这对于开展智能家居业务来说还远远不够，因此，后续还需要对智能家居中间件平台进行进一步研究，制定相关标准和规范，以促进智能家居各种新应用的开发。

5. 云服务平台技术

智能家庭解决方案基于虚拟化技术的云服务基础设施，以多样化的家庭终端为载体，通过整合已有业务系统，将政务信息、社会服务信息等送入百姓家中，为居民提供一个集成政务信息、生活信息、家庭信息等多种便民服务的家庭智能平台。

为了能够在智能家庭中利用云计算提供的服务，我们需要对起桥接作用的家庭网关进行有效的改进，使之能够将智能家庭中提供的服务发布到云上，从云中搜索出适合用户所需要的服务来满足其需求，提高用户体验，同时智能家庭中的网关还需要将这些服务存储成特定的格式，以便智能家庭中的智能设备能够易于使用。

（三）家庭信息网络的案例分析

随着互联网时代带来的科技革命，以及各项新技术推动的产业界大变革，商业公司也看到了未来家庭网络的智能化、云端化趋势。从 2009 年开始，传统家电公司和互联网公司就已开始了在家庭信息网络这一方向的布局，并希望通过提供差异化、体验优异的智能服务，将家庭网络变为具有电子化操控能力的智能服务网络，使家庭用户在便利地使用联网智能家庭工具的同时，通过云服务大数据分析用户状态，提供专业化、个性化服务并建立用户数据库，为信息化社会提供后台数据支撑。

1. 国际互联网公司发展战略

2014 年，苹果发布了智能家居平台 HomeKit，用于打造产业化的智能家居设备及其应用。HomeKit 包含智能家居的标准化协议，具备开放 API。苹果为各种智能产品设置标准，使其可以在框架下进行配对连接及互通，使用户可以通过 iPhone 控制各种智能产品。同时，苹果计划自主开发智能硬件产品，打造一体化的家庭信息网络平台。

例如，HomeKit 根据冰箱中的各种传感器数据，计算出冰箱的剩余库存，当存量低于正常值时，则将状态反馈至户主的 iPhone 或 iPad，提醒用户保持库存。用户收到报警后，可以决定是否补充。HomeKit 会根据用户的决定，执行向供应商下单购买缺少的必需品等操作，甚至可以监控实时物流状态。

相比之下，谷歌在家庭信息网络领域的探索更显得一波三折。谷歌在 2009 年与能源公司和智能电表公司合作，旨在向消费者提供实时的能源消费数据，帮助消费者有目的地节省开支。此外，利用 Android 平台的既有优势，谷歌先后推出了 Google TV、Android@Home、Nexus Q、Chromecast 等产品，希望能借此吸引内容提供商的加入，通过统一入口提供丰富的多媒体享受。然而遗憾的是，很多情况下，这些服务对用户的影响未达到预期，导致最终上述几个项目先后失败。

在这之后，谷歌改变了自身定位，致力于提供家庭网络的软件系统。同时，谷歌收购了 Nest 这家致力于自动恒温器的公司。谷歌的优势在于，作为一家互联网公司，它具有极其完善可靠的基础设施，全球用户均可接入谷歌的自有平台。同时谷歌在数据处理领域的能力，使其能够利用已有数据实现用户状态分析，完成家庭信息网络的建立与掌控。

2. 国内互联网公司发展战略

在国内互联网领域，百度、阿里、腾讯、360 等巨头四处出击，纷纷占领各领域市场。许多互联网公司已经看到了家庭信息网络的前景，并开始在该领域布局，以期利用先发优势获取市场份额，进而瓜分市场。其中比较有代表性的是以安全性为主导的 360 公司以及依靠 MIUI 和小米手机奠定国产手机霸主地位的小米公司。

360 公司在家庭信息网络领域延续了原有特色，以安全性作为主导，推出了以路由器为主的智能家居产品，并衍生出 360 儿童卫士、360 随身 Wi-Fi、360 智键等一系列产品。作为家庭用户的网络入口，360 路由器主打安全性，提供除家庭网关外的防蹭网、网购保护等附加功能。考虑到该领域尚没有成型的解决方案，360 公司目前仅以路由器这一主要入口作为切入点，通过一贯的免费、安全策略，保证自身在该领域的竞争力。

小米则是一家专注于智能产品自主研发的移动互联网公司，正式成立于

2010 年 4 月。在产品方面，小米采用软硬件一体自主研发的方式，以手机为主打，构建了全套智能产品线。在获得用户的同时，小米收购了国内该方向的一些团队，用于发展自有技术。小米公司在家庭信息网络这一领域，构建了以路由器和家电为主导的智能硬件一体化方案，将产品推广至家庭，在为用户提供便利化服务的同时，通过对信息数据的归档，实现家用产品的智能化与数字化。用户可以通过小米路由器连接网络，使用小米盒子观看丰富的互联网内容，利用小米净化器、小米摄像机为家庭提供特有的数字化体验。

3.　传统家电厂商的应对策略

传统家电厂商很早之前已经开始尝试向互联网方向转型。例如，格力等空调厂商提出，使用互联网的数据聚合能力了解空调的使用情况，通过相关数据更好地对产品进行改进。同时，一些厂家开始寻求与互联网合作，通过互联网公司的软件技术加强已有的硬件优势，达到双赢甚至多赢的目的。

可以预见，家庭信息网络的不断发展，带来的是传统家电行业与新兴的互联网行业的一次融合，使互联网技术能够真正用于家庭，并具有家庭信息化的特性。

二、车联网

随着智能城市的发展，智能交通等创新应用的领域涌现出新型业务需求。为了实现避碰、车辆变换车道控制和安全辅助驾驶等功能，一般要求应用的传输时延在 50ms 以下，有些应用甚至要求在 10ms 以下，这在传统技术领域是无法克服的难题，而车联网（internet of vehicles，IOV）技术已经成为解决这一问题的重要手段。

（一）车联网的背景

为了解决目前智能城市应用的新挑战，国外相继启动了一系列相关研究课题和标准制定工作。其中，欧盟正在大力发展自动制动系统（autonomous

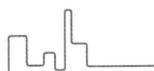

emergency braking，AEB）技术，并且通过了一条新的交通安全条例，要求从 2014 年开始，所有新车都必须配备自动制动系统。已制定的相关车联网标准包括用于车路环境无线通信的 IEEE 1609 系列试验用标准、车路短程通信的 IEEE 802.11P 标准、SAE J2735 专用短程通信标准、5.9GHz 专用短程通信标准等。2012 年，美国联邦政府宣布智能汽车联网计划，该项计划的主要目的是实现联网车辆之间的安全信息分享。

在车联网中，每一辆汽车是一个信息源，通过无线通信手段连接到网络中。通过汽车收集、处理并共享大量信息，车与车、车与路、车与城市交通网络、车与互联网之间实现互联，人民因此获得安全、环保、舒适、娱乐的驾驶体验。车联网将成为未来城市信息网络的一个关键组成部分。利用先进的传感技术、无线通信和高速计算技术，我们将重新定义未来城市交通工具的运行方式，重新设计规划城市交通基础设施，提高交通流量的管理能力，同时通过优化充电时间与地点来改善和管理城市用电量和充电需求。车辆连接至车联网后，车主即可与家庭网络、工作网络和国家电网进行互联，进而实现自动驾驶，使零交通事故和零交通拥堵的未来愿景更快变为现实。

2010 年 3 月，通用汽车公司在上海发布了一款名为 EN-V 的电动联网概念车，这是未来汽车的一个例子（见图 7.1）。EN-V 可以确定前方车辆的行驶速度，并能对道路上其他物体做出反应。其中，GPS 可以确定其所在位置；无线天线可以使它与其他车辆和交通基础设施进行互联；前视传感器和前部距离传感器用于感知周围环境；内置显示屏可用于召开视频会议或获取外部信息。该车型配备结队行驶功能，该功能可以让开往同一方向的车辆实现自动排队行驶，保持同步启动、加速或减速。

（二）车联网的关键技术

根据车联网产业技术创新战略联盟的定义，车联网是以车内网、车际网和车载移动互联网为基础，按照约定的通信协议和数据交互标准，在车—X（X：车、路、行人及互联网等）之间进行无线通信和信息交换的大系统网络，是能够实现智能化交通管理、智能动态信息服务和车辆智能化控制的一体化网络，是物联网技术在交通系统领域的典型应用（王建强等，2011）（见图7.2）。

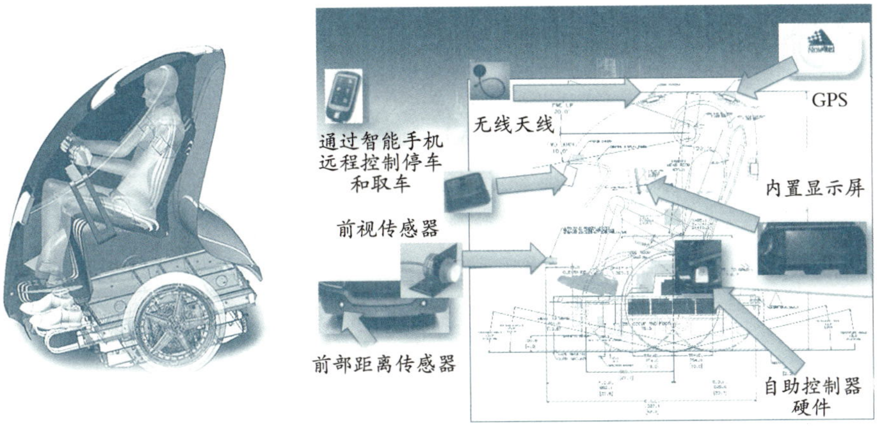

（a）   （b）

图 7.1   EN-V 电动联网概念车组成

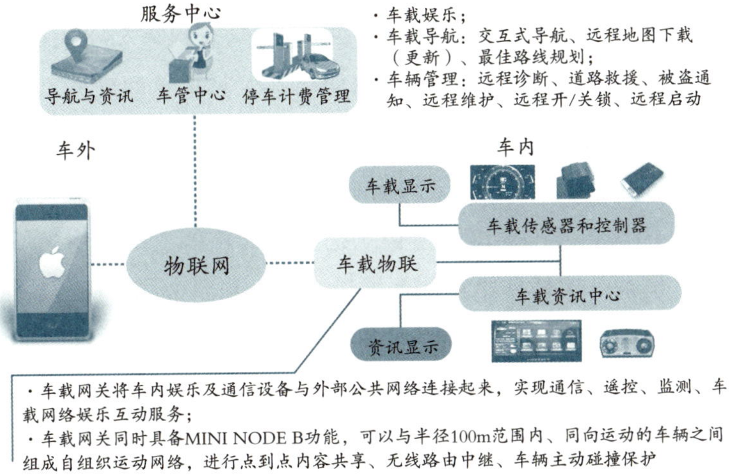

图 7.2   车联网应用原理

从网络上看，车联网系统是一个"端、管、云"三层体系。

（1）第一层为端系统，是汽车的智能传感器，负责采集与获取车辆的智能信息，感知行车状态与环境，是具有车内通信、车间通信、车网通信的泛在通信终端，同时还是让汽车具备车联网寻址和网络可信标识等能力的设备。

（2）第二层为管系统，能解决车与车、车与路、车与网、车与人等的互联互通，实现车辆自组网及多种异构网络之间的通信与漫游，在功能和性能上保障实时性、可服务性与网络泛在性，同时它是公网与专网的统一体。

（3）第三层为云系统。车联网是一个云架构的车辆运行信息平台，它的生态链包含了智能交通系统、物流、客货运、危特车辆、汽修汽配、汽车租赁、企事业车辆管理、汽车制造商、4S店、车管、保险、紧急救援、移动互联网等，是多源海量信息的汇聚，因此需要虚拟化、安全认证、实时交互、海量存储等云计算功能，其应用系统也是围绕车辆的数据汇聚、计算、调度、监控、管理与应用的复合体系。

从架构上看，车联网系统主要涉及的关键技术包括传感器技术及传感信息整合技术、开放智能的车载终端系统技术、移动通信技术、车载终端互联技术、车载服务云计算技术等。

（1）传感器技术及传感信息整合技术。车联网是车、路、人之间的网络，车联网中的传感技术应用主要指车的传感器网络和路的传感器网络。车的传感器网络又可分为车内传感器网络和车外传感器网络。车内传感器网络向人提供车的状况信息，比如远程车辆诊断系统就需要这些状况信息，以分析判断车的状况；车外传感器网络用来感应车外环境状况，比如防碰撞的传感器信息和外部环境的摄像头信息，这些信息可以用来增强安全和辅助驾驶。路的传感器网络指那些铺设在路上和路边的传感器构成的网络，这些传感器用于感知和传递路的状况信息，如车流量、车速、路口拥堵情况等，这些信息都能让车载系统获得关于道路及交通环境的信息。无论是车内、车外、还是道路的传感器网络，都为车联网获得了独特（有别于互联网）的"内容"。整合这些"内容"，即整合传感网络信息，将是"车联网"重要的也是极具特色的技术发展内容。

（2）开放智能的车载终端系统技术。就像互联网中的电脑、移动互联网中的手机一样，车载终端是车主获取车联网最终价值的媒介，可以说是网络中最为重要的节点。眼下，很多车载导航娱乐终端采用的非开放、非智能的终端系统平台很难被打造成网络生态系统，因此并不适合车联网的发展。当前车载终端用得最多的WinCE（Windows Embedded Compac），可以说是一个封闭的系统，由于应用少得可怜，任何修改在微软的封闭策略下都无能为力，因此这种平台很难有进一步的发展空间。反观开放、智能的 Android 系统，源代码完全开放，可以被裁减和优化，天然为网络应用而生，并专为触摸操作而设计，体验良好，可个性化定制，应用丰富且应用数量快速增长，已经形成了成熟的网络生态系统。

（3）移动通信技术。车联网主要依赖两方面的通信技术：短距离无线通信和远距离的移动通信技术。前者主要是 RFID 传感设备及类似 Wi-Fi 等 2.4G 通信技术，后者主要是 GPRS、3G、LTE、5G 等移动通信技术。这两类通信技术不是车联网的独有技术，因此技术发展重点主要是这些通信技术在车联网系统中的应用，包括高速公路与停车场自动缴费、无线设备互联等短距离无线通信应用，以及网络电话（voice over Internet protocol，VOIP）应用（如车友在线、车队领航等）、监控调度数据包传输、视频监控等移动通信技术应用。

（4）车载终端互联技术。车联网的本质就是物联网与移动互联网的融合。车联网通过整合车、路、人各种信息与服务，最终为人（车内的人及关注车内情况的人）提供服务。因此，能够获取车联网所提供的信息和服务的不仅仅是车载终端，而是所有能够访问互联网和移动互联网的终端，包括电脑和手机。现有互联网和移动互联网的技术及应用基本上都能够在车联网中使用，包括媒体娱乐、电子商务、Web 2.0 应用、信息服务等。当然，车联网与现有通用互联网、移动互联网相比，有两个关键特性：一是与车和路相关，二是把位置信息作为关键元素。因此，围绕这两个关键特性发展车联网的特色互联网应用，将给车联网带来更加广泛的用户和服务提供者。

（5）车载服务云计算技术。除语音识别要用到云计算技术外，很多应用和服务的提供都要采用服务端计算、云计算的技术。类似互联网和移动互联网，互联网的终端能力有限，通过服务端计算才能整合更多信息和资源并向终端提供及时的服务。如今服务端计算开始进入了云计算时代。云计算将在车联网中用于分析计算路况、大规模车辆路径规划、智能交通调度、基于庞大案例的车辆诊断计算等。车联网和互联网、移动互联网一样都得采用服务整合来实现服务创新、提供增值服务。通过服务整合，可以使车载终端获得更合适、更有价值的服务，如呼叫中心服务与车险业务整合、远程诊断与现场服务预约整合、位置服务与商家服务整合等。

（三）车联网的案例分析

中国的车联网前景刺激着全球汽车业老总的神经，宝马、通用、福特、大众等众多汽车企业纷纷推出自己的车联网系统。而华为、百度、阿里巴巴等国内通信和互联网公司也已经或正在拟定作为企业未来重要战略方向的车联网计划。

全球最大通信供应商华为公司于2013年正式宣布进军车联网领域，并推出了全新车载模块ME909T。在该模块开发之初，华为就充分考虑了汽车使用的特殊环境。由于汽车经常处于高速行驶的环境，为解决车内移动上网、数据分析、信息传输等问题，需要一个可靠、稳定的车载信息模块作为支撑，且在设备的稳定性、灵敏度方面都应满足非常苛刻的要求。华为ME909T具有强大的抗恶劣环境能力和抗不稳定供电能力、更宽的工作温度范围、更低的待机功耗等车载设备应具备的性能。其硬件接口Pin to Pin兼容，软件接口实现AT（attention）命令归一化设计，方便客户从3G产品到LTE产品的平滑过渡，降低网络升级所带来的产品开发的复杂度。此外，ME909T还支持多种制式（GSM/WCDMA/CDMA/LTE）；支持全球导航卫星系统；支持全球运营商准入协议；支持欧盟eCall（紧急呼叫），支持空中远程固件升级，为新技术新应用在已售产品中实现提供可能。ME909T的高度集成化，还能简化客户设计的流程，减少客户开发时间。同时，华为还计划每年投资上亿元用于车联网领域的研发，并在该产业中长期投资。

2014年，苹果宣布推出车载系统CarPlay，与特斯拉等互联网汽车公司以及谷歌等新科技巨头一同加入了智能汽车战场。

通过CarPlay将手机和汽车连接之后，用户将可以通过汽车上的触摸屏访问苹果手机上的联系人、邮件、通知、地图导航和音乐播放等。据悉，CarPlay系统的界面设计为全触屏设计，操作方式与一般的苹果手机基本没有差别，非常容易上手。除了可以通过汽车原有操控界面控制 CarPlay，用户也可以长按方向盘上的语音控制按钮来激活 Siri，通过语音控制进行操作，避免驾车过程中分散注意力。

现阶段车厂推出的系统在严格意义上是指远程信息处理（telematics），还不是真正的车联网系统。下面我们逐一介绍各大汽车厂商的系统。

（1）MyFord Touch 系统

□ 搭载车型：福特旗下的福克斯、翼虎等众多车型。

□ 主要功能：多媒体娱乐、无线网络、蓝牙电话、移动设备同步、空调控制等。

MyFord Touch 系统即福特最新研发的车载多媒体互动系统，为驾驶员提供最先进的用于操控车辆主要功能的控件及显示屏的组合。MyFord Touch 系统包括一个 8 英寸的触摸屏，界面和图像由新一代福特 SYNC 支持，并以微软 Windows Embedded Automotive 为平台。最新先进功能包括增强的声音识别功能，以及由 SD 卡槽实现的更多接口，驾驶员可通过清楚、直观的彩色显示屏和语音来控制各种功能。

（2）BMW iDrive 系统

□ 搭载车型：宝马全系。

□ 主要功能：语音导航、车辆信息、车辆设定、紧急呼叫、远程控制车辆、远程定位、娱乐、电话等。

2001 年，宝马推出第一代 BMW iDrive 系统，从最初的一片质疑，到逐渐被用户肯定，直至被业界追随，iDrive 的推出引领了车辆人机交互系统发展的潮流。2015 年发布的最新一代 iDrive 系统将互联网与移动终端技术作为发展核心，通过互联网与车辆实现互通互联，并可以用手机 APP 互动。

iDrive 系统能够提供紧急呼叫、远程控制车辆、远程定位（车辆丢失查找）等服务，这其中有些细节设计也很值得赞扬。比如在紧急呼叫第一次呼叫中断后三分钟之内，呼叫中心会自动回呼，这样就能最大限度地帮助使用者在紧急情况下抓住救援生命的最关键的几分钟。

互联驾驶技术也能通过智能手机 APP 来实现一些平时常用的网络功能，

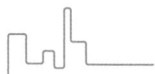

比如 BMW 应用、新浪微博、百度音乐等。2014 年年底，在一定程度上可以利用 APP 实现远程协助服务。由于 APP 开发周期只有短短数周，远远短于一个车型好几年的研发周期，所以可以为用户提供更新的信息服务。

（3）日产 CARWINGS 智行 + 系统

□ 搭载车型：日产旗下车型。

□ 主要功能：信息顾问、环保专家、安防系统等。

日产汽车公司最早在 2001 年东京汽车展上发布了一项新技术——信息通信系统 2003i，这套系统兼有人工辅助功能和自动服务功能，集成了汽车、移动电话和个人电脑的部分功能。2002 年，这项通信技术的商业化成果——CARWINGS 首次安装在日产第二代玛驰上。CARWINGS 最初的功能主要是利用蓝牙技术和手机进行匹配，从而接受资讯。

东风日产在 2010 年的 11 月下旬正式将这套智能信息服务系统引入国内，率先搭载于新款天籁和公爵两款车型，并且赋予了"智行 +"这个中文名称。按照官方的描述，"CARWINGS 智行 +"的功能可分为"一站式"信息顾问、"二维"环保专家、"三重"安防系统三大方面。

"一站式"信息顾问提供实时智能导航、商旅资讯中心和用户专属平台三大功能，支持远程目的地设定，由话务员帮助驾驶员设定目的地并规划路线，并且能够实时更新路况信息。商旅资讯中心在"资讯"方面提供天气预报、时事、娱乐、财经等新闻资讯，并能够自动语音播读，而在"商旅"方面则提供了直接呼入"易租车"及全国星级酒店预订服务。用户专属平台是让车主登录"智行 +"官方网站填写个人资料和车型档案，"智行 +"会自动上传车内传感器收集到的数据。在网页上就可以一览车辆的使用明细，包括每日行驶里程、油耗，同时可以在线预约保养维修。

"二维"环保专家通过车载智能感应装置，对油耗及车主的驾驶习惯等指标进行实时监测，并统计评分。统计分为三个部分。①环保驾驶油耗趋势：用户访问环保频道时，可以看到最近三天驾驶的油耗趋势。②环保驾驶排行：每月的第二天，用户可以看到自己所在同车系的上个月排行情况，同时还可以根据截至上一个月该用户的驾驶情况推算出本年度可能节省的油费。③环保驾驶短评：根据用户的驾驶情况，CARWINGS 中心会自动给出一些环保驾驶的建议，可以帮助车主养成良好的环保驾驶习惯，降低油耗。

"三重"安防系统包含车况实时监测、遇险自动救助、车辆入侵警报等功能，同时独具车况实时监测及异常提醒功能。遇险自动救助功能是指能够在气囊触发时自动发出求助信号，而车辆入侵警报功能还可以在车辆被拖吊时向车主发出预警通知，同时支持车辆的定位追踪，避免遭遇"盗抢"损失。

（4）奇瑞 Telematics

□ 搭载车型：奇瑞新 A3、风云 2、瑞麒系列部分车型。

□ 主要功能：导航、实时路况、车辆监测、资讯娱乐、客服中心呼叫等。

奇瑞的车载无线通信系统虽然名为"奇瑞 Telematics"，但是"Telematics"（由 telecommunication（电信）和 informatics（信息学）缩合而成）并不是奇瑞的技术专利，而是一个利用 3G 网络，通过安装在车上的资讯系统平台，为汽车行驶提供远程、多样化信息服务的一种手段。

Telematics 可区分为车前座系统、车后座系统和车况诊断系统。其中，车前座系统提供的服务包括通信、导航、行车安全监视、联网资讯、路况、天气等；车后座系统提供的服务包括在线下载影音资讯、在线网络游戏等；车况诊断系统提供的服务包括保养通知、车况预警等（俞文俊等，2011）。

在安装了"Telematics"的汽车内，车主只需启动相关按钮，即可快速获取导航信息、电话服务或进行天气和路况查询，并可动态接收汽车生产和服务企业提供的各类维系、保养提醒和预警信息。

三、应急通信网

现代意义的应急通信（emergency communications network，ECN）多指在突发性紧急状况下，或因特殊时段造成通信需求骤增时，利用各类型通信方式和通信资源，保障关键通信能够正常进行，进而应对各种突发性紧急情况的特殊通信机制。其核心是支撑应急业务数据采集和应急指挥协调的基础设备（古丽萍，2011）。此外，应急通信网作为应急通信的载体，需要具备迅速

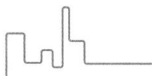

布设能力、高度稳定性和抗毁能力，可以在基础设施遭受严重破坏时支撑应急通信系统稳定运行。

（一）应急通信网的背景

随着社会信息化程度的不断提高以及人口密度的快速增长，当今社会对不间断通信的要求也日益增强。与之相对的是，通信终端的爆炸式增长和基础设施建设的缓慢推进给基础设施造成了很大压力。基础设施一旦瘫痪，大范围用户将无法顺利完成通信，管理设备也无法完成指挥调度的功能，公司及政府将承受极大的经济损失。因此，有必要建立在这种情况下仍然可以正常运行的应急通信系统，满足不同情况的通信需求，准确快速地传递关键性信息。例如，电话通信网处于话务高峰时，应首先保证通信业务的正常使用，通过应急通信车、增开中继等方式减轻负荷，同时保证网络整体可控可调度；当发生公共卫生事件时，应首先保证重要通信与指挥通信，并完成现场检测，向检测中心回传检测结果；发生恐怖袭击等重大安全事件时，在保证通信的同时，还需要检测传输数据，防止信道被恐怖分子用以传递信息。

应急通信网的建设与应对突发事件息息相关，世界各国都已投入到应急通信网络建设当中。在应急通信研究和建设方面，欧美等一些发达国家和地区处于领先地位。日本、美国等国家已经建立起了较为完善的应急通信网络体系。日本从应急信息化基础设施抓起，建立起覆盖全国、功能完善、技术先进的防灾通信网络体系，此外，还建立起各种专用通信网，包括水防通信网、紧急联络通信网、警用通信网、电力通信网、防卫通信网、海上保安通信网、气象通信网等。美国基本形成了相对完善且极具特色的防灾应急体系，目前有应对灾害等各类突发事件的庞大联邦机构——美国联邦应急管理署（Federal Emergency Management Agency，FEMA），它的核心业务主要围绕四个业务流程：减灾、应急准备、应急反应和灾后恢复重建。欧盟则使用 e-Risk 应急管理技术支撑系统，这是一个基于卫星通信的网络基础架构，为其成员提供实现跨境、跨专业、跨警种的高效及时处理突发公共事件和自然灾害的支持服务。

　　我国在 2004 年正式启动应急通信相关标准的研究工作，内容涉及应急通信综合体系和标准、公众通信网支持应急通信的要求、紧急特种业务呼叫等。与此同时，国内许多企业也在积极研发应急通信相关产品，如华为的 GT800、中兴的 Gota、上海瀚讯无线技术有限公司的 MiWAVE 等。近年来，我国应急通信研究重点围绕公众通信网支持应急通信来展开。对于现有的固定和移动通信网，主要研究公众到政府、政府到公众的应急通信业务要求和网络能力要求，包括定位、就近接入、电力供应、基站协同、消息源标志等，除此之外，还研究在互联网上紧急呼叫的用户终端位置上报、用户终端位置获取、路由寻址等关键环节。这些研究工作有效推动了国内应急通信系统和相关平台的发展，增强了各种紧急突发情况下的通信保障能力。

　　鉴于此，智能城市信息网络建设应将应急通信网络建设纳入规划范围，针对城市各种紧急突发事件，有效利用各种通信资源和技术手段，及时发布通告，保证相关技术人员迅速准确获悉和传递信息，协调各类用户群体的行动并进行统一的指挥调度，以便最大限度降低灾难损伤、维护社会稳定和辅助灾后重建，发挥应急通信网络便携可移植、可快速扩展及部署与健壮性、安全性等特点。

　　（二）应急通信网的关键技术

　　目前，国际上许多通信标准化组织都在从事应急通信相关标准的研究，其中影响较大的有 ITU-R、ITU-T、欧洲电信标准化协会（European Telecommunications Standards Institute，ETSI）、IETF。ITU-R 主要从预警和减灾的角度对应急通信展开研究，包括利用固定卫星、无线电广播、移动、无线定位等提供应急业务、预警信息；ITU-T 与 ETSI 先后提出了一些标准，用于制定规范化的紧急通信网络，如 ITU-T J.260 提出在 IPCablecom 网络上进行应急 / 灾害通信的要求，ETSI TR 102 445 紧急通信网络恢复和准备；IETF 对应急通信的研究涉及需求、架构、协议等各个方面，包括用于业务的统一资源名称（uniform resource name，URN）、基于互联网技术实现紧急服务的需求、DNS 系统中的紧急呼叫信息、对 URL 影射协议的定位

（location-to-URL mapping protocol，LUMP）以及紧急业务关联的紧急业务关联方案等。

除学术界为应急通信网络研究制定的各项标准外，工程界也在这一领域展开了广泛而深入的研究，从不同领域、用不同方案实现了应急通信网在社会中的实际应用。

从架构上来看，应急通信网络的架构由通信基础设施层、分布式计算层、中间件层组成（见图7.3）。通信基础设施层利用临时部署及现存的通信网络（主要有现存的蜂窝通信网络、进行受灾区域监视的传感器网络与临时部署的ad-hoc网络）实施各种通信业务；分布式计算层负责分布式信息处理，实施数据挖掘与辅助决策；中间件层则对通信基础设施层中的各种信息进行关联和收集，同时在上下层间进行信息的交互。

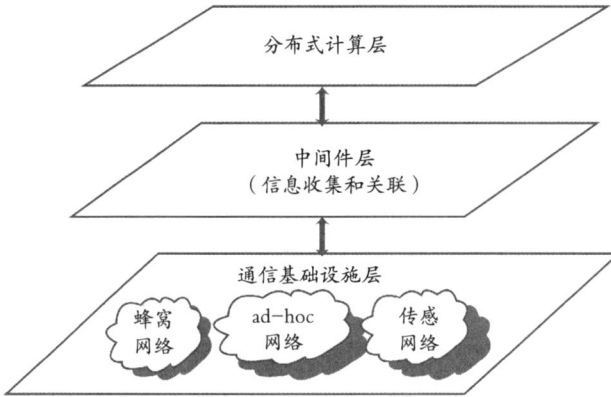

图7.3　应急通信网络架构

从类型上区分，应急通信网络研究工作主要从两个维度（时间和空间）进行（见图7.4）。在时间维度上，主要划分为灾难发生前、灾难发生时、灾难发生后；空间维度则主要涉及陆地、海洋、卫星。

为完成应急通信网络的建设，通过已有技术使得应急通信系统实际可用、高度稳定，需要在原有网络的设计基础上做出改进，增加新的处理机制。目前，应急通信网络涉及的主要技术包括卫星应急通信技术、自组网技术、区域空间应急通信技术。

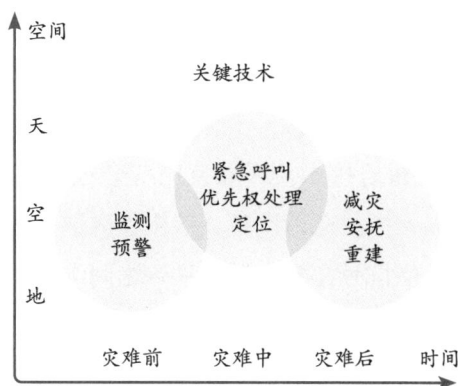

图 7.4　应急通信网络的两个维度

（1）卫星应急通信技术。用于应急通信的固定卫星通信系统采用的地球站包括主站、中心站和用户端站。卫星通信系统主站与用户端站可以直接构成自成系统的卫星通信网络，实现卫星通信业务的传送。配有网关设备的卫星通信地球站作为与地面通信网衔接的关口，通过中心站与用户站之间、用户站与用户站之间的卫星线路为用户的各种业务应用提供与地面网的接入，为应急事件现场的各类应急通信手段提供更广泛的延伸和覆盖，并为临时建立的本地移动通信网和专用通信网提供专用的传输线路。组网模式可以采用星状网、网状网或混合式网的网络结构，实现网内点对多点的卫星用户终端间业务通信。

（2）自组网技术。自组网，即自组织网络，是指不需要依靠现有的固定网络基础设施，快速展开使用的网络，由一组带有无线收发装置的可移动终端节点组成，不依赖人为操作，自组织、自愈合，各个节点相互协作并完成信息交换，实现信息共享。自组织网络可以分为平面结构和分级结构。在平面结构中，所有节点在网络控制、路由选择和流量管理上平等；在分级结构中，网络被划分为簇，由一个簇头和多个簇成员节点组成，所有簇头形成更高一级网络，并由簇头节点负责簇间业务的转发。自组织网络主要使用表驱动路由协议和按需路由协议。表驱动路由协议实时更新网络的路由信息；按需路由协议则先检测目的主机，并建立源主机到目的主机的连接，然后再按该路径发送。从定位方式来看，自组织网络分为节点自主定位和外部目标定

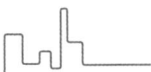

位。自主定位按照某种定位机制确定节点自身的位置；外部目标定位依靠外部目标提供的信息计算得到相对位置信息，如全球定位系统 GPS，在自组织网络的定位中获得了广泛的应用。

（3）区域空间应急通信技术。区域空间应急通信系统是以飞艇、系留气球等浮空平台为载体，搭载载荷设备，在覆盖区域上空建立的空地一体化应急通信系统。移动通信信号在多个浮空平台之间组网并进行高速转发和传输，然后通过地面网关与地面传输网相连，实现复杂环境下的移动通信。为保证系统传输的可靠性，采用双网关（或多网关）互为备份与地面传输网相连，或使用中继卫星链路实现传输备份。系统建立地面管理调度与决策指挥中心，实现浮空平台的实时飞行监测与控制，完成空间拓扑的建立与维护。同时，浮空平台搭载航拍设备，收集有效数据并实时回传给运营商的视频网络及地面指挥中心，为应急救灾部门和国家相关部门提供远程救灾指挥调度服务。该类系统可提供大范围覆盖、可扩展、机动灵活的应急通信服务，在地面移动通信系统破坏后，能够迅速恢复公众移动通信。

（三）应急通信网的案例分析

应急通信网涉及的主要建设内容包括"天、空、地"三维应急通信、应急联动通信系统和应急管理信息平台（见图 7.5）。

"天"主要指卫星通信系统，包括卫星移动通信系统、广播卫星、导航定位卫星、遥感成像卫星等，它们在灾害发生的不同时间阶段和不同应急场景下可发挥监测、预警、指挥、调度、导航定位、灾情信息发布、应急通信中继等作用。"空"指处于大气层内至地面之间的防灾应急通信设施，主要指搭载于飞艇、热气球、直升机等飞行平台上的通信系统，这些系统在紧急情况下可满足预警、指挥、调度等通信需求，并可实现空中通信中继、重点区域监测等能力。"地"是指处于地面的通信设施，如公众通信网、互联网、数字集群通信、无线传感器网络、公共预警系统、短波通信、无线宽带接入等。三维应急通信系统可以在灾难或突发事件的不同阶段和不同方面分别发挥作用，提高应急通信能力。

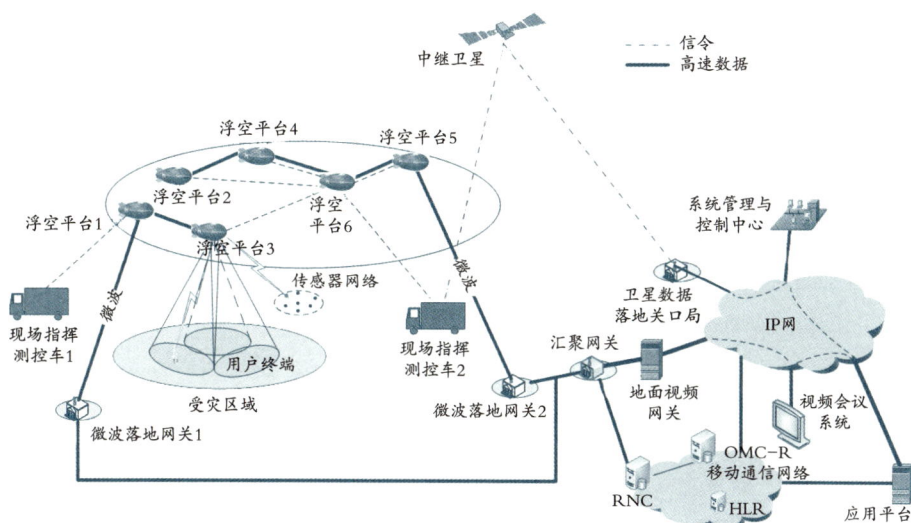

图 7.5 三维应急通信网络架构

应急联动通信是一个快速反应的通信系统与信息系统有机集成的平台，集卫星系统、数字集群指挥调度系统、有线通信网、无线通信网、因特网、广播电视网等于一体，统一协调公安、消防、交警、急救、公益、民防、媒体等各部门，为人民大众提供快速、及时的各种救助和相应应急服务。

因此，建设智能城市的应急信息网，应依托城市信息化基础设施，加强应急管理信息平台的基础设施建设，综合利用现有的先进通信技术，为应急管理信息平台提供强有力的技术保障；以电子政务的基础设施平台为依托，发展综合性的应急管理信息平台，加快形成统一、高效的应急决策指挥网络。

四、工业互联网

继 18 世纪 60 年代的第一次工业革命和 19 世纪 70 年代的第二次工业革命之后，人类社会在 20 世纪 70 年代经历了第三次科技革命，原子能、电子计算机等发明和应用蓬勃发展，以全球互联网为标志的信息高速公路缩短了人类交往的距离。这一场互联网革命为人类传递消息带来了极大的畅通途径，推动了社会生产力的发展。

　　近年来互联网飞速发展，已经逐渐侵占传统产业的固有领域。一方面，由于互联网的先进性和高速传播能力，互联网产业面对传统产业有很大的成本和传播优势；另一方面，科技进步为传统产业变革提供了充分条件，结合互联网，传统产业能够扬长避短，发挥自己的优势。鉴于此，在工业革命和互联网革命之后，通用电气公司（General Electric Company，GE）于2012年提出了"工业互联网"这一概念。

　　GE的总裁伊梅尔特（Jeffrey R. Immelt）在其演讲中称，工业互联网是一个开放的、全球化的网络，将人、数据和机器连接起来，其目的在于升级那些关键的工业领域。目前，全世界有数百万种机器、设备、数万种复杂机械的集群、上千种复杂的机器网络。互联网把机器、设备、集群和网络联系起来，在更深的层面连接起来，与大数据分析相结合，实现数据控制的进一步互联网化，提升生产效率。例如，以GE现有的产品和市场规模，引入工业互联网，使相关设备的效率提高1%，十年下来可以为各个产业节省数千亿美元的开支。进一步来看，工业互联网通过设备、互联网大数据的结合，将促进更先进的设备与更完善的服务的产生。以医院所用的CT设备为例，在掌握设备运转数据、病患数据和医生诊断数据的基础上，工业互联网可将设备、病人和医生有序地联系在一起，提高设备使用率、病人诊疗率和医生工作效率，并通过全面数据分析与个案比较相结合，提高诊断准确率。在此基础上引入创新，能够通过平台、网络和数据的开放引入第三方创新者，打造全新的服务和商业模式，实现工业互联网下的多方共赢。例如，在医疗诊断网络化实现以后，厂商就有可能推出家庭级疾病诊断设备，诊断数据通过网络上传给医生，医生通过医患互动做出建议或推荐专门医院和医生进行进一步诊疗，这也将产生一个全新的家庭医疗服务行业，进而带动整个社会的进步。

　　然而，在讨论工业互联网的同时，我们也应注意到工业互联网与传统工业网络的区别。从整体来看，传统工业网络又称为工业总线，属于相对小尺度的网络联结，没有工业标准保证厂商间的兼容，无法实现底层设备互通，多用于少量节点的通信。这是其需求与较高的成本所决定的。工业互联网则属于工业总线的一种升级，联网节点数与之前有本质区别。分布在全球的设

备将共同连入互联网，并利用整个网络的资源进行信息传递、交互和共享，进一步打通了传统互联网与工业网络的壁垒，形成统一化网络。云端的数据存储分析能够实现数据的重新诠释，从而有重点地使用数据，完成深度分析决策，最终实现产业升级。

工业互联网的概念是对传统设备制造业的重新定义，将潜在的市场规模扩大数十倍以上。在工业互联网中，设备销售仍然是商业模式的重要组成部分，但更重要的部分是依托设备展开的增值服务和创新服务。中国持续的基础设施建设和工业化进程，形成了庞大的智能机器规模，这为发展工业互联网提供了很好的机会。

（一）工业互联网的关键技术

工业互联网通过给智能的机器加上分析功能，采用互联网移动的方式给生产力带来革命性的提高。有了互联网，全球数以百万计的工业设备将实现突破性的互联互通，这种互联互通不仅仅是形式上的，而且还在更高的层次上得益于不断进步的数据挖掘技术，实现工业设备之间的数据共享，进而使网络数据得到了广泛的利用。

工业互联网整合了工业革命和网络革命的优势，将两者有机结合在一起。伴随着相互发展，两者快速融合，实现工业互联网的持续发展，又同时衍生出许多不同类型的相关技术。其中，传感器与网络互联技术为工业互联网提供了底层连接的根基，智能机器、高级分析以及安全这几个全新的角度则体现了工业互联网与其他领域有所区别。

今后，随着计算机辅助设计（computer-aided design，CAD）技术、MEMS 技术、信息理论及数据分析算法的继续向前发展，在各种新兴科学技术呈辐射状广泛渗透的当今社会，传感器系统作为现代科学的"耳目"，必将进一步得到社会各界的普遍关注。

1. 工业互联网的传感技术

实现工业互联网的持续技术创新，首先需要解决传感器和全面互联问题。现代信息技术离不开传感器技术，我们每天的生活和工作也离不开传感

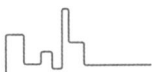

器，未来的传感器系统必将向着微型化、智能化、多功能化和网络化的方向发展。作为现代获取数据主要途径之一的传感器系统，是人们快速获取、分析和利用有效信息的基础，而在此基础上，工业互联网的传感技术则更加强调以下方面。

（1）价格低廉。以条码技术为例，条码技术是随着计算机与信息技术的发展和应用而诞生的，集编码、印刷、识别、数据采集和处理于一体。条码来源于邮政单据实现自动分拣，但是当第一个系统进入市场后，包括打印和识读设备在内的全套设备大约要 5 000 美元。随着发光二极管、微处理器和激光二极管的不断发展，新的标识符号（象征学）和其应用迎来了大爆炸，人们称之为"条码工业"。这一领域的技术进步与发展非常迅速，并且每天都有越来越多的应用领域被开发，各种类型的条形码也不断涌现，使我们每一个人的生活都变得更加轻松和方便。为了更方便地购物、结账，电子标签随着电子技术的不断发展应运而生。电子标签的成本逐渐下降，今后可能会取代条形码技术成为人们生活中的重要组成部分。工业互联网需要更多的传感器在更低的价格下发挥更大的作用，所以通过更先进的技术、工艺、材料等降低传感器的成本，将成为今后的一个发展方向。

（2）传感器微型化。为了能够了解更多的信息，需要在机器、设备中植入更多种类的传感器，这就要求我们不断地减小传感器的体积，将其微型化。微型化建立在 MEMS 技术的基础上，MEMS 的发展把传感器的微型化、智能化、多功能化和可靠性水平提高到了新的高度。利用 MEMS 技术，可内置微处理器，或者把微传感器和微处理器及相关集成电路等封装在一起。除MEMS 外，新型传感器的发展还有赖于新型敏感材料、敏感元件和纳米技术。传感器材料是传感器技术的重要基础，是传感器技术升级的重要支撑。随着材料科学的进步，传感器技术日臻成熟，其种类越来越多。除了早期使用的半导体材料、陶瓷材料以外，现在涌现了一批新型多功能传感器，如新一代光纤传感器、超导传感器、焦平面陈列红外探测器、生物传感器、纳米传感器、新型量子传感器、微型陀螺、网络化传感器、智能传感器、模糊传感器等。

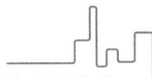

（3）传感器网络化。现在的很多传感器需要依赖所附着的设备进行网络连接，这样就大大限制了传感器采集信号的可用性。随着传感器技术及无线网络技术的进一步融合，无线传感器将有着十分广泛的应用前景。它不仅在工业、农业、军事、环境、医疗等传统领域具有巨大的运用价值，在未来还将在许多新兴领域（如家用、保健、交通等）体现其优越性。我们可以大胆地预见，将来无线传感器网络将无处不在，将完全融入我们的生活。比如微型传感器网络可以将家用电器、个人电脑和其他日常用品同互联网相连，实现远距离跟踪。无线传感器网络将是未来一个无孔不入的十分庞大的网络，其应用可以涉及人类日常生活和社会生产活动的所有领域，需要各种技术支撑。但是，我们还应该清楚地认识到，无线传感器网络才刚刚开始发展，它的技术、应用都还远远谈不上成熟，国内企业应该抓住商机，加大投入力度，推动整个行业的发展。

2. 工业互联网的网络连接技术

工业互联网的发展离不开更加广泛的互联技术，除了传感器的网络化之外，构建各种机器设备的广泛互联也是推动工业互联网进一步发展的重要环节。全球 70 亿人，平均每个人至少对应有十个机器，包括装置、仪器和车辆，如果把机器连接起来的话，全球完全有可能有 700 亿个机器接入。可以想象，未来将会出现比消费互联网更庞大的工业互联网生态系统，而如何面对工业互联网时代广泛互联的要求，也将成为今后网络互联的热点话题。互联技术的发展特点包括以下几点。

（1）低功耗。随着用于互联的设备或者模块的小型化，以及工艺和互联标准的进步，传输同样的数据所需要的功耗越来越低。在设备或者机器的生命周期内，都可以进行网络互联而不需要更换电池。

（2）低成本。随着工艺的进步、新材料的研制以及规模效应的显现，网络互联的成本已经不能成为阻碍工业互联的关键问题。

（3）时延短。随着网络带宽不断增加以及各种新的通信协议的推出，通信时延已经进入毫秒甚至微秒级别，因此更加适用于对时延要求苛刻的工业控制场合。

（4）网络容量大。随着 IP 技术的进步以及 IPv6 的不断应用，今后将可以做到任意设备都可以接入网络，不会存在地址空间不足的问题。

（5）可靠性。随着网络的进一步普及，网络将发展成为类似神经网络的连接方式，通路的冗余度将大大提高。

3. 智能机器

智能机器体现了现有的设备通过更先进的方式（如 ZigBee 等）使得更多的设备可以连接成为一个更为广泛的互联网络，设备之间可以不受某条链路失效的影响而继续互联互通。如此，设备之间的连接更加趋近于神经网络，连接不仅更加复杂，也更加多样化。

4. 高级分析技术

高级分析技术在大数据技术基础之上融合了更多的机器算法（包括分析算法、预测算法、语义分析算法等），分析智能机器之间的数据通信。随着技术的进步，这种方式将为企业提供新的机遇。传统的分析方法是基于历史数据收集技术，将数据、分析和决策分隔开来。随着系统监控和信息技术成本的下降，工作效率大大提高，实时数据处理的规模得以大大提升。这些高频率的实时数据为系统操作提供全新视野，高级分析技术则为分析流程开辟新维度。通过各种物理连接方式，行业特定领域的专业知识、信息流的自动化与预测能力相互结合，可与现有的整套大数据工具联手合作。最终，工业互联网将涵盖传统方式与新的混合方式，通过先进的特定行业分析，充分利用历史与实时数据。

（二）工业互联网的案例分析

利用工业互联网，能够在全球范围内共享数据，利用智能分析算法实现细粒度的数据状态分析，进而得到不同时间、不同地域的智能工业数据指导，为设备的有效使用提供依据，进而改善生产效率。下文以 GE 在医疗、航空和能源领域的应用为例，说明工业互联网的实际应用。

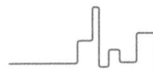

1. 工业互联网在医疗领域的应用

医院拥有成千上万的医疗设备，大部分设备都是可移动的，很多时候需要知道某设备放置的区域，并需要一个系统可以提醒医生、护士和技术人员注意状态变化，进而提高医疗资源利用率。通过 GE 的努力，类似系统已经开始得以部署。

GE 医疗集团（GE Healthcare）和美国退伍军人事务部（United States Department of Veterans Affairs，VA）进行合作，开发出一套智能系统，能够在少量监督下进行手术工具的定位、分拣、递送和消毒，包括机器人系统、RFID 和计算机视觉等技术。夹钳、手术刀等手术工具都将配备一个独一无二的编号，这样可以被机器人的不同部件快速识别。该系统还可以执行手术工具的配备、消毒过程中的移动以及传入传出手术室等，从而确保正确的无菌工具在正确的时间按照操作顺序被递送到正确的地方。GE 估计，这些创新可以为医院削减 15% ~ 30% 的设备成本，并使医务工作者每次换班能额外获得一个小时的生产力。这些方法还可以减少手术感染，提高手术室日程安排效率，缩短手术室周转时间，提高医院服务能力。

2. 工业互联网在航空领域的应用

在美国加州圣拉蒙（San Ramon）的 GE 软件研发中心，工作人员通过测试筛选 2 万台喷气发动机发出的各种细小警报信号，提供发动机维修的前瞻性评估数据。这套系统的另一个价值是大幅降低飞机误点率。

GE 航空集团（GE Aviation）还和埃森哲（Accenture）成立了一家名为 Taleris 的合资公司，为全球各地的航空公司和航空货运公司提供该服务。通过云计算服务，当一架飞机落地以后，Taleris 很快就可以把飞机的数据用无线的方式传递出去，随后为之量身打造一套专门的维修方案。航空公司因此也能够对飞机上的各项性能指标进行实时监测和分析，并对故障进行预测，从而避免飞机因计划外的故障造成损失。

GE 的下一代 GEnx 引擎中将会保留每次飞行的所有基础数据，甚至会从飞机实时传回 GE 分析。这样一台引擎每年产生的数据量甚至会超过 GE 航空业务历史上的所有数据。海航是 GE 的合作伙伴，公司早就对飞机进行资产的数据管理，以节省燃油和降低碳排放。利用软件分析数据改进系统，海航在 2012 年和 2011 年节省了 1.1% 的燃油使用量，折合人民币超过 2 亿元，同时碳排放减少了 9.7 万吨。

3. 工业互联网在能源领域的应用

GE 在美国纽约州斯克内克塔迪（Schenectady）有一家氯化镍电池工厂，在 1.7 万平方米的电池生产厂区内，一共安装了 1 万多个传感器，并全部连接内部高速以太网进行数据传输。这些传感器有的用来检测电池制造核心的温度，有的用来检测制造一块电池所耗费的能源，还有的用来检测生产车间的气压。在流水生产线外，管理人员手拿 iPad，通过工厂的 Wi-Fi 网络来获取这些传感器发来的数据，监督生产过程。

在新工厂生产的电池上都标有序列号和条形码，方便各种传感器进行识别。如果管理人员想知道电池组件的耗能情况或一天的产能，只需要在高性能的工作站上就能完成数据采集和分析。抽检的电池如某一环节出现了问题，就可以通过跟踪数据发现问题的根源，并及时解决。传感器和机器之间也有数据交换，当某一传感器发现流水线移动过快时，就会"告知"机器，让它们把传输速度减慢一点。

第8章

i City 智能城市信息网络安全建设

一、智能城市信息网络安全建设背景

近年来，我国信息网络安全的发展情况喜忧参半，形势不容乐观。国家对网络安全的重视程度日益提高，网络安全投入大幅增加。虽然法律法规体系、标准化体系和网络安全技术体系得到不断完善，然而我国所遭受到的网络威胁仍旧不能忽视。

（一）智能城市信息网络安全发展形势

当前，随着网络的普及和流量的激增，全球面临着越来越大的网络安全威胁。Akamai 公司研究的《2014 年 Q4 全球互联网安全报告》显示，2014年全球分布式拒绝服务（distributed denial-of-service，DDoS）攻击几乎翻了一番，其中将近一半的攻击使用了多矢量攻击。100Gbps 攻击的数量方面比 2013 年增长了 200%，每个 DDoS 攻击持续时间增加了 28%。互联网基础设施的扩展、数百万潜在可利用的互联网设备连接到网络，以及 Web 应用程序中不断披露的漏洞，都可能引发攻击者利用漏洞对网络造成更大的破坏。

360 公司发布的《2014 中国个人电脑上网安全报告》披露了 2014 年度国际国内发生的 14 起震惊中外的互联网安全事件，其中有 5 起主要发生在中国。2014 年 1 月 21 日下午 3 点 10 分左右，国内通用顶级域的根服务器忽然出现异常，导致众多知名网站出现 DNS 解析故障，用户无法正常访问，部分地区用户"断网"现象持续了数小时，至少有三分之二的国内网站受到影响；2014 年 4 月爆出 Heartbleed 漏洞，该漏洞是近年来影响范围最广的高危漏洞，涉及各大网银、门户网站等，从该漏洞被公开到漏洞被修复的这段时间内，已经有黑客利用 OpenSSL 漏洞发动了大量攻击，有些网站用户信息或许已经被黑客非法获取；2014 年 5 月 22 日，eBay 网站发生严重的数据库泄露，包括用户密码、电话号码、地址及其他个人数据，近 1.28 亿活跃用户被要求重新设置密码；2014 年 12 月，索尼影业公司被黑客攻击，摄制计划、明星隐私、未发表的剧本等敏感数据都被黑客窃取，使索尼影业损失高达 1 亿美元，仅次于 2011 年该公司被黑客攻击的损失；2014 年 12 月 25 日，我国 12306 网站用户数据大面积泄露，内容包括用户账号、明文密码、身份证号码、手机号码和电子邮箱等，这对我国普通网络用户的个人信息安全造成了严重威胁。

我国是网络攻击的主要受害国，中国工程院的一份报告显示：2013 年前 8 个月，境外有 2.2 万个 IP 地址通过植入后门对我国境内 4.6 万个网站实施远程控制。从控制源头数量统计，美国居首位。据赛门铁克（Symantec）互联网安全公司统计，在恶意攻击、恶意代码、Web 攻击、钓鱼主机、僵尸网络的来源中，美国均排名首位。另外，我国 IP 基础网络设备面临较大的安全隐患。三大运营商 IP 骨干网承载的数据不仅来自普通用户，还来自企事业单位和科研机构的生产办公数据、政务数据，以及日益蓬勃的电子商务、互联网金融等网络经济信息数据。网络设备节点多、承载流量大，面临的网络安全任务和挑战日益复杂。根据国家信息安全漏洞共享平台统计，2013 年通报的基础网络安全漏洞风险事件 518 起，其中 54.6% 涉及基础电信运营商省（子）公司，37.2% 涉及运营商集团公司；2014 年全年互联网新增各类网络漏洞 9 118 个，其中第一季度新增安全漏洞 2 018 个，第二季度新增安全漏洞 1 910 个，第三季度新增安全漏洞 2 537 个，第四季度新增安全漏洞 2 653 个（见图 8.1）。

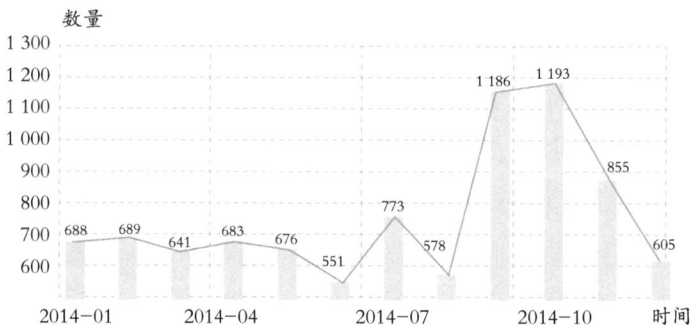

图 8.1　我国 2014 年互联网新增安全漏洞趋势

信息网络安全不仅关系到普通个人和企业自身的安全，更关系到国家安全和主权、社会稳定、民族文化继承和发扬，其重要性正随着全球信息化步伐的加快而越来越显著。

美国连续 30 多年不间断设计和实施网络空间战略，具有国际领先的战略统筹能力。2011 年《网络空间国际战略》（International Strategy for Cyberspace）的发布实施标志着美国网络空间战略行动已从国内层面上升到国际层面，美国正式开始构建对全球网络空间的战略统帅地位。英、德、法、日、澳等国迅速跟进，各主要国家纷纷加紧体制机制建设，设立国家顶层战略行动联调机构，横跨学、商、政、军等各界，开展全局合作、监测预警、应急响应等安全行动，以举国之力谋全网之安，并使本土网络空间形成对外部威胁的自觉免疫能力，确保网络空间及其承载的经济、文化、政治、军事等各项事务的运行安全。

世界范围内针对网络空间的争议起初主要围绕网络资源和互联网管理权展开。近年来，美国公然宣称信息自由流动理念，主张对信息流动实行"超国界、跨主权"的国际治理，对各国网络空间基本主权和网络管辖权构成了极大威胁。"棱镜门"事件再次证明，美国利用对国际互联网的单边控制优势，广泛开展针对各国公民、政要和关键敏感部位的大规模情报数据侦控活动，将自身置于道德对立面。这引起了巴西、德国等传统盟国的强烈抗议，致使各国迫切要求独立行使网络空间国家主权和管辖权。

2014 年 2 月 27 日，中共中央总书记、国家主席、中央军委主席、中央网络安全和信息化领导小组组长习近平在中央网络安全和信息化领导小组第一次会议提出的"没有网络安全就没有国家安全，没有信息化就没有现代化"以及"建设网络强国的战略部署要与'两个一百年'奋斗目标同步推进"等重要论断，深刻阐释了党中央关于加强网络安全和信息化工作的指导思想和方针路线。目前，全球各国的共识是：未来的战争将是网络的战争。我国要着重针对网络空间安全，积极部署信息网络安全发展战略，以应对将来极有可能出现的网络战争。

（二）智能城市信息网络安全面临的挑战

智能城市建设的复杂性使得智能城市信息网络安全建设显得更加复杂，智能城市中信息网络安全体系面临的各类风险更为突出。一方面，信息网络

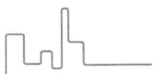

基础设施相互连接，其信息系统设备安全所涉及的硬件结构更为复杂，这加剧了系统性风险；另一方面，城市中信息采集与交换规模、信息用户数量大增，经济社会运行对信息系统的依赖程度日益加大，信息安全涉及城市政府、企业与公众、非政府组织等各类利益相关方，这些利益相关方之间的信息安全需求存在冲突。

智能城市信息网络安全建设面临着多方面的挑战，主要包括以下四个方面。

1. 信息基础设施安全的脆弱性增大

在智能城市大规模的信息基础设施体系中，物联网、云计算等关键性技术的商业化应用尚需安全和技术论证，信息安全前景不明确。如物联网所涉及的关键技术需要统一技术标准以实现兼容并确保所保存和传输信息的机密性、完整性。智能城市建设体系下复杂的网络接入环境、多样化的接入方式、数量庞大的智能接入终端，都需要解决接入时的状态和身份认证，进一步加大了信息安全保障的难度。物联网传递的是传感器生成的信息与数据。传感设备的存储和处理能力不一致，设备的可信度尚难以得到保障，增加了信息安全系统设计和实施的复杂度。云计算平台无法识别用户计算任务的合法性，一旦云服务平台被攻击者控制、安全漏洞被利用或云用户身份被盗用，攻击者可以利用云服务平台的庞大网络资源、用户身份资源、计算资源组织更大规模的攻击。而云服务平台由于具有动态特征，对此类攻击难以确定和追踪，还需要从基础平台、关键技术、标准规范等多方面进行变革，在云计算的应用需求与信息安全需求之间取得平衡。

2. 信息安全威胁向城市实体性基础设施领域延伸

在智能城市建设中，城市可能遭到信息安全侵害的领域在不断扩大。信息系统与实体性基础设施（如交通运输工具、管线、建筑等）相互连接，传统的信息安全扩展到实体性基础设施，可以借由信息系统侵害实体性基础设施的信息安全。由于系统复杂性、意外事故、错误操作、攻击行为等原因，城市关键信息系统可能出现信息安全问题，这会给重要的实体性基础设施带来巨大的安全威胁，导致城市日常生活中断或造成重大经济损失等。

智能城市建设中信息安全威胁的非对称性大大提高。信息基础设施具有全球互联特性，智能城市中横向关联的信息系统消解了城市各子系统之间的边界，外部主体可以在远距离运用最小的资源实施攻击行为，其身份、位置和进入路径都难以确认。此外，针对信息基础设施的攻击可以同时迅速传导到金融、能源、交通等部门，侵害实体性基础设施的信息安全，导致多个系统瘫痪，损害城市的正常运行，共时性信息安全威胁更为严重。

3. 城市信息安全责任分担与协同机制复杂

智能城市的发展强调与外部建立多种联系、增加对全球资源的吸引，频繁、多样、跨境的信息交互对信息安全保护提出了更高的要求。但是各国、各城市对信息安全威胁的认识与应对方法存在显著差异，在发现境外主体采取攻击行为时，仍然缺少可以遵循的协同管理方法。因此，在智能城市建设中，需要建立一种新的安全责任分担机制，以确立政府、私人部门、研究机构等利益相关方的责任并通过法律形式予以明确。政府需要重新界定与私人部门的关系，让相关的私人部门参与信息安全决策，因为私人部门不仅是主要的信息使用者，还拥有应对信息安全威胁的技术条件和解决方案。

政府作为主要的信息安全管理者，其内部各监管机构之间也需要明确责任。以往城市对基础设施实施监管的方式通常是建设一种新的基础设施，同时成立一个与之相应的监管机构，因此城市中存在监管电信、电网、交通等方面的相互独立的机构。而智能城市将实体性基础设施与信息基础设施进行全面互联，需要明确各监管机构在信息安全管理中的职责及其重要性，设计横向协同机制，以确定各类监管机构的决策层级、可采取的措施以及行动边界和协同任务。

4. 智能城市的信息安全目标难以确定

基于安全化理论，城市信息安全目标可分为三种类型：①日常安全（everyday security practice），即根据保障城市信息安全的已有经验来预期可能产生的信息安全威胁，设定可接受的信息安全残余风险，进而设计

信息安全保障对策与措施，使城市实现信息系统的正常运行；②超安全化（hypersecuritization），是指超出日常安全水平的安全目标，旨在通过全面防御，应对各类可能出现的信息安全威胁，形成高水平的信息安全保护能力；③技术导向（technification），主要通过信息技术创新，制定严格而系统化的信息化规则和信息管理制度，提高信息安全水平，对信息安全侵害者进行严格惩处。

智能城市信息网络安全问题贯穿于整个信息网络各个层次，包括信息网络的感知层、网络层、平台层和应用层。具体而言，智能城市信息网络可能面临的安全威胁包括以下几点。

（1）安全隐私鉴别与保密。RFID技术被广泛地用于物联网系统时，RFID标签可以被嵌入任何物品中，而拥有者不一定能察觉，从而导致拥有者在不知情的情况下被扫描、定位和追踪，带来隐私保护的问题。这不仅涉及技术层面，还涉及法律和道德层面。

（2）智能感知节点的自身安全问题。鉴于物联网的应用可以取代人来完成一些复杂、危险和机械的工作，因此物联网机器／感知节点多数部署在无人监控的场景中。那么攻击者就可以轻易地接触到这些设备，甚至通过本地操作更换机器的软硬件，从而对它们造成破坏。

（3）物联网业务安全。由于物联网节点无人值守，并且是动态的，所以如何对物联网设备进行远程信息签约和业务信息配置就成了难题。另外，现有通信网络的安全架构都是从人与人之间的通信需求出发的，不一定适合以机器与机器之间的通信为需求的物联网。倘若使用现有的网络安全机制，可能会割裂物联网机器间的逻辑关系。

（4）更容易传播恶意代码。实现智能城市的基础是互联，不仅包含了人与人、人与物、物与物等多个层面的互联互访，也包含了资源的融合与共享，比如跨政府职能部门、跨运营商、跨金融企业等的资源互通互访。因此，一旦某个环节受到了恶意代码的侵入，威胁的蔓延将失去控制。

（5）超大规模的拒绝服务（denial-of-service，DoS）攻击。由于物联网中节点数量庞大，且以集群方式存在，因此在进行数据传播时，大量节点的数

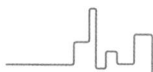

据传输需求会导致网络拥塞，这给现有的基础网络结构带来了新的挑战；另外，由于大型物联网节点鉴别技术的复杂性，如果没有很好的检测机制，利用智能城市的信息平台发动大规模甚至超大规模的攻击，也将会更加容易。

（6）云计算技术的应用带来的安全挑战。云计算技术是实现海量接入和并行计算的新型技术，也必然成为支撑智能城市的关键技术手段。目前我国云业务发展乃至未来网络社会的最大挑战，依然是引入云技术所带来的安全威胁。主要情况包括：用户和服务商之间未建立起信任关系；不掌握云服务核心技术就无法摆脱受制于人的境地；云安全标准目前还处于空白状态，阻碍我国云服务快速发展；传统的安全技术在云虚拟化环境中，依然面临着很多挑战。

（三）重要启示

建设智能城市能够强化对城市信息安全的保障，要强调以下四个方面的问题。

（1）以升级信息基础设施提高信息处理能力。发达的信息基础设施为城市信息安全建设提供了基本保障。构建宽带、融合、泛在的新一代信息基础设施体系，可使目前困扰计算机网络安全的大量隐患得到有效控制。在这一体系下，城市能够即时感知各系统的信息，用动态、互联互通的全局性信息取代传统的局部、分散的信息，通过将信息向相关方传递，提供随需应变的信息服务，提高信息的可用性和信息实时交互处理能力。云计算平台处理城市的海量数据与信息，不仅能分析结构化的历史数据与信息，还能分析非结构化的数据，这就增强了城市的信息与数据分析能力，是对城市信息安全保障的强化。

（2）以智能城市建设优化信息安全保障体系。国外智能城市实践中的一个共同点在于高度重视以电子政务建设改善公共服务质量、提升政府领导力，从而建设智慧政府。政府在信息基础设施建设及其标准制定方面发挥直接的管理作用，投资于关键性政府信息系统的安全防护。通过电子政务建设向城市公众、企业等开放整合的信息与数据库，提高了信息的可用性、可靠

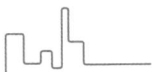

性与完整性；通过采取统一权限分级准入制，提高了探测恶意攻击的能力，能更有效地防止信息入侵等安全事故，避免因信息外泄而无法确定责任源头的情况。智慧政府重视建立信息安全风险评估、等级保护、安全测评、电子认证、应急响应等监管体系，加强法规标准和信息产业等信息安全环境建设，这提高了城市基础网络与重要信息系统的防护能力。

（3）以技术创新强化信息安全的技术基础。欧盟、美国、日本和韩国等普遍重视智能城市建设中的信息安全问题，在信息安全研发方面进行了持续、充分的资金投入，制定了面向新一代信息技术的研发框架，确定了与信息安全相关的多个技术优先研究领域，加大力度支持信息安全产业发展，培养信息安全专业人才，在城市中不断应用新的信息安全技术和产品。IBM、惠普、思科等行业内的全球领先企业通过长期的战略规划和技术创新，提出了多种智能城市建设路径和安全应用方案。

（4）以提高信息素养强化信息安全的社会性基础。智能城市建设的一个特征在于重视提升公众的信息素养，使公众广泛参与城市发展的相关决策。多国城市在全纳教育（inclusive education）理念引领下，通过政府、非政府组织、社区和志愿者等多方力量的协作，开展面向家庭用户、小型企业、公共服务机构的在线和线下信息素养教育与服务，普及信息安全知识，提醒用户警惕各类安全威胁，形成合理的信息使用习惯，以强化保障信息安全的社会性基础。

具体而言，智能城市信息网络安全建设就是要建立起智能城市信息网络安全体系架构（见图8.2），保障智能城市信息网络各层的安全。①感知层：防止采集的信息被窃听、篡改、伪造和重放攻击，主要涉及 RFID 安全和传感网安全。②网络层：保证信息传递过程中数据的机密性、完整性、真实性和可用性，主要是电信通信网络的安全。③平台层：保证信息的处理和储存安全，主要是数据中心安全。④应用层：保证信息的私密性和使用安全等，主要是个体隐私保护和应用安全等。

总之，在智能城市网络安全领域，要通过发展自主可控的信息安全技术保障网络安全，维护国家安全。在信息技术领域，实行自主创新战略，组织

图 8.2　智能城市信息网络基础设施安全体系架构

国家力量，包括通过运用市场化手段，打中国信息技术的翻身仗。在基础设施领域，加强核心技术自主创新和基础设施建设，提升信息采集、处理、传播、利用等方面的安全能力，尤其要寻求在网络体系架构上完成对国外的弯道超车，摆脱国外在 TCP/IP 体系结构上的垄断和控制。从运营商的基础网络设施层面而言，实现在防护、监测、防攻击和未来网络安全技术等关键技术上的突破。要想从网络大国走向强国，我国就必须占领基础设施方面的制高点，在网络控制和网络安全技术方面拥有自己的话语权。

二、感知层安全

感知层由具有感知、识别、控制和执行等能力的多种设备组成，采集物品和周围环境的数据，完成对现实物理世界的认知和识别。感知层感知物理世界信息的两大关键技术是射频识别（RFID）技术和无线传感器网络（WSN）技术。因此，探讨物联网感知层的数据信息安全，重点在于解决 RFID 系统和 WSN 系统的安全问题。

（一）RFID 安全

RFID 是一种通过射频通信实现的非接触式自动识别技术。基于 RFID 的物联网感知层结构如图 8.3 所示，每个 RFID 系统作为一个独立的网络节点通过网关接入网络层。因此，该系统架构下的信息安全依赖于单个RFID系统的安全性。

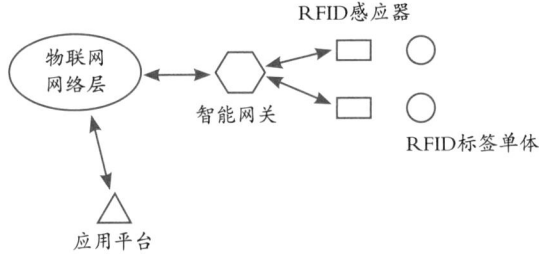

图8.3　基于RFID技术的物联网感知层结构

RFID系统面临的安全风险主要有以下几种。

（1）信息泄露：在末端设备或RFID标签使用者不知情的情况下，信息被读取（信息隐私泄露）。

（2）追踪：利用RFID标签上的固定信息，对RFID标签携带者进行跟踪（地点隐私泄露）。

（3）重放攻击：攻击者窃听电子标签的响应信息，并将此信息重新传给合法的读写器，以实现对系统的攻击。

（4）克隆攻击：克隆末端设备，冒名顶替，对系统造成攻击。

（5）信息篡改：将窃听到的信息进行修改后再将信息传给原本的接收者。

（6）中间人攻击：攻击者伪装成合法的读写器获得电子标签的响应信息，并用这一信息伪装成合法的电子标签来响应读写器。这样，在下一轮通信前，攻击者可以获得合法读写器的认证。

针对上述安全风险，业界提出了如下多种解决方案。

（1）使标签失效：杀死标签和沉睡标签。当商品交付时，将商品上的RFID标签杀死或使其进入睡眠状态，让RFID标签无法工作，有效防止用户隐私的泄露。沉睡标签虽然可以循环使用，但操作较复杂，且安全性有限。

（2）有源屏蔽和主动干扰。采用铝箔购物袋（法拉第屏蔽）或者使用电子设备主动发射干扰信号，避免RFID标签被识别。但是前一种方法会增加成本，且无法大规模实施；后一种方法会对其他通信系统造成干扰。

（3）利用密码学的知识引入安全机制。基于密码学的知识，采用密码算法和安全认证机制来实现 RFID 系统的信息安全是业界研究的热点。大量低成本的安全认证协议被提出，如 Hash-lock 协议、随机化 Hash-lock 协议、Hash-chain 协议、交互认证协议、分布式 RFID 询问—响应认证协议、再次加密机制等。对于 RFID 系统而言，安全和成本是需要相互权衡的两个主要因素，因此，很难找到一个适合所有 RFID 应用的安全认证机制。

同时，RFID 标准的多样性以及相关安全评估标准的缺失，也为 RFID 安全机制的设计与评估带来了很大挑战。因此，建议从物联网实际应用的安全需求出发，划分相应的 RFID 系统安全等级，并针对各安全等级的具体安全需求设计相应的安全机制。

（二）WSN 安全

WSN 作为感知层重要的感知数据来源，其信息安全也是感知层信息安全的一个重要组成部分。基于传感器技术的物联网感知层结构如图 8.4 所示，传感器节点通过近距离无线通信技术以自主网的方式形成传感网，经由网关节点接入网络层，形成信息的传输和共享。

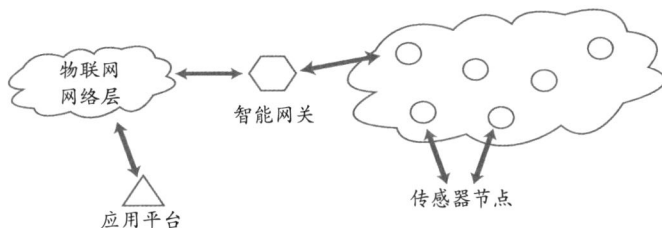

图 8.4　基于 WSN 技术的物联网感知层结构

WSN 相比于传统网络，具备节点资源受限（处理能力、存储能力、通信能力有限，低功耗要求高）、部署量大（低成本）以及网络拓扑结构复杂等特点。其面临的安全风险主要有以下几种。

（1）节点物理俘获：攻击者使用外部手段非法俘获传感器节点（网关节点和普通节点）。节点物理俘获分为两种情况：一种是普通节点捕获，能够控制节点信息的接收和发送，但并未获取节点的认证和传输密钥，无法篡改和伪造有效的节点信息进行系统攻击；另一种是完全控制，即获取了节点的认证和传输密钥，可以对整个系统进行攻击，该情况下，如果被俘获的节点为网关节点，那么整个网络的安全性将会全部丢失。

（2）传感信息泄露：攻击者可以轻易对单个或多个通信链路中传输的信息进行监听，获取其中的敏感信息。

（3）耗尽攻击：通过持续通信的方式耗尽节点能量。

（4）拥塞攻击：攻击者获取目标网络通信频率的中心频率后，通过在这个频点附近发射无线电波进行干扰，攻击节点通信半径内所有传感器节点，使之无法正常工作。

（5）非公平攻击：攻击者不断发送高优先级的数据包从而占据信道，导致其他节点在通信过程中处于劣势。

（6）拒绝服务攻击：破坏网络的可用性，降低网络或者系统的某一期望功能的能力。

（7）转发攻击：类似于 RFID 系统中的重放攻击。

（8）节点复制攻击：攻击者在网络中多个位置放置被控制节点副本引起网络的不一致。

针对上述攻击手段，业界提出了很多的防护措施建议，如加强网关节点部署环境的安全防护，加强对传感网机密性的安全控制，增加节点认证机制、入侵检测机制等。同样，在 WSN 中部署安全防护措施时也受到节点能力的制约，很多传统网络中成熟的安全机制无法直接应用。可行的防护方案如下。

（1）传感网密码算法。传感器网络由于缺乏基础设施、资源受限等特性使得很多现有的密码算法难以直接应用。目前主要使用的是对称密码算法。在对称密码中，消息认证码（message authentication code，MAC）被广泛使用，如消息 / 身份认证通过 MAC 来进行，而不是传统的数字签名方式。不过近年的研究表明，非对称密码算法经过优化后能适用于传感网，比如在特定情况下访问控制等可以使用低开销的非对称密码算法。

（2）传感网安全协议。针对数据的机密性、完整性、信息认证以及数据新鲜性等安全特性，Perrig 等（2002）提出了传感器网络安全加密协议 SPINS（security protocols for sensor networks），其中包含两个子协议：SNEP（secure network encryption protocol）和 μTESLA（micro timed efficient streaming loss-tolerant authentication protocol）。SNEP 是为传感网量身打造的能够实现数据机密性、完整性、保证新鲜度的简单高效的安全协议；μTESLA 是传感网广播认证协议。

（3）传感网安全路由。路由协议是传感器网络技术研究的热点之一。设计安全可靠的路由协议主要从两个方面考虑：①采用消息加密、身份认证、路由信息广播认证、入侵检测和信任管理等机制来保证信息传输的完整性和认证，这个方式需要传感器网络密钥管理机制的支撑；②利用传感器节点的冗余性，提供多条路径，即使在一些链路被敌人攻破而不能进行数据传输的情况下，依然可以使用备用路径，由此能够保证通信具有可靠性、可用性以及容忍入侵的能力。

（4）传感网入侵检测技术。传感器网络节点非常容易受到敌人捕获和侵害。入侵检测是发现、分析和汇报未授权或者毁坏网络活动的过程。传感器网络入侵检测技术主要集中在监测节点异常和辨别恶意节点上。由于资源受限以及传感器网络容易受到更多的侵害，传统的入侵检测技术不能够应用于传感器网络。传感器网络入侵检测由三个部分组成：入侵检测、入侵跟踪和入侵响应。这三个部分按顺序被执行：首先执行入侵检测，要是入侵存在，将执行入侵跟踪来定位入侵，然后执行入侵响应来防御攻击者。

三、网络层安全

目前，通信网络层安全面临前所未有的挑战。一方面，网络规模不断扩大，网络架构和协议日益复杂，通信网络自身的脆弱性增多，基础网络、信息系统和终端安全问题互相交织、互相影响，网络的可控可管难度明显加大；另一方面，通信网络面临的外部威胁加剧，网络攻击、病毒传播、黑客入侵等安全事件频发，造成的损失和影响越来越大。

从本质上看，通信网络安全威胁日益严重的根本原因在于以下三个方面。

（1）IP 协议开放性。通信网络将逐渐采用 IP 协议，电信网络从原来的信息传输通道走向多元化网络平台。网络 IP 化的负面效果在于将互联网的安全威胁和脆弱性等引入电信网络。只要知道 IP 地址，业务数据可以直达网络的任何节点，病毒、垃圾邮件、拒绝服务攻击等互联网常见的安全威胁势必困扰电信网络。

（2）宽带战略加剧了网络安全威胁。截至 2011 年，中国某运营商的移动网络最高支持 21Mbps 的下行速度，而固网宽带接入端口总数达到 8 592.3万个，其中，FTTH/B 端口占比达到 45%，2Mbps 及以上速率用户占比超过 90%，4Mbps 以上的占 41%。国家号召的宽带提速计划加剧了网络安全威胁，带宽提升后，一旦出现安全事件，其破坏力将被迅速放大，例如攻击者可以控制更大的僵尸主机网络，发送更多的垃圾流量，会对用户和运营商的网络构成严重威胁。

（3）黑色产业链的逐利性。近年来发生的恶意软件爆发、IP 网络攻击、垃圾邮件、垃圾短信等安全事件，背后都隐藏着组织严密、分工明确的黑色产业链，黑渠道商、黑客从中可以获取巨额利润。此外，随着网络融合趋势的不断加快和新技术的不断涌现，更多的未知安全风险将以不同的表现形式反映出来。

随着公共接入微蜂窝基站部署的增加，3G 和 4G 网络面临更多的安全风险，这些公共接入微蜂窝基站的部署主要是为了增加购物中心、公用办公室等其他公共场所的本地容量。这些安置在公共区域的小型设备面向公众，不能像传统基站那样采用物理保护方法，这使攻击者很容易从这些点突破来攻击网络。

由于通信网络系统极为复杂，彼此差别较大，根据研究需要，本节将网络划分为接入网、承载网、核心网和其他网络（见图 8.5）。其中，其他网络包括同步网、传输网、信令网等。本节将主要讨论接入网、承载网和核心网安全。

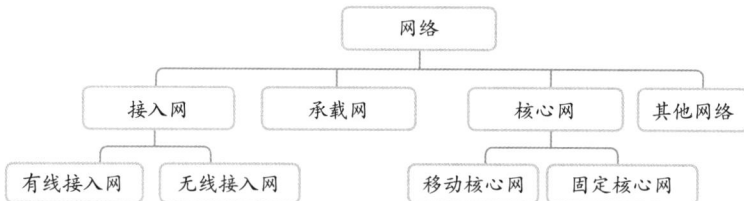

图 8.5　通信网络分类

（一）接入网安全

接入网安全包括有线接入网安全和无线接入网安全，其安全模型可按基础设施、系统软件、服务与应用来划分。①有线接入网安全包括三部分：物理布局、物理环境、通信设备、物理线路等基础设施；操作系统、数据库软件等系统软件；DSL、PON、以太网等服务。②无线接入网安全包括三部分：物理布局、物理环境、通信设备、线路、空口资源等基础设施；操作系统、数据库软件等系统软件；GSM、WCDMA、LTE、WLAN、Femto 接入等服务。

接入网面临的主要安全威胁包括：对于有线接入网，其安全威胁包括物理破坏、地址欺骗、用户身份欺骗、共享私接、宽带接入非授权访问、P2P流量等；对于无线接入网，WCDMA、LTE 安全机制较为健全、安全隐患较少，但网络资源容易受到移动恶意软件、设计不良应用的滥用，从而影响网络的质量，同时，GSM、WLAN、Femto 易受到窃听、滥用、数据泄露等威胁。

针对上述安全风险，可采取有效的安全措施保障接入网安全。①有线接入网安全措施包括：部署防火墙、入侵检测设备；监控接入网运行情况，检测私接、地址欺骗、异常流量清洗；接入认证与访问控制；建立接入网灾备与恢复机制。②无线接入网安全措施包括：监控终端、应用协议异常行为，动态调整、优化无线资源；加强 WLAN、Femto 设备的安全防护；加强 GSM通信安全，发现虚假基站。

此外，还应加强接入网安全关键技术的研究，具体包括以下几个方面。

（1）宽带 IP 接入安全威胁与安全防护：研究非法用户接入、恶意报文发送、地址欺骗及其治理措施。

（2）GSM/WCDMA 网络弱点分析与加固：研究弱点分类、攻击手段、工具验证以及安全措施。

（3）移动恶意软件监测与过滤：研究多维度监控机制、主动预警机制、主动清除机制。

（4）不同无线接入技术（radio access technologies，RAT）间漫游安全威

胁与安全机制：研究 2G/3G/LTE/WLAN 接入网间切换、漫游的安全威胁以及统一认证技术。

（5）GSM/WCDMA 网络安全测试：研究卡、话音业务、数据业务的安全能力测试方法和工具。

（6）移动网络安全态势感知：研究异常用户行为发现、异常流量特征挖掘、网络热点发现等技术。

（7）WLAN 安全机制：研究 WLAN 安全框架、WLAN 安全威胁与安全需求。

（二）承载网安全

承载网安全模型可分为三层：①基础设施层，包括物理布局、物理环境、通信设备、物理线路等；②系统软件层，包括操作系统、数据库软件等；③服务与应用层，包括 IP 承载 A 网、IP 承载 B 网、DCN 网、IP 城域网、IP 骨干网等。

电信承载网面临的安全威胁主要为物理破坏、软硬件故障、非授权访问、路由配置错误等；公众承载网面临的安全威胁主要为物理破坏、软硬件故障、DDoS 攻击、病毒、蠕虫、僵尸网络、P2P 流量、非授权访问、路由配置错误等。

针对上述安全风险，可采取有效的安全措施保障承载网安全。承载网安全措施主要包括：保证物理环境安全；在网络各层部署防火墙、入侵检测设备、流量清洗设备；保证 DNS 系统及路由系统的安全；设计完善的设备、链路灾难备份和恢复方案；部署日志留存等安全审计机制。

此外，还应加强承载网安全关键技术的研究，具体包括以下几个方面。

（1）DNS 系统安全防护：研究针对 DNS 欺骗攻击、劫持、DoS 攻击、分级域名攻击等威胁的防护技术。

（2）路由系统安全防护：研究边界网关协议（border gateway protocol，BGP）、IS-IS 等路由协议的滥用、误用问题，研究基于 BGP 数据分析的路由系统诊断技术，研究路由扩散、路由污染技术，以及路由设备的安全配置、

更新方法。

（3）IP 城域网攻击手段及防御技术：研究针对 IP 城域网攻击技术（技术梳理、分类与风险分析），以及针对 IP 攻击的防御技术，对相关产品进行分析。

（三）核心网安全

核心网安全模型分为两层：①基础设施层，包括物理布局、物理环境、路由器、交换机、链路等；②系统软件层，包括操作系统、数据库软件。

移动核心网面临的安全威胁包括口令攻击、端口扫描、IP 欺骗、缓存溢出、木马程序、蠕虫病毒、非授权访问等；固定核心网面临的安全威胁包括设备故障、网络风暴、话务冲击、人员滥用、非法登录等。

针对上述安全风险，可采取有效的安全措施保障核心网安全。核心网安全措施包括：保证物理环境安全；及时弥补操作系统漏洞；部署防火墙、入侵检测设备、流量清洗设备保证网元可用性；设计完善的设备、链路灾难备份和恢复方案；部署日志留存等安全审计机制。

此外，还应加强核心网安全关键技术的研究，具体包括以下方面。

（1）电信欺诈手段分析及治理方案：研究电信欺诈手段的分类，进行风险分析，调研反欺诈产品并制定防治方案。

（2）信令系统 #7（Signaling System 7，SS7）安全风险及安全机制：研究 SS7 攻击手段与工具以及基于 SS7 信令协议的滥用、误用，对 SIGTRAN 进行风险分析。

（3）接入认证机制：研究基于智能卡、X.509、可扩展身份验证协议（extensible authentication protocol，EAP）、共享秘密等级制的认证技术。

（四）网络基础设施安全与网络系统软件安全

对于智能城市信息网络的网络层安全建设，除了接入网、承载网、核心网等业务层面安全的建设，网络体系中的网络基础设施安全与网络系统软件安全也不容忽视。

网络基础设施安全层面要研究的关键技术包括以下方面。

（1）物理环境安全：研究机房场地、机房防火、机房供配电、机房防静电、机房接地与防雷、电磁防护、通信线路保护、机房区域防护、机房设备管理等方面的安全检测和加固技术。

（2）网络架构安全：研究网络结构设计、边界保护、外部访问控制策略、内部访问控制策略、网络安全配置等方面的安全检测及加固技术。

网络系统软件安全层面要研究的关键技术包括以下方面。

（1）网络设备操作系统安全：研究网络设备操作系统的访问控制、账户策略、注册表管理等安全防护技术。

（2）数据库系统安全：研究数据库补丁安装、鉴别机制、口令机制、访问控制、网络和服务设置、备份及恢复机制等。

四、平台层安全

数据中心是企业数据与应用大集中以及企业 IT 应用对服务提供模式的依赖的集中体现，是以机房和网络资源为依托，以专业化技术支撑队伍为基础，为各类用户提供各种资源出租以及相关增值服务，并定期向用户收取相应服务费用的一种电信级服务。

数据中心提供的主要业务包括主机托管、资源出租、系统维护、管理服务，以及其他支撑、运行服务等，需要具有完善的设备、专业化的管理和应用级服务能力。

随着企业的高速发展和经营对数据依赖性的增长，数据中心向着更大容量、更高能力、超大规模、多种业务模式和运营模式共存的方向发展。数据中心网络安全面临严峻的挑战主要有如下五个方面。

（1）DDoS 攻击。当前，DDoS 攻击已经成为数据中心面临的最大威胁。攻击流量越来越大，Akamai 公司的研究报告指出，2014 年全球 DDoS 攻击几乎翻了一番；攻击手段越来越复杂，其中将近一半的攻击使用了多矢量攻击；攻击越来越智能，能够模拟各种正常的上网行为。传统的网络安全设备

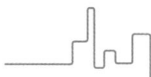

难以防范，导致企业重要的业务中断，造成严重损失。

（2）黑客入侵。随着互联网的发展，黑客入侵行为越来越多。数据中心存储了企业的关键信息资产，成为黑客攻击的重点。由于服务器上安装的软件系统规模越来越大、复杂度越来越高，大量的漏洞不断涌现。入侵攻击带来的安全威胁飞速增长，尤其是混合威胁所带来的风险。黑客攻击、蠕虫病毒、木马后门、间谍软件等威胁泛滥，企业的机密数据被盗窃，重要数据被篡改、破坏，企业遭受了严重的经济损失。

（3）安全隔离。数据中心业务复杂，各区域的安全需求和保护等级各不相同。数据中心需要对自身的网络资源进行安全区域、等级的划分。安全区域是指在网络中拥有相同网络资源访问权限的主机集合，安全区域的划分与安全隔离能保障网络安全运行，更好地保证数据中心正常运作。

（4）专属安全防护需求。大型数据中心有众多租户，每个租户各有不同的安全需求。数据集中后，不同的租户将共同使用同一个数据中心，都希望获得专属的安全防护服务。专属的安全防护服务是指自主的安全策略部署、独立的日志报表查看、独立的资源享用。如果为每个租户单独部署一台安全设备，成本将大大提高。

（5）网络性能瓶颈。数据集中为数据中心带来了更大的性能压力。一方面，所有的企业用户访问集中的数据中心，边界的网络流量激增；另一方面，计算、存储、网络资源的统一融合使数据中心内部的流量大大增加。无论是边界网络还是内部网络都面临着性能瓶颈问题。

针对数据中心安全面临的严峻问题，应全面考虑并综合运用现有软硬件技术，并结合网络防火墙、加密技术、防毒软件等多项措施，互相配合，加强管理，从中寻找确保数据中心安全与数据中心效率的平衡点，尽最大努力降低黑客入侵的可能，从而保护数据中心信息安全。其中关键技术包括以下几项。

（1）虚拟局域网。数据中心多业务运营的需求，使得数据中心网络中服务器和客户端之间的纵向流量大于服务器之间的横向流量，需要使用虚拟局域网（VLAN）将不同客户的不同业务从第二层隔离开，分配一个 VLAN 和 IP

子网。专用 VLAN 可以有不同安全级别的端口：专用端口与服务器连接，只能与混杂端口通信；混杂端口与路由器或交换机接口相连，也可以和共有端口通信；共有端口之间也可以相互通信，主要用于需要相互通信的客户之间。

（2）互联网防火墙。防火墙是数据中心网络最基本的安全设备，可以对不同信任级别的安全区域进行隔离，保护数据中心边界安全，同时提供灵活的部署和扩展能力。DoS 攻击和 DDoS 攻击的手段繁多，攻击时流量突然增大，因此防 DoS 攻击对防火墙的功能要求和性能要求比较大。目前互联网数据中心对防火墙的重点需求是基于状态的包检测功能和虚拟防火墙。大多数互联网数据中心实施双机部署或者部署异构防火墙，以满足高可用性的要求。

（3）安全加密技术。数据加密是指对原来为明文的文件或数据按某种算法进行处理，使其成为不可读的代码（通常称为"密文"），使其只能在输入相应的密钥之后才能显示本来的内容，通过这样的途径来达到保护数据不被非法窃取、阅读的目的。数据中心可采用数据加密传送、密钥检测、数字签证等方式保证数据的安全性和有效性。

（4）入侵检测技术。互联网入侵检测技术通过硬件或软件对互联网上的数据流进行实时检查，并与系统中的入侵特征数据库进行比较，一旦发现有被攻击的迹象，立刻根据用户所定义的动作做出反应，例如通知防火墙系统对访问控制策略进行调整，将入侵的数据包进行过滤等。实际中，为了提高数据中心的安全性，可在数据中心网络入口增设抗 DDoS 攻击、异常流量清洗系统，对异常攻击流量进行旁路清洗，这是一种有效的检测和防护措施。

（5）VPN。VPN 将因特网看作一种公有数据网，并在公众网络中构建安全的专用数据通道，从而实现安全的远程数据隔离访问。目前 VPN 采用隧道技术、加 / 解密技术、密钥管理技术、使用者与设备身份认证等技术来保证安全。在数据中心中，可采用 VPN 保障访问的安全性，例如，远程网管登录采用 VPN 网关接入，重要的业务客户访问业务系统也可采用 VPN 等手段加强互联网数据的安全性。

（6）安全管理。为达到互联网数据中心的运营要求，除了部署健全的网络安全基础设施外，还需建设系统的、多层次的、可运营的安全管理系统，确

保安全策略的集中部署、安全部件的统一管理、安全事件的高度关联，从安全管理上提升数据中心的整体安全防御能力。在安全信息和事件管理方面，应对网络设备、主机服务器、数据库、应用系统、云平台自身管理节点的操作日志、运行日志、故障日志等，提供设备、主机、应用系统、漏洞、网络流量、主机资产等报告；在用户身份认证与访问管理方面，应按照不同用户等级，设计相应的数据中心资源访问用户的访问权限；在故障管理方面，应进行故障预防管理，通过预防高危操作达到将隐患消除在萌芽状态的目的。

五、应用层安全

随着智能手机的盛行以及 3G/4G 用户的不断增长，我们不可避免地面临着移动互联网时代的安全困境，同时需要直接面对手机僵尸网络、拒绝服务攻击、垃圾信息等挑战。

（一）手机终端安全

终端层面临的安全威胁会对终端用户利益造成安全影响，其中包括：恶意代码导致终端用户隐私信息被窃取、终端系统遭破坏，以及利用终端攻击通信网络等恶意行为；短信吸费和流量吸费现象频发，用户在使用移动智能终端时，在不知情的情况下被自动扣除一定数额话费，遭受严重的经济损失。

因此，要加强手机终端安全关键技术研究，包括硬件安全技术、系统软件安全技术、应用安全技术。

1. 硬件安全技术

（1）外围接口安全技术：研究有线接口（USB、键盘）与无线接口（蓝牙、红外）的接口连接、受控及攻击防护安全。

（2）硬件芯片安全防护技术：研究芯片数据安全存储、密钥存储、信息防篡改、物理攻防、软件攻防技术。

（3）硬件芯片可信技术：研究可信计算终端平台体系，包括安全芯片、可信赖基本输入输出系统（basic input output system，BIOS）与安全输入输出（input/output，I/O）接口技术。

（4）（U）SIM 攻防技术：研究物理安全攻防技术、边频安全攻防技术以及失效分析安全攻防技术。

（5）近距离无线通信（near field communication，NFC）技术：研究基于 SIM 卡、终端、SD 卡的 NFC 技术安全风险，以及 NFC 密钥管理、NFC 安全通信机制。

2. 系统软件安全技术

（1）浏览器安全：研究手机浏览器面临的安全风险、主流手机浏览器安全机制、安全浏览器，以及浏览器与 HTML5、云计算结合后的安全问题。

（2）终端操作系统（operating system，OS）弱点分析：研究 Android、iOS 等主流平台弱点与安全机制。

（3）操作系统完整性、一致性验证：研究 Android、iOS 等主流操作系统在启动和运行过程中的完整性、一致性验证机制。

（4）面向终端的密码学技术：研究如何在 OS 中提供密码学运算能力接口，如对称/非对称加/解密签名/验签、Hash、证书管理，以及 SSL、VPN 等安全通信协议支持。

（5）终端安全更新技术：研究操作系统配置更新框架、流程、安全更新机制。

3. 应用安全技术

（1）应用异常行为识别技术：研究终端应用网络通信特征、资源调用特征、API 调用异常。

（2）用户数据保护技术：研究数据授权访问、加密存储、身份鉴别、分级隔离、远程数据保护、数据永久删除技术。

（3）终端杀毒工具调研与安全定制技术：研究终端安全工具及终端安全定制技术与策略。

（二）业务平台安全

近年来，运营商的业务平台屡受黑客攻击。例如在 2009 年，国内某省运营商门户在 3G 放号阶段遭到 DDoS 攻击，导致网站无法正常访问，服务被迫中断；同样在 2009 年，法国某运营商的门户网站遭到 SQL 注入，导致 245 000 名用户的私密信息丢失，这些信息包括邮件地址、姓名和明文形式的密码。面对近年来频发的业务平台安全事件，应重视运营商业务平台的安全问题。

目前运营商在业务与应用层面临的安全问题主要有以下两个方面。

（1）对用户利益造成的安全影响。门户网站、业务系统面临的安全形势日益严峻，用户私密信息遭窃导致用户隐私的泄露；不法分子利用业务系统安全漏洞，发布虚假、欺诈信息，导致用户遭受经济损失。

（2）对运营商自身造成的安全威胁。业务系统瘫痪、拥堵，不能提供连续、稳定的服务，影响用户使用体验；业务系统遭恶意利用，造成运营商蒙受直接经济损失。

针对业务平台面临的安全问题，应加强业务平台安全关键技术研究，包括业务平台基础设施安全技术、业务平台系统安全技术、业务平台应用与服务安全技术。

1. 业务平台基础设施安全技术

容灾备份技术：研究远程镜像、快照等数据备份技术；研究硬件故障检测、故障恢复技术。

2. 业务平台系统安全技术

（1）安全域划分技术：研究边界访问控制机制和访问控制配置；研究在防火墙上配置对常见病毒和攻击端口的 ACL 过滤控制策略。

（2）入侵检测技术：研究分布式入侵检测、实时检测及攻击行为检测等技术。

（3）数据库安全：研究数据库严重安全漏洞的扫描、加固技术；研究数据库权限分级，以限制用户的非法访问。

（4）异常操作预警：研究系统、数据异常操作检测和主动预警技术。

3. 业务平台应用与服务安全技术

（1）信息内容安全。①不良信息治理技术：研究对无线应用协议（wireless application protocol，WAP）、即时通信工具、社交网络服务（social networking services，SNS）等新媒体中不良信息的识别与治理技术。②垃圾短信过滤技术：基于社会网络、语义分析、行为关联、发送特征，研究垃圾短信过滤技术。

（2）业务逻辑安全。①Web 攻击与应对技术：研究针对 Web 漏洞的攻击手段分类及应对策略，研究 HTML5 的特性及其安全攻防技术。②业务认证技术：研究第三方资源调用框架、应用层统一认证技术。

（3）应用商店安全。①应用软件代码签名技术：研究应用生命周期模型，研究 Android、iOS 等平台应用程序的签名、验证机制。②应用软件检测技术：研究应用检测流程和检测方案，研究虚拟拨测技术、内容拨测技术。③应用防破解技术：研究 Android、iOS 等平台应用程序的特性，以及应用程序防破解技术。

（三）车联网安全

车联网是物联网在汽车领域的具体应用。由移动互联所推动的技术革命浪潮正在使车联网成为各大汽车企业的研发重点。动态交通信息、车辆防盗、紧急救援、无人驾驶等功能越来越多地在各个车型上实现。车联网迅速发展的一个重要原因就是：引入互联网技术，可以显著提升汽车的安全性。目前经验证，自动驾驶技术可以将交通事故减少80%，减少绝大多数死亡事故。基于车联网的新交通安全方法正在不断测试，新的信息通信技术将变革当前的交通体系，也将改变汽车业的格局，形成一个全新的生态环境。

然而，和汽车本身的安全不同，IT 系统漏洞层出不穷，不能保证不会出现新的漏洞。比传统的网络安全更可怕的是，车联网不仅涉及信息泄露的危险，更涉及行车安全。目前智能汽车上至少有 80 个智能传感器，每天向车联网云端传输的数据涵盖了汽车和驾驶者个人的各类信息。利用市面上随手可得的汽车诊断设备再加一款应用软件，就可以实现对智能汽车的攻击。一旦智能汽车拥有者密码被盗，就会被定位汽车位置，盗取密码者可以让汽车在驾驶途中突然熄火，可以打开后备厢进行偷盗，可以远程将车门解锁。这将给汽车拥有者的人身安全、财产安全、隐私安全带来前所未有的威胁。

2014 年 7 月，360 公司对外表示，其专业团队研究了特斯拉汽车 Tesla Model S 型后发现，其应用程序流程存在设计缺陷。攻击者利用这个漏洞，可远程控制车辆，实现开锁、鸣笛、闪灯、开启天窗等操作，并且能够在车辆行驶过程中开启天窗。360 公司随即把这个漏洞提报给特斯拉。特斯拉公司回应称，愿意与安全研究人员合作，验证并修复该漏洞，并鼓励安全研究人员发现特斯拉车载系统的潜在漏洞。360 公司率先发现特斯拉应用软件的漏洞，体现了其作为一家安全企业对安全趋势的敏感和技术实力，而特斯拉的积极回应则体现了其开放和负责任的态度。此次 360 公司与特斯拉汽车的良好互动，也为安全企业携手汽车企业共同维护智能汽车的安全开了一个好头。

面对车联网安全的挑战，要积极研究网络安全的解决方案，如向云提供相关的服务和应用。另外，在身份认证和安全防护方面，传统的电信领域应加大与汽车厂商的合作，增强身份识别和安全防护技术。未来，可能需要安全厂商、汽车厂商、政府主管部门协会的通力合作，才能形成基于智能汽车的安全产业标准，做到真正的防患于未然。

六、网络安全关键技术

当前，我国的网络与信息安全技术产业发展迅速，安全保障形势日趋严峻。由于高级持续性威胁（advanced persistent threat，APT）攻击、针对智能硬件的攻击以及移动互联网恶意应用等安全威胁不断增多，为防止现有的安全技术和产品逐渐失去防护效果，须不断研发新技术、新产品以应对新挑战。因此，APT 攻击检测和防护、传统固定网络安全、移动互联网安全和下一代新兴技术的安全等领域将在一定时间内保持最为活跃的技术研发和产业应用现状。

（一）防护技术

1. 网络防毒软件

防毒软件通常集成监控识别、病毒扫描及清除和自动升级等功能，是计算机防御系统的重要组成部分。在目前的网络环境下，病毒传播扩散非常迅速，必须有适合局域网的全方位防病毒产品，针对网络中所有可能的病毒攻击点设置对应的防病毒软件，通过全方位、多层次的防病毒系统的配置，对病毒、木马等一切已知的对计算机有危害的程序代码进行清除，通过定期或不定期的自动升级，完成实时监控和磁盘扫描，使计算机免受病毒的侵袭。

国外杀毒软件占主导地位的有五大品牌：赛门铁克（Symantec）的诺顿（Norton），美国网络联盟公司（NAI）的迈克菲（McAfee）、趋势科技（Trend Micro）的 PC-cillin 以及 Panda 和 CA 的杀毒软件。国内的产品主要是瑞星、江民、金山毒霸、360 杀毒等。防毒软件虽然得到广泛使用，但仍有一些需要改进的方面：不能够高度智能地识别未知病毒，不能及时发现未知病毒；发现部分病毒后不能够快速、彻底地清除病毒，需要进一步增强自我保护功能；过度占用系统资源，如内存资源、CPU 资源，虽然保证了系统的安全，但却降低了系统运行速度。

2. 防火墙

防火墙是一种行之有效且应用广泛的网络安全机制，是由软件和硬件设备结合而成，在内部网与外部网之间、专用网与公共网之间的界面上构造的保护屏障。防火墙主要由服务访问规则、验证工具、包过滤和应用网关四个部分组成。在网络通信时执行一种访问控制尺度，使因特网（Internet）与内联网（Intranet）之间建立起一个安全网关，从而保护内部网免受非法用户的侵入，防止因特网上的不安全因素侵入局域网内部。防火墙通过对两个或多个网络之间传输的数据包按照一定的安全策略实施检查，以决定网络之间的通信是否被允许，并监视网络运行状态，从而实现对计算机网络中不同信任

程度区域间传送的数据流的控制。

防火墙作为用户解决网络安全隐患的最起码和最必要的装备,具有最大的市场容量。国外厂商如思科等都可提供高性能的防火墙产品;国内许多网络安全厂商都生产防火墙产品,例如联想、紫光,天网、天融信、海信等都有自己开发的防火墙。与国内产品相比,国外防火墙产品的优势是技术成熟、知名度高,因此在国内高端防火墙市场中始终占据优势。国内自主开发的防火墙主要集中在低端防火墙领域。

作为网络安全的屏障,防火墙在网络中得到广泛部署,但是,随着攻击者知识的日趋成熟,攻击工具与手法日趋复杂多样。传统防火墙的不足主要体现在以下几个方面:防火墙作为访问控制设备,无法检测或拦截嵌入到普通流量中的恶意攻击代码,比如针对 Web 服务的 Code Red 蠕虫等;有些主动或被动的攻击行为来自防火墙内部,防火墙无法发现内部网络中的攻击行为。由于防火墙具有上述缺陷,防火墙的安全保障体系还有待进一步完善。

3. 多重安全网关技术

因为只有一道防火墙不能解决计算机网络中各个层面的安全防护,就多上几道安全网关,如用于应用层入侵的入侵防御系统、用于对付病毒的防病毒产品、用于对付 DoS 攻击的专用防火墙技术,此时统一威胁管理(unified threat management,UTM)安全网关设备就诞生了。

采用多重安全网关技术的安全防御效果比单纯使用防火墙要好很多,它对多种常见的网络攻击行为都有防御作用。多数的多重安全网关都是通过识别特征来确认入侵的,这种方式不仅速度快,而且不会带来明显的网络时延。但是多重安全网关技术也有它的缺点:首先,应用特征更新很快,基本上是以天或者周计算,所以网关要及时更新升级;其次,很多黑客不正面攻击,而是潜伏在正常通信中,没有明显的特征,安全网关对这类攻击的防御能力很有限,而且只能起到隔离作用,一旦攻击进入网络内部,网关的作用也就消失了。

4. 数据交换网技术

数据交换网技术是基于缓冲区隔离的思想，在"城门"处修建了一个"数据交易市场"，形成两个缓冲区的隔离，在防止内部网络数据泄密的同时，保证数据的完整性，即没有授权的人不能修改数据，以此避免授权用户的错误修改以及内外数据的一致性。

数据交换网技术给出了边界防护的一种新思路，用网络的方式实现数据交换，也是一种"用土地换安全"的策略。在两个网络间建立一个缓冲地，让"贸易往来"处于可控的范围之内，其模型如图 8.6 所示。

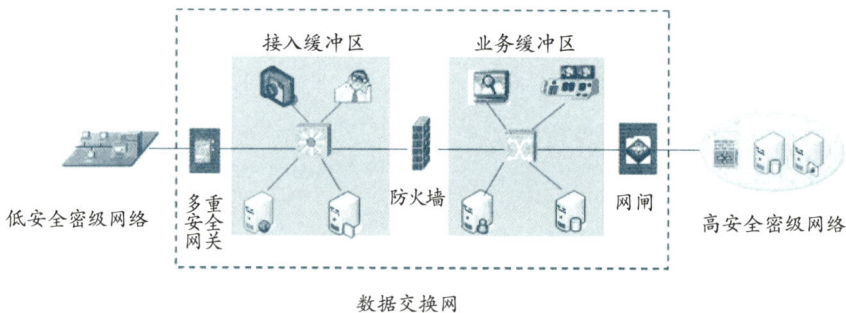

图 8.6　数据交换网模型

数据交换网技术与其他边界安全技术相比，具有显著的优势：①综合使用多重安全网关与网闸，采用多层次的安全"关卡"；②有了缓冲空间，可以增加安全监控与审计，用专家来对付黑客的入侵，边界处于可控制的范围内，任何蛛丝马迹、风吹草动都逃不过监控者的眼睛；③业务代理的策略保证了数据的完整性，也让外来的访问者不能跨越网络的数据交换区。

数据交换网技术针对的是大数据互通的网络互联，一般来说适合下述场合。

（1）具有很多业务互通的要求。互通的业务数据量较大，或有一定的实时性要求，人工方式肯定不够用，网关方式的保护性又显不足，比如银行的银联系统、海关的报关系统、社保的管理系统、公安的出入境管理系统、大型企业的内部网络、公共图书馆系统等。这些系统的突出特点都是其数据中心的重要性不言而喻，但又与广大百姓及企业息息相关，业务要求提供互联

网的访问。在安全性与业务适应性的要求下，业务互联需要用完整的安全技术来保障，因此选择数据交换网的方式是较合适的。

（2）密级高的网络的对外互联。高密级网络一般涉及国家机密，信息不能泄密是第一要素，也就是绝对不允许非授权人员的入侵。然而出于对公众信息的需求，或对大众网络与信息的监管，这些网络必须与非安全网络互联。若是监管之类的业务，业务流量也很大，并且实时性要求也高，因此在网络互联上选择数据交换网技术是合适的。

（二）监测技术

1. 入侵检测系统

入侵检测系统（intrusion detection system，IDS）是对计算机和网络资源的恶意使用行为（包括系统外部的入侵和内部用户的非授权行为）进行识别和相应处理的系统，是为保证计算机系统的安全而设计与配置的一种能够及时发现并报告系统中未授权或异常现象的技术，是一种用于检测计算机网络中违反安全策略行为的技术。作为防火墙的合理补充，IDS 扩展了系统管理员的安全管理能力（包括安全审计、监视、进攻识别和响应等），提高了信息安全基础结构的完整性。在 IDS 中通过监视和分析用户及系统的活动、审计系统构造和弱点、统计分析异常行为模式、评估重要系统和数据文件的完整性等来实现对恶意使用行为入侵检测，从而达到限制这些活动、保护系统安全的目的。因此，IDS 被认为是防火墙之后的第二道安全闸门，在不影响网络性能的情况下能对网络进行监测，从而提供对内部攻击、外部攻击和误操作的实时保护。

网络入侵检测系统是指从 IP 网络的若干关键点收集信息并对其进行分析，从中发现网络中是否有违反安全策略的行为或遭到入侵的迹象，并依据既定的策略采取一定的措施的软件与硬件的组合。按照功能划分，网络入侵检测系统至少包括四个基本组件：事件产生器、事件分析器、响应单元和事件数据库（见图 8.7）。其中，事件产生器的任务是通过监听所处的 IP 网络从而提取关心的事件并转化为一定格式以供其他组件使用；事件分析器接收这

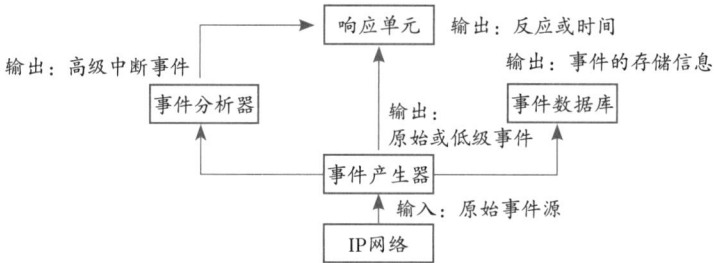

图 8.7　网络入侵检测系统框架

些事件，并且分析它们是否是入侵行为，结果依然转化为相应格式的事件；响应单元根据令系统执行特定行为的事件做出相应响应；事件数据库存储事件以备将来使用。

　　IDS 是近几年发展起来的一类安全产品，它弥补了防火墙的某些缺陷。但随着网络技术的发展，IDS 受到新的挑战：当 IDS 旁路在网络上检测出黑客入侵攻击时，攻击已到达目标并造成损失；现有的 IDS 检测速度远小于网络传输速度，导致误报或漏报；基于网络的 IDS 对加密的数据流及交换网络下的数据流不能进行检测，并且其本身构建易受攻击；IDS 无法有效阻断攻击，比如蠕虫爆发造成企业网络瘫痪，IDS 无能为力，无法把攻击防御在企业网络之外。

　　2. 入侵防御系统

　　入侵防御系统（intrusion prevention system， IPS）是由入侵检测系统（IDS）发展而来的，Network ICE 公司在 2000 年最早提出这个概念。IPS 是一部能够监视网络或网络设备的网络资料传输行为的计算机网络安全设备，能够即时地中断、调整或隔离一些不正常或是具有伤害性的网络资料传输行为。IPS 提供一种主动的、实时的防护，其设计旨在对常规网络流量中的异常流量进行检测，自动对各类攻击性的流量尤其是应用层的威胁进行实时阻断，而不是简单地在检测到恶意流量的同时或之后发出警报。IPS 是通过直接串联到网络链路而实现这一功能的，即当 IPS 接收到外部数据流量时，如果检测到攻击企图，就会自动地将攻击包丢掉或采取措施将攻击源阻断，而

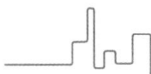

不把攻击流量放进内部网络。IPS 产品弥补了防火墙、入侵检测等产品的不足，现已具备深度入侵防御、精细流量控制，以及全面的用户上网行为监管等多项功能，能够为用户提供动态的、深度的、主动的安全防御。

IPS 产品虽然最早出现于 2000 年，但真正开始发展是在 2002—2003 年，主要产品有 NAI 公司的 IntruShield、NetScreen 公司的 NetScreen-IDP 以及欧艾斯（ISS）、赛门铁克、TippingPoint 等公司的 IPS 产品，在国内，绿盟科技、联想网御等公司也都推出了高性能的 IPS 产品。

基于网络安全形势的严峻，IPS 作为新一代安全防护产品应运而生。其设计将基于旁路检测的 IDS 技术用于在线模式，直接分析网络流量，将恶意包丢弃，侧重访问控制，注重主动防御和阻断攻击源，而不仅仅是检测和日志记录，解决了入侵检测系统的不足，为用户提供了一个全新的入侵防护解决方案。

（三）防攻击技术

本节以高级持续性威胁（APT）攻击检测和防护为例进行说明。APT 是一种可以绕过各种传统安全检测防护措施，通过精心伪装、定点攻击、长期潜伏、持续渗透等方式，伺机窃取网络信息系统核心资料和各类情报的攻击方式。针对这类攻击，亟须建立基于大数据挖掘的 APT 攻击监测和防护体系。

在国际领域，APT 攻击检测技术研究起步较早，市面上的检测产品主要从如下五个角度出发提供安全防护。

（1）网络流量分析：通过建立正常的流量基线模型来发现高度异常的模式，提供实时的检测能力。

（2）网络取证：可以抓取网络数据包并存储网络流量，同时提供分析和报表工具以支持事件响应。

（3）内容分析：通过以沙箱为主的多种技术，检测 APT 相关的高级恶意软件活动，提供准实时的检测能力。

（4）终端行为分析：采用多种方式进行终端行为分析，以达到检测 APT 攻击的目的，其中最重要的手段包括使用应用程序虚拟容器进行隔离保护、采用白名单的方式限制应用程序的执行。

（5）终端取证：采用终端代理的方式从监控的主机收集数据，以供安全响应团队使用，其中一些产品会使用内存、注册表、进程等多项观察项来检测恶意行为。

在国内，APT攻击检测和防护虽然起步较晚，但已取得了一定进展。360、瀚海源、绿盟科技等厂商积极投入力量进行相关技术的研究及产品化工作。目前APT攻击检测和防护技术的产品研发主要集中于内容分析领域，特别是沙盒技术。由于该领域产品涉及多种关键技术，特别是大数据情报分析技术，需要企业具备较高的安全技术能力和IT基础设施运维能力，因此，除360外，大部分安全厂商尚处于概念讨论或产品试验阶段，尚不能提供丰富多样的产品来供市场选择。

（四）未来网络安全技术

以移动设备和应用为核心，以云服务、移动宽带网络、大数据分析、社会化技术为依托的IT市场第三平台时代已经到来，引领着未来的发展。第三平台安全的发展趋势主要包括以下五个方面。

（1）从短期来看，云服务提供商将会增加安全技术的投资，比如加密技术、身份管理和访问控制（尤其是双因素认证）以及流量检测技术。云计算密钥管理生态系统是一个新兴的热点，随着成熟的供应商产品和服务不断涌现，在云计算中存储敏感数据一定会变得更易于实施。

（2）SDN在安全领域的应用是改善云安全的一个机会。安全功能集成到软件定义的网络产品及架构中，将提供与独立的安全设备和安全软件产品相同的功能。随着SDN的成熟和发展，供应商将安全功能集成到虚拟化的网络服务堆栈，未来企业环境中独立的安全软件和安全设备的需求可能会降低，这种方式将打破传统的安全部署和管理。

（3）随着用户对安全服务认知度的提高，以及当前信息安全产业人才的短缺，预计越来越多的用户将采用安全云服务来更准确地把握全网安全动态。

（4）新型攻击的特点也决定了现有的检测机制恐难以奏效。因此防守方

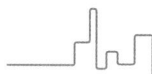

需要改变策略，其中一种方式就是依靠来自外部的安全威胁情报，通过检测威胁情报中是否存在针对特定软件、系统或行业的攻击，确定其是否在使用易受攻击的软件或系统，然后在攻击发生前部署缓解措施。威胁情报分析市场应运而生，并蓬勃发展。

（5）基于大数据安全分析技术的新一代安全运营中心将快速发展。大数据分析技术是一种工具，并不能够解决所有问题，这要求开发者服务提供商以及最终用户的不断探索。同时，安全领域的专业安全数据分析师非常短缺，未来期待更多的安全分析专业人才的涌现。

1. 位置 / 身份分离技术

由于多重连接、流量工程等因素影响，IP 地址架构产生的最明显的结果是默认自由区（default free zone，DFZ）路由表路由项目数目的快速增长。由此产生了"位置 / 身份分离"（loc/ID split）概念：连接到网际网路设备的 IP 地址，分隔成描述设备连接到网际网路的路由定位器（routing locators，RLOCs）和辨认设备的端点标识符（endpoint identifiers，EIDs）两部分。

loc/ID split 的支持者认为，超过负荷的 IP 地址无法建立有效的路由系统，分成 EIDs 和 RLOCs 能提供多种优点，包括借由 RLOCs 具备比较高的聚集整合，增进路由系统的可扩展性。为了达到比较高的聚集整合，RLOCs 的分配方式和网路的架构全等相称。服务供应商的 IP 地址即为 RLOCs 的范例。另一方面为了达到比较高的聚集整合，RLOCs 的分配方式要与网络的架构适配。

位置 / 身份分离协议（loc/ID separation protocol，LISP）是依照 loc/ID split 概念发展的特殊实例，目的是分隔 IP 地址的 EIDs 和 RLOCs，RLOCs 增进聚集整合，EIDs 维持一致、不变的标识。最初为了网际网路 DFZ 可扩展性的议题而发展 LISP，一旦接受分隔设备标识和位置的观念，许多潜在的效益变得可能。正在发展的使用案例包括以下几项。

（1）简化多重连接位置进入方向流量工程的管理控制，降低运行维护成本。

（2）通过地址聚合能够减少 DFZ 路由表的 IP 前缀数量，降低 DFZ 路由数量而需要 IP 地址重新编号。

（3）资料中心虚拟机器的移动。

（4）快速移动（fast mobility）。

（5）连接 IPv6 岛（转变到 IPv6）。

LISP 可以以多种方式实现 IPv4 向 IPv6 的转移。首先，可以用 IPv4 定位器封装 IPv6 封包（或是 IPv6 定位器封装 IPv4 封包）的方式建立 IPv6 岛，再用现有的 IPv4 网路连接到网际网路。在投资建立新的基础设施之前，透过 LISP 学习到 IPv6 的经验。除此之外，当 LISP 基础设施的代理出口隧道路由器（proxy egress tunnel router，PETR）能以 IPv4 和 IPv6 两种方式连接到网际网路，LISP IPv6 位置可以和 non-LISP IPv6 位置相互联结。

LISP 的基本规则：以网路为基础的解决方案；不必更改主机的设定；路由器和主机不必更改地址；非常少的设定；渐进方式的部署；同时适用于 IPv4 和 IPv6。其业务优势包括：降低服务供应商和用户的营运成本；增进用户的多重连接；增进服务供应商的流量工程；减少 DFZ 路由表路由项目的数目用户的效益；容易从 IPv4 转变到 IPv6；更换服务供应商不必更换 IP 位址。

LISP 是一个新的协定，区分设备的位置和识别，使得用户和服务供应商之间的多重连接变得非常简单。LISP 最初的目的是解决网际网路的可扩张性，减少路由表内的路由项目。一旦接受 loc/ID split 的概念，LISP 可用于其他的范围，例如 IPv6 和资料中心。

2. 防御网络攻击的 SDN 安全策略

软件定义网络（SDN）技术将网络控制转移到专用 SDN 控制器上，由它负责管理和控制虚拟网络和物理网络的所有功能。由于 SDN 安全策略实现了这种隔离和控制，所以它支持更深层次的数据包分析、网络监控和流量控制，对防御网络攻击有很大帮助。

（1）软件定义监控的兴起

2013 年，微软宣布了它在内部使用了一种自行开发且基于 OpenFlow 的网络分流聚合平台。这个工具可用于处理微软云网络的大规模流量。

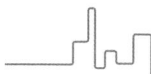

通过使用可编程的灵活交换机和其他网络设备，让它们作为数据包拦截和重定向平台，安全团队就可以检测和防御目前的各种常见攻击。许多行业将 SDN 驱动的安全分析技术称为软件定义监控（software defined monitoring，SDM）。在 SDM 中，SDN 交换机作为数据包分析设备，而控制器则作为监控和分析设备。

（2）使用 SDN 监控安全性和分析数据包

首先，来自 IBM、瞻博、惠普、Arista Networks 等供应商的相对较便宜的消费类可编程 SDN 交换机，可取代较昂贵的数据包分析设备。与微软的用例类似，大量的个人连接和数据流聚合到一起，发送到多个安全数据包捕捉与分析平台。第一层交换机可用于捕捉和转发数据包，然后第二层（或者第三层）设备终止第一层的监控端口。此外，这些交换机还可以聚集流量，将数据流和统计数据发送到其他监控设备和平台。

兼容 OpenFlow 的软件开发工具包（software development kit，SDK）控制器可用于编程实现和管理多种兼容 SDN 的交换机。同时，安全监控堆叠软件产品可以帮助工程师编程实现更加细粒度的过滤和端口分配功能，从而在 SDN 交换机上模拟出传统分流功能。

在这种环境中，多个层次的数据包分析工具可以从 SDM 端口接收流量。SDM 端口可以连接各种硬件工具（如数据包分析设备和网络侦测设备），也可以连接基于软件的协议分析器。

（3）SDN 安全策略如何防御网络攻击

SDN 可以为最复杂的环境提供更高级的网络监控功能。因此，控制器和交换机就能够分辨各种数据包属性。例如，这样就可以自动阻挡或卸载 DoS 攻击。实际上，SDN 可以防御许多攻击。①淹没攻击（如 SYN（synchronous）洪水攻击）。这些攻击包含大量只设置了 SYN 标记的 TCP 数据包。它们会占用带宽，也会填满目标系统的连接队列。基于 SDN 开发的交换机可以作为第一道防御线，分辨特定模式和设定一段特定时间内来自一个或多个来源的数据包容量临界值。然后，这些交换机可以选择丢弃数据包，或者使用其他技术和协议将它重新定向到其他目标。大多数路由器和其他网络平台都没有这样细致的控制机制。②针对特定应用与服务的攻击。这些攻击只针对带有非常特殊的超文本传输协议（hypertext transport protocol，HTTP）请求序列的 Web 服务（使用带有特殊 cookie 变量等信息的用户代理字符串）。SDN 设备可以分辨、记录和抛弃这些请求。③针对协议行为的 DDoS 攻击。这些攻击会填满设备的状态表，但是 SDN 设备可以根据流顺序和连接限制分辨这些行为。

除此之外，SDN 可以模拟许多基础的防火墙功能。控制器可以执行脚本和命令，快速更新 MAC、IP 地址及端口过滤方式，因此可以快速响应和更新流量的策略与规则。另外，它可以解放其他网络设备，也很可能能够处理更加高级的入侵检测和意外响应。

3. 拟态计算与拟态安全

随着计算机技术的发展，原有的体系结构遇到了"功耗墙""存储墙"等一系列瓶颈问题，追求高效能计算已经成为技术进步的关键问题之一。目前的国内研究以高效能计算为目标，从体系结构创新入手，对高性能计算在多个典型领域的应用、结构和效能关系进行了深入分析，揭示出"刚性不变的体系结构支持差异巨大的应用是使计算效能低下的根本原因"，引入了"应用决定结构，结构决定效能"的理念，提出了基于多维重构函数化结构与动态多变体运行机制的拟态计算体系——拟态计算（mimic computing，MC）。

拟态计算固有的随机性、动态性和不确定性，自然阻断了目前攻击技术所依赖的攻击链完整性。因此，基于拟态计算的信息系统具备内在的主动防御能力，称为拟态安全防御（mimic security defense，MSD）。相关分析和初步试验表明，MSD 有希望成为改变网络空间游戏规则的变革性技术，有可能从根本上摆脱目前网络空间"易攻难守"的战略困局。

拟态安全防御是指在主动和被动触发条件下动态地、伪随机地选择执行各种硬件变体以及相应的软件变体，使得内外部攻击者观察到的硬件执行环境和软件工作状况非常不确定，无法或很难构建起基于漏洞或后门的攻击链，以达成降低系统安全风险的目的。

从拟态安全防御的技术基础、基本原理和实现来看，它具有以下特点。

（1）针对攻击链依赖传统系统架构和运行机制的特有的脆弱性，组合应用多维重构技术和动态化、多样化、随机化的安全机制，扰乱或阻断攻击链，增加攻击难度，实现不依赖先验知识的主动防御。

（2）在所创建的动态化、非确定和非相似的"迷局"中，允许部分使用"带毒含菌"的器件、部件或软硬件构件，并能做到安全风险可控，可缓解自主产业能力不足的困境。

（3）通过函数结构和动态机制的组合应用，大幅度降低漏洞或后门利用的可能性。对于预先植入或预留的木马和病毒的行为，也会造成相似的难度。

（4）内核的安全风险并不取决于"零缺陷"设计与实现或算法保密等外在因素，只取决于系统当前的资源状态、服务质量、运行效率、异常情况、流量特征、时间基准等非封闭动态参数的随机性。

（5）能有机整合现有（或未来可能发展出）的安全防御手段，通过与拟态机制的深度组合，构成主被动融合式防御体系，能够倍增甚至指数化地增加内外部攻击的难度。

（6）拟态计算架构作为拟态安全防御的内核，具有高效计算的固有属性，可为防御的实时性需求提供强有力的系统结构层面的支撑。

（7）拟态计算架构固有的冗余性，使拟态安全防御系统具有内在的可靠性。根据安全性需求，调整冗余度，可控制系统成本。

（8）基于资源冗余配置的冗余资源应用模式，能够形成共生协同、等效多变体、异构环境迁移等特殊运行机制，为及时发现、抑制、阻断和清除病毒或木马提供了新空间、新视野。

第9章

iCity 智能城市信息网络发展的
措施与建议

一、推动信息基础设施资源的共建共享

我国智能城市信息网络的发展建设是一个复杂的系统工程，必须进行科学的规划。国家应该将基础设施、无线接入、驻地网等纳入统一的配套规划，由政府主导协调各运营商，整合各方需求和资源，统一建设，共建共享，减少资源浪费。为此，本课题组提出如下几条建议。

（1）推动基础管网、光纤、站址、机房共建共享工程。坚持有偿使用的原则，以租赁、出售等方式分配给各运营商或其他信息服务商，其中的公用配套资源日常维护也采取有偿服务方式，形成稳定可持续的发展模式。

（2）推动无线接入网共建共享工程。建议政府统一规划和建设一张综合Wi-Fi无线接入网，改变当前由运营商或其他服务商分别建设Wi-Fi引发的频率干扰、重复建设的无序局面。综合无线接入网统一建设后，向各运营商及众多信息服务商公平开放，各家共同接入，实现"无线地铁""无线机场""无线图书馆"。

（3）推动驻地网共建共享工程。采用融合统一的方案进行建设，确保新建小区光纤到户，保证用户可在不同运营商之间灵活选择、切换，减少重复建设。

二、加强无线频谱资源的科学规划

信息通信技术的不断发展，尤其是智能城市信息网络的大规模建设，促使社会对无线电频谱资源的需求日益增加，从而导致无线电频谱这一有限的自然资源变得越来越紧张。

当前，我国的无线电频谱资源管理面临着资源短缺、分配不合理和电磁环境恶化的严峻挑战，这就要求我们必须加强智能城市信息网络无线频谱资源的科学规划，向更高频段发展，拓展无线频谱可用资源，提高频率利用效率，采用认知无线电等新的技术手段以及逐步成熟的动态频谱分配方式。

三、创新宽带网络体系架构

传统网络架构不灵活，不能适应不断涌现的新业务需求，同时，随着互联网流量飞速增长，信息冗余和重复传输严重，网络难以适应未来信息海量增长的需求。在这种趋势下，一个有效的解决办法就是在网络中加入内容缓存，使内容的传输分布到接入网，为骨干网节约带宽。

互联网正在由传统的"消费"领域逐渐渗透到实体经济领域。工业互联网、能源互联网、车联网等新的网络形态不断涌现，但传统互联网在服务质量保障等方面很难满足实体经济需求。我国应尽快抓紧在未来网络领域的研究和规划，积极探索新的网络技术体系架构，以满足互联网发展的需求。

针对当前 OTT 流量占据大量带宽和网络信息冗余严重的问题，本课题组建议构建一种开放可扩展、高效灵活调度信息资源的具有差异性服务能力的网络体系架构，网络基础设施提供商可根据用户的个性化需求，实现计算、存储、带宽等网络资源灵活调度，构建具有不同服务能力的虚拟网络，进而构建新的产业链。

四、注重城市信息网络的绿色与节能

在智能城市发展过程中，信息通信技术渗透至各个行业和领域，信息网络的绿色和节能已经成为影响国民经济和社会发展的重大科技问题。如今，网络设备的芯片容量和运行速度不断提升，这意味着更高的工作频率和更复杂的加工工艺，直接导致芯片耗电量的增大，从而增加了设备的功耗，为此需要购买更大容量的供电系统和冷却系统。2015 年，美国国家矿业协会资助的研究报告表明，全球移动通信网络每年耗电达 1.5 兆度，约占全球发电总量的 10%，甚至比航空业还要多出 50%，节能降耗已经成为信息网络发展必须面对和亟待解决的技术难题。

五、重视智能城市的网络安全与信息安全问题

在智能城市安全建设方面，要开展包括评估、规划、实施、运营四个方面的全周期城市安全管理体系建设；推动城市安全物联网体系建设的四个转变，即从 Made-in 向 Made-for 转变，从提供数据向提供信息转变，从部门专网向安全信息栅格转变，从工程建设向运营服务转变；加强智能城市公共安全关键技术的研发和应用，如智能视频感知技术、太赫兹成像技术、多柔型传感器技术、雷达探测技术、微波遥感技术、数字阵列技术等前端感知技术，实现对现场态势的全面探测感知以及对目标体的准确预警定位，构建公共安全信息栅格。加强对网络安全、信息安全的建设，构建安全可信的信息消费环境，提高网络信息安全保障能力，面对"棱镜门"和短期内不可能全面替代进口的网络通信设备和技术的现实，短期内通过产品互相制约来缓解可能出现的安全问题。长期则需实现重点性、选择性、针对性和常态化信息安全监管，实现自主可控，从整体上全面增强信息安全能力。此外，需要重点建设国家公共安全应急信息栅格体系与国家网络安全预警监控体系。

六、完善信息网络创新的保障措施

要加强智能城市信息网络的创新，更要完善与创新相关的保障措施，良好的创新环境和保障措施才能为信息网络的发展注入持久的动力。

（1）我国应该从发展战略上制定我国智能城市信息网络的发展规划，建立健全我国智能城市信息网络的创新政策体系。

（2）应该加大政府和社会对智能城市信息网络的创新投入力度，切实加大财政创新的投入，引导企业加大自主创新的投入，鼓励产学研结合创新发展。

（3）完善知识产权相关的法律法规建设，加强知识产权的保护力度，为智能城市信息网络的创新发展提供法律制度保障。

参考文献
REFERENCE

冯登国，张敏，李昊，2014. 大数据安全与隐私保护 [J]. 计算机学报，
　　37(1)：246-258.

古丽萍，2011. 对我国车联网发展的思考 [J]. 中国无线电 (6)：51-55.

国务院，2014. 国务院关于印发"宽带中国"战略及实施方案的通知. [EB/OL].
　　(2014-11-05)[2015-09-25]. http://txs.miit.gov.cn/n11293472/n11293877/
　　n16187085/n16187211/n16187346/16232830.html.

国务院，2015. 国务院关于促进云计算创新发展培育信息产业新业态的意
　　见 [EB/OL]. (2014-11-05)[2015-09-25]. http://www.gov.cn/zhengce/
　　content/2015-01/30/content_9440.htm.

胡雄伟，张宝林，李抵飞，2013. 大数据研究与应用综述（中）[J]. 标准科
　　学 (9)：29-34.

李丹，陈贵海，任丰原，等，2014. 数据中心网络的研究进展与趋势 [J]. 计
　　算机学报，37(2)：259-274.

李瑞轩，董新华，辜希武，等，2013. 移动云服务的数据安全与隐私保护综
　　述 [J]. 通信学报，34(12)：158-166.

马建勋，2014. 数据开放：大数据发展的基础 [EB/OL].
　　(2014-03-20)[2015-09-30]. http://www.sic.gov.cn/News/249/2391.htm.

万江飞，杨建荣，2010. 数据容灾备份系统建设初探 [J]. 计算机光盘软件与
　　应用 (7)：97.

王丰锦，2011. 智慧城市信息资源体系的规划与设计 [C]// 第六届中国数字
　　城市建设技术研讨会论文集：210-214.

王建强，吴辰文，李晓军，2011. 车联网架构与关键技术研究 [J]. 微计算机
　　信息，27(4)：156-158.

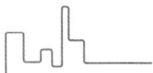

俞文俊，凌志浩，2011. 一种物联网智能家居系统的研究 [J]. 自动化仪表，
　　32(8)：56-59.

徐继华，冯启娜，陈贞汝，2014. 智慧政府：大数据治国时代的来临 [M].
　　北京：中信出版社.

PERRIG A, SZEWCZYK R, TYGAR J D, et al. 2002. SPINS: Security Protocols
　　for Sensor Networks[J]. Wireless Networks, 8(5): 521-534.

索 引
INDEX

239

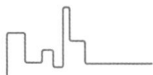